빨리 알수록 일이 쉬워지는,
AI POWER

인공지능 성공 사례, 실패 사례

빨리 알수록 일이 쉬워지는,

AI POWER

인공지능 성공 사례, 실패 사례

조민호
설증웅

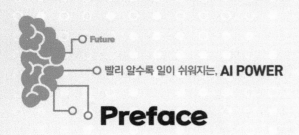

Preface

　인공지능(AI)은 더 이상 공상 과학의 소재가 아닙니다. 이제는 현실 세계에서 우리 주변을 둘러싸고 있습니다. 인공지능을 활용한 다양한 제품과 서비스가 등장하면서, 우리 생활에 미치는 영향을 체감하고 있습니다.

　인터넷과 스마트폰이 인류에 가져온 변화 못지 않을 인공지능의 파장은 어느 정도일까요? 우리는 인공지능이 가져올 미지의 변화에 어떤 준비를 하고 있을까요?

　인공지능의 급속한 발전은 우리 주변의 다양한 분야에서 활용되고 있습니다. 일상 생활에서는 우리의 삶을 더욱 편리하고 효율적으로 만들어주고, 산업 분야에서는 생산성과 효율성을 높이는 데 큰 역할을 하고 있습니다.

　하지만, 동시에 윤리적인 문제와 사회적 영향을 고려해야 합니다. 예를 들어, 자동화로 일자리가 감소될 수 있으며, 개인 정보 수집과 활용에 대한 문제가 발생할 수 있습니다. 따라서, 이러한 문제들을 고려하여 솔루션을 개발하고 활용하는 것이 중요합니다. 또한 우리 삶과 인류에 어떤 영향을 미칠지 생각해보는 계기가 필요합니다.

　이 책은 인공지능 기술의 발전과 함께 성장한 유니콘 기업들을 중심으로, 그들이 어떻게 비즈니스 모델을 구축하고 성과를 냈는지를 다양한 사례로 소개합니다. 이러한 사례 연구를 통해 독자들은 인공지능이 우리의 일상과 산업을 혁신하고, 새로운 가치를 창출하는지를 이해할 수 있을 것입니다.

　특히 새로운 비즈니스 모델을 준비하는 기업가, 전략가, 그리고 인공지능 기술을 활용한 제품과 서비스를 개발하고자 하는 개발자들에게 매우 유용한 자료가 될 것입니다. 어떻게 산업을 혁신하고, 새로운 가치를 창출하는지를 파악하고, 이를 바탕으로 비즈니스 아이디어를 발굴하는 데 필요한 인사이트를 얻을 수 있을 것입니다.

저희 필진이 이 책을 쓰게 된 계기는 인공지능 관련 대부분의 도서들이 프로그래밍과 인공지능의 개요 소개 정도에 머물러 있고 사례 소개는 부분적이고 제한적으로 이루어지고 있음에서 출발했습니다. 일상생활과 산업전반에 큰 변화를 가져오고 있는 주요한 솔루션들을 핵심 위주로 정리하여 독자들에게 전하고자 하는 마음이 컸습니다. 우리 일상에서 그리고 산업의 전반에서의 큰 변화를 감지할 수 있으면 하는 바람입니다.

저자들은 가능한 최신 사례와 임팩트가 있는 사례들을 담고자 노력했습니다만 인공지능 기술의 빠른 변화 때문에 이 책이 집필되는 순간에도 이 책의 사례 내용 보다도 더 혁신적인 케이스가 있을 수 있습니다. 부디 독자 여러분께 많은 도움이 되길 희망합니다.

2024년 7월
저자 일동

*우리의 미래를 기억할 용수, 아란, 민, 경에게 다섯 번째 책을 전합니다.

Table of Contents

02 | 인공지능 들여다보기

Table of Contents

03 | 일상 생활 속의 인공지능 적용 사례

Table of Contents

04 │ 산업 현장의 인공지능 적용 사례

Table of Contents

Table of Contents

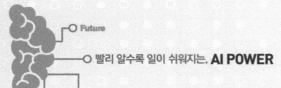

Table of Contents

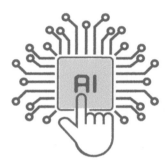

빨리 알수록 일이 쉬워지는,

AI POWER

인공지능 성공 사례, 실패 사례

빨리 알수록 일이 쉬워지는,

AI POWER

인공지능 성공 사례, 실패 사례

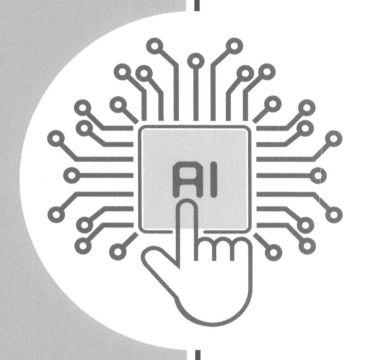

01

인공지능
바라보기

01 | 인공지능 바라보기

빨리 알수록 일이 쉬워지는, **AI POWER** 인공지능 성공 사례, 실패 사례

가. 인공지능의 등장

인공지능의 역사

인공지능(Artificial intelligence, AI)은 컴퓨터를 이용하여 실현되는 지능으로 인간이나 동물의 지능과 상대되는 개념으로 붙여진 명칭이다.[1] 생물체에게 있어 "지능"이라 함은 구조화 혹은 구조화되어 있지 않은 경험을 학습하고 이들 경험을 연상 또는 조합을 통해 추론하며, 최선의 답을 찾아가는 과정으로 요약된다. 예를 들어, 가마 속 불꽃의 색깔과 열기를 느끼고, 시간의 경과를 확인하며 장작을 추가하며 도자기를 굽는 과정은 경험과 지식이 복합적으로 구성된 과정으로 지능의 축적과 활용 과정이다.

인공지능의 개념은 선지적인 철학과 수학자들에 의해 이미 1940년대에 제기된 바 있으며, 인공지능이라는 용어는 미국 뉴햄프셔(New Hampshire)주 하노버(Hanover)시에 위치한 다트머스(Dartmouth) 대학의 수학과 존 매카시(John McCarthy) 교수가 공동 주최자 4인의 이름으로 1956년 록펠러(Rockefeller)재단에 후원을 요청하는 "인공지능에

---

1 https://www.britannica.com. 16 June 2023.

관한 다트머스 대학의 여름 연구 프로젝트" 제안서에서 최초로 사용되며 학문의 한 분야로 공식적인 등장을 하게 되었다. 존 매카시는 교수 생활을 스탠포드(Stanford)대학에서 보냈지만, 다트머스 대학은 인공지능 역사에서 중요한 장소로 알려져 있다.

존 매카시(John McCarthy)교수가 록펠러(Rockefeller) 재단에 보낸
제안서 서신 (1956)[2]

---

2 서신 첫 문단에 "인공지능에 관한 Dartmouth 여름 연구 프로젝트"라는 대목이 보인다.

이후, 1970년대까지의 인공지능 연구는 여느 신기술의 등장 초기와 같이 지나친 기대감과 과신으로 말미암아, 1990년대까지 인공 일반지능을 갖춘 기계가 사람이 하는 모든 일을 할 수 있게 될 것이라고 예측했다.[3]

그러나, 인공지능 연구의 선지자들은 인간의 사고 능력을 원용한 시뮬레이션, 문제 해결 모델링, 논리 전개 절차의 구조화, 대규모 지식 데이터 베이스 구축 및 연계, 동물 행동 모방 등 다양한 접근 방식을 시도했지만 큰 진전을 거두지 못했고, 급기야는 회의적인 전망이 지배하며 인공지능 분야의 연구 자체가 쇠락하는 시기도 있었다.

1980년대의 인공지능 연구는 인간의 지식과 정보 분석 기술을 구조화하고 이를 시뮬레이션(Simulation)하여 응용된 결과를 제시하는 전문가 시스템(Expert System)이 상업적으로 성공하며, 다시금 인공지능이 연구분야로서 주목받는 계기가 만들어졌다. 물론, 인간의 학습, 인지, 추론, 행동 과정 전반과 동일하거나 유사한 형태의 인공지능 모형을 구성할 수 있는지에 대해서는 1990년대 초반까지도 여전히 회의적인 수준에 머물렀다.

1990년대 이후에는 학습 방법에 대한 새로운 시도와 심층학습(Deep learning)의 등장, 신경망(Neural Network)과 같이 다양한 추론 구조가 복합적으로 결합된 모델이 등장한 의미있는 성공 사례가 보고되기 시작했다.

---

3 Herbert A. Simon., The Shape of Automation for Men and Management. 1965, Archive, https://archive.org/details/shapeofautomatio00simo

인공지능 주요 기술 발전 과정

AI의 주요 기술 발전 과정을 시기별로 정리하면 다음과 같다.

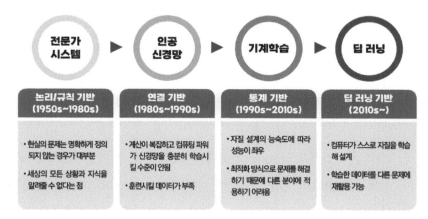

1950년대

- 인공지능의 개념과 기초 이론이 제시되었다. 1951년, 매사추세츠 공
대(MIT)의 마빈 민스키(Marvin Minsky) 교수는 시행착오를 통한
학습 과정을 공학적 원리로 탐구하고자 하였고, 최초로 신경회로 형
태를 띄는 SNARC (Stochastic Neural Analog Reinforcement
Calculator - 확률적 신경 아날로그 보강 계산기)4 라는 시스템을 구
축했다. 그리고 1956년, 다트머스 대학의 존 매카시 교수에 의해 최
초로 '인공지능'이라는 용어가 사용되었다.

---

4 https://cyberneticzoo.com/mazesolvers/1951-maze-solver-minsky-edmonds
-american/

1960년대 ~ 1970년대

• 규칙 기반 추론 시스템(Rule-based Reasoning)과 전문가 시스템(Expert System)이 등장하였다. 규칙 기반 추론 시스템은 영역별 전문가와 상의하여 추출된 규칙을 바탕으로 적용 가능한 변수들을 대입하여 최적해를 탐색하는 과정으로 진행된다. 전문가 시스템은 영역별 전문가의 지식을 최대한 구조화하여 관리하고, 정형화된 입력 값에 따라 전문적인 출력 값을 생성하는 구조를 갖고 있다.

• 1965년에 스탠포드(Stanford) 대학의 에드워드 파이겐바움(Edward Feigenbaum) 외 3명이 창안한 덴드럴(Dendral)이 최초의 전문가 시스템으로 여겨지고 있는데, 질량 분석 데이터와 화학 결합식을 입력하면 규칙 기반으로 정보를 분석하고 검증하여, 해당 물질에 대해 가장 가능성이 높은 분자 구조를 추정하기 위해 개발되었다.[5]

• 1979년, 스탠포드(Stanford) 대학의 박사과정 학생이었던 에드워드 숏맆(Edward Shortliffe)이 공개한 마이신(MYCIN) 은 박테리아 감염 여부 진단과 항생물질 처방에 필요한 전문적인 조언 제공을 목표로 개발되었다. 방대한 양의 의학정보를 증상에 따라 규칙 기반으로 정리하고, 제시되는 정보의 불확실성을 계량화하여 제공하고자 시도하였으며, 이는 이후에 개발되는 전문가시스템의 표준 구성으로 평

---

5 Edward A. Feigenbaum, Bruce G. Buchanan., DENDRAL and Meta-DENDRAL: roots of knowledge systems and expert system applications. Artificial Intelligence 59 (1993), pp233-240, Elsevier

가되었다.6

1980년대

• 지식 기반 시스템(Knowledge-based System)의 개념이 구체화되었다. 지식 기반 시스템의 특징은 데이터인 '지식'과 이를 활용하는 알고리즘인 '추론 체계'를 분리했다는 점이다. 이에 따라 지식의 구조화 및 추론 체계의 독립적인 심화 발전이 가속되는 계기가 되었다. 또한, 생산, 품질, 의학, 금융 등의 분야에서 전문가 시스템이 폭 넓게 적용되었지만, 산업 현장에서는 전문가 시스템 적용에 대한 회의적인 시각이 증가하는 시기이기도 하다.

1990년대

• 기계 학습(Machine Learning)이 부상하면서 신경망(Neural Network)과 유전 알고리즘(Genetic Algorithm)이 연구되었다. 통계적 기계 학습과 데이터 마이닝(Data Mining) 기술이 발전했다. 이 가운데 유전 알고리즘은 자연 세계의 진화를 이끌어 온 우성 선택, 이종 선택을 통한 진화, 그리고 변이 현상의 활용에 착안하여 개발된 탐색 최적화 기법으로 미시간 대학(University of Michigan)의 존 홀랜드(John Holland) 교수에 의해서 1975년에 제안되었다. 1990년대 산업현장에 적용 시도되었고, 다면의 변곡점을 가진 엔진, 항공기 기골, 자동차

---

6 Edward H. Shortliffe, MYCIN: A Knowledge-Based Computer Program Applied to Infectious Diseases, 1977년 11월 미국 네바다주의 라스베가스에서 열린 미국 정보 의학회(the Society for Computer Medicine)의 연례회의에서 제시

샤시 등을 효율적으로 주조하기 위한 금형 설계에 활용되고 있다. 심층학습(Deep Learning)이 등장한 현재도 유전 알고리즘은 인공지능 학습모형의 초기 값을 제시하는데 이용되고 있다.

2000년대

• 대용량 데이터 처리 및 분석을 위한 빅데이터 기술이 발전되었다. 신경망을 활용한 심층학습(Deep Learning)이 부상하였고, 이미지 및 음성 인식 등에서 뛰어난 성과를 보였다. 딥 러닝은 동일 과제에 대해 대량의 데이터를 반복 학습하며, 이 가운데 가장 적절한 값을 선택하여 하는 과정이다. 2016년 3월 이세돌 기사와의 대국을 위해 알파고는 역대 바둑 기보 데이터를 찾아 학습하고, 바둑의 행렬위치 (가로 세로 19×19) 별 다양한 기보 속에서 학습한 결과에 대한 승률을 계산하여 승률이 가장 높은 위치 값에 바둑알을 놓은 방식을 구현한 것이다.

2010년대

• 심층학습(Deep Learning)과 합성곱 신경망(CNN - Convolution Neural Network)을 이용한 이미지 인식 기술이 발전하였다. 합성곱 신경망은 이미지를 최대한 나누고, 세분화된 각 이미지의 특징을 추출하여 반복 학습하며 패턴을 파악하는 구조이다. 이를 응용하여 무인 카메라 단속, 얼굴인식 등에 적용되고 있다. 자연어 처리 분야에서 순환신경망(RNN - Recursive Neural Network) 기술이 등장하였다. 순환신경망은 학습과정을 반복하는 알고리즘이지만, 과거의 학습결과

에 가중치를 조절하며 학습에 반영하는 특징을 갖고 있는데, 이는 자연어 번역, 자연어 이해, 자연어 작문 등에 응용되고 있다.

2020년대

• 생성형 인공지능(GPT - Generative Pre-trained Transformer) 모델을 비롯한 대규모 언어 모델이 등장하였다. 특히 OpenAI사의 ChatGPT는 인공지능을 일상 생활 안으로 활용하는 기회를 가져왔다. 삼성의 가우스(Gauss), 구글(Google)의 제미니(Gemini)등도 생성형 인공지능 모형으로 제안되고, 스마트 기기를 중심으로 적용이 지속적으로 시도되고 있다.

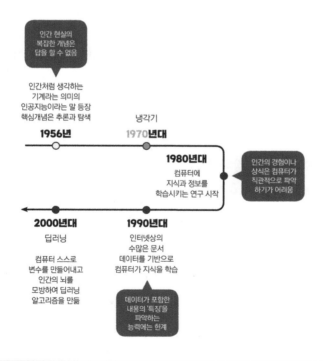

나. 인공지능을 바라보는 시각

인공지능은 지금 이 순간에도 그 범위와 개념, 시각 등이 계속 진화하고 있으므로, 하나의 절대적인 정의가 존재하지 않지만, 다수의 경우 1) 학습을 통한 추론, 2) 추론에 기반한 판단, 3) 이와 같은 지각 능력이 수학적, 기술적 방법을 통해 인공적으로 구현된 것을 인공지능으로 지칭한다. 그러나, 인공지능은 전문가에 의해 정의된 표준과 작업에 따라 절차를 수행하도록 구현된 프로세스 자동화와는 다른 개념이다.

2000년 이후, 기술의 발전으로 야기된 변화는 산업과 사업의 경계를 새로이 정의하며 기존의 경쟁관계를 재편하는 결과를 가져왔다. 예를 들어 스마트폰의 등장은 기업의 프로세스가 고객에게 직접 연결되는 채널로 빠르게 보급되었다. 이에 따라 더 많은 정보를 다양한 형태로 더 빠르게 전달해주는 정보 유통의 변혁 및 정보 유통 속도의 가속화를 가져왔다.

정보의 접근성 향상에 따라 기업 중심의 프로세스가 고객 중심의 프로세스로 진화하는 계기를 가져왔다. 다른 예로 전자메일은 의사소통을 위한 대체 수단으로 등장하였으나, 이제는 개인간, 집단간 주요 의사소통 수단으로 자리잡았고 전자메일 기술을 기반으로 한 문자메시지, 채팅, 그룹 대화방 등 다양한 형태의 의사소통 수단으로 발전함은 물론, 보안성 강화를 위한 인증 수단, 전자메일을 이용한 소프트웨어 자산 관리, 전자메일 기반의 소액 결제, 전자메일을 이용한 마케팅 전개 등으로 적용 확대되었다.

2007년 처음으로 아이폰(iPhone)을 접한 다수의 일반 대중은 스마트

폰이 지금과 같이 사회적, 사업적 변화와 기회를 가져올 것이라고 생각하지는 못했을 것이다. 그러나, 스마트폰을 통신기기로 이해하고 받아들인 사람과 스마트폰을 소통은 물론, 협업과 사업 기회의 관점에서 접근했던 사람 간에는 결과적으로는 큰 차이가 있었음은 주지의 사실이다. 2016년 구글의 알파고와 이세돌 9단 간의 대국 이후, 인공지능을 사업과 일상생활에 활용하고자 하는 관심이 증가되어왔다. 그럼에도 오늘 당장, 각자의 영역에서 앞으로 어떤 분야에 인공지능이 활용되어 사업의 가치와 생활의 편의를 증진할 수 있을지에 대해서는 여전히 막연한 기대감만을 갖고 있는 것 또한 사실이다.

동시에, 인공지능은 축복만이 아닌 공포 또한 가져올 것이라는 두려움이 높아지고 있다. 인공지능을 이용하여 조작된 동영상이나 뉴스는 이미 낯설지 않으며, 일부 분야에서는 인공지능 기술을 이용하여 생성된 저작물이 인간의 재능이나 창의력을 압도하고 있다. 과거, 산업 현장에서는 정보시스템, 로봇과 자동화 기기가 저급의 노동력을 대체해왔지만, 이제 생성형 인공지능 (예: ChatGPT)은 사무 환경에서 지식 근로자의 일자리를 조금씩 잠식하고 있고, 나아가서는 의사, 변호사, 교수, 통번역가와 같은 전문가의 영역을 일정 부분 대체할 것이라는 성급한 예측도 거론되고 있다. 물론, 인공지능 기술을 선험적으로 활용한 일부 전문인력의 경우에는, 과거보다 오히려 더 많은 사업기회와 가치의 향상을 높이는 기회를 실현하고 있지만, 다른 영역에서는 인공지능에 대한 막연한 거부감이 상존하고 있다.

즉, 종국에는 인공지능이 우리가 경험하고 실행하는 거의 모든 영역에 함께 하게 될 것이라고 생각하고 있음에도 지나친 맹신 혹은 두려움에 따

라 인공지능 기술에 대해 막연한 이해에 머무르고 있고, 인공지능 기술을 활용하고자 하여도 기술과 환경, 시장의 성숙도에 맞게 기회영역을 찾기 어렵다는 점이 다수의 현실이다. 급기야는 인공지능의 기회와 가능성에 대한 진지한 고민에 앞서 단편 뉴스에 이목이 집중되고 있는 실정이다. 본서는 우리의 삶과 사업 환경에 인공지능을 적용할 수 있는 몇 가지 틀을 제시하고, 이에 비추어 인공지능이 우리 생활과 사업에 적용되었거나 모색되고 있는 사례들의 의미를 해석하고 나아가 미래 전망을 하고자 한다.

인공지능을 둘러싼 일곱 가지 질문

오늘의 일을 보다 낮게 만들 수 있을까?
질문① 인공지능은 인간을 대체할 수 있을까?
질문② 인공지능은 인간처럼 사고할 수 있을까?

새로운 혁신을 실현할 수 있을까?
질문③ 인공지능 기술이 발전하면 일자리는 줄어들까?
질문④ 인공지능 기술은 경영활동에 어떤 영향을 미칠까?
질문⑤ 인공지능 기술의 한계와 발전 가능성은?

악의적인 이용을 통제할 수 없다면 어떻게 해야 하나?
질문⑥ 인공지능 기술 활용과 관련된 도덕적인 문제는 무엇인가?
질문⑦ 인공지능 기술을 이용한 범죄는 어떻게 막을 수 있을까?

오늘의 일을 보다 낫게 만들 수 있을까?

질문 1) 인공지능은 인간을 대체할 수 있을까?

다수의 학자들은 물론 일반인들 모두 인공지능이 조만간 인간의 역할 가운데 일부를 대체할 수 있을 것이라고 전망하고 있다. 예를 들어, 고도의 반복적인 작업, 위험한 작업, 정확도가 중요한 작업 등은 인공지능을 활용하는 것이 인간의 능력보다는 우수한 결과를 낳을 것으로 의견이 일치한다. 그러나 인공지능이 인간의 역할을 완전히 대체할 수 있을지에 대해서는 아직 의문이다. 현재의 인공지능 기술은 사람들이 수행하는 특정 작업을 대체할 수 있지만, 인간의 창의성, 직관, 판단력, 상호작용 등과 같은 면에서는 아직 한계가 있기에, 이 부분은 앞으로의 인공지능 기술 발전과 함께 계속해서 논의되어야 할 과제다.

질문 2) 인공지능은 인간처럼 사고할 수 있을까?

현재는 "아직까지 인공지능이 인간과 같은 사고를 할 수 없다."는 것이 일반적인 인식이다. 인공지능이 어느 정도 기계적이고 논리적인 사고를 수행할 수 있지만, 인간의 창의성, 직관, 상상력, 인간관계 등과 같은 면에서는 여전히 많은 한계가 있기 때문이다. 인간의 경우, 출생 및 성장과정에서 경험한 감정과 문화적 환경, 학습 등 다양한 영향을 통해 사고가 형성되는 특징을 갖고 있기 때문에, 인공지능이 과연 인간과 같은 사고를 할 수 있을지에 대해서는 의견이 엇갈리고 있다. 최근, 심층학습 기술의 급속한 발전으로 인공지능 기술이 자연어 이해와 번역, 이미지 인식, 음성 인식 등에서 객관적으로 검증 가능한 많은 성과를 보이고 있기에, 데이터 축적과 학습이 보다 가속화되면 일부 영역에서는 인간의 사고와 비슷한 수준에 도달할 수 있을 것이라는 전망도 있다.

새로운 혁신을 실현할 수 있을까?

> 질문 3   **인공지능 기술이 발전하면 일자리는 줄어들까?**

신기술 등장은 크건 작건, 언제나 기존 산업과 직업에 변화를 가져오기 마련이다. 그리고, 이와 같은 변화는 기존 산업과 직업을 없애기도 하지만, 새로운 산업과 직업을 만들어 내기도 한다. 근대 산업화 시대에 철도의 등장은 운송업의 근대화를 가속화하기도 했지만, 이를 운영하는데 필요한 일정관리, 경로관리 등 물류 산업의 성장과 공급망 사슬에 관한 학문적 토대를 촉진하기도 했다. 그리고 이와 같은 변화의 결과와 영향을 살펴보면 사라진 직업의 종류와 수보다는 새로이 등장한 직업의 종류와 수가 훨씬 더 많다는 시사점이 있다. 다만, 인공지능이 주도하는 환경에서 인간은 보조적인 역할을 하게 되는 분야도 생길 수 있다는 다소 우울한 전망도 함께 존재한다.

> 질문 4   **인공지능 기술은 경영 활동에 어떤 영향을 미칠까?**

인공지능 기술은 공공영역, 교육, 연구개발 및 기업 활동 전반에 적용이 확대되는 것은 물론 핵심 영역에 혁신적인 변화를 가져올 것으로 예상된다. 기업 경영에 있어서는 자동화와 효율화를 통한 생산성 향상과 원가 절감을 가능하게 할 것이며, 고도로 전문화된 지식과 훈련된 역량이 인공지능 모형을 통해 보편적으로 확대, 전파, 활용될 수 있을 것이다. 예를 들어, 과거 전문 상담원에 의한 상해보험 청구 접수와 판정 절차가 인공지능 챗봇(Chatbot)이나 자동 접수 양식 등으로 대체되고 있는 것이 하나의 예이다. 그러나, 무엇보다 대폭적인 변화를 가져오는 것은 인공지능을 이용하여 기존의 서비스, 상품 및 산업을 재편하고 새로운 경쟁력을 확보하는 부분이다. 과거 신약 개발에 10년 이상 걸렸던 것이 Covid19 백신 개발 과정에는 인공지능을 활용하여 불과 2년 내에 개발한 것이 대표적인 예이다. 백신 구성 요소의 성분 조정, 각 부작용의 시뮬레이션과 예상 효능에 따른 임상대상 설계와 임상실험 결과 분석 등 전 과정에 인공지능 기술이 활용되었다.

질문 5   인공지능 기술의 한계와 발전 가능성은?

현재 인공지능 기술 개발과 활용에 현실적인 장애 요인 가운데 하나는 객관적이며 신뢰 가능한 데이터의 부족을 들 수 있다. 양질의 데이터 부족은 인공지능 모형의 학습 부진을 가져오며, 이에 따른 결과 또한 신뢰성을 저하시키게 된다. 또한, 인공지능 기술은 인간의 직관과 창의성, 윤리적 판단력 등을 대체할 수 없고, 기존 인간의 역할에 대한 재정의가 필요하게 될 것이다. 물론, 인공지능 기술은 최근 가장 큰 관심과 뉴스를 만들고 있는 ChatGPT처럼 획기적인 발전을 보여주고 있기 때문에, 양질의 데이터만 갖춰지면 상당한 수준의 일반화된 인공지능(AGI: Artificial General Intelligence) 이 등장할 것으로 전망된다.

그러나, 일반 인공지능이 등장한다 하여도, 인간이 암묵적으로 학습과 추론을 통해 형성된 직관, 창의성과 윤리적 판단 능력을 대체하기는 어렵다는 것이 중론이다. 예를 들면, 인공지능은 기준에 따라 청소년에게 유해한 영상물을 검색하여 판별하는 능력은 있지만, 유해 영상물 판정 기준 자체를 만드는 것은 어렵다는 한계가 있다.

악의적인 이용을 통제할 수 없다면 어떻게 해야 하나?

질문 6   인공지능 기술 활용과 관련된 도덕적인 문제는 무엇인가?

인공지능이 생활 주변의 공공 영역에 적용 확대되어 감에 따라, 도덕적인 사안에 관련된 영향이 불가피할 것으로 예상된다. 예를 들어, 개인정보 수집과 활용, 그리고 데이터 기반에 의한 판정 시에 발생할 수도 있는 인종, 연령, 성별 등에 의한 차별 등이 우려되는 부분이다. 코비드19(Covid19)이 심각하던 시기에, 제한된 의료인력, 의약품과 병실 환경에서 청년 중증 환자와 노년 중증 환자 가운데 누구를 먼저 진료하고 투약하여야 할지 사회적인 질문을 경험한 바와 같이 도덕적인 판단 영역은 인공지능 활용에 대해 인간의 관리와 통제가 필요하다는 공감대를 형성하였다.

물론, 이와 같은 부분은 잘 정의된 규제와 정책에 따라 인공지능이 윤리적으로 운영될 수 있다고 보는 시각과, 학습 데이터와 학습 방법을 개선하여 인공지능의 윤리적 판단 역량을 높일 수 있다고 보는 시각이 있지만, 현재 수준에서는 공공을 대상으로 한 인공지능기술 적용 시, 인간에 의한 직접적이고 윤리적인 통제와 판단이 필요하다는 것이 일반적인 견해이다.

> **질문 7**) **인공지능 기술을 이용한 범죄는 어떻게 막을 수 있을까?**

신기술 등장에는 언제나 효익은 물론, 이를 악용하는 범죄도 함께 등장하기 마련이다. 예를 들어, 스팸 메일, 사기, 사이버 공격, 위조, 딥 페이크(Deep fake) 등이 이미 사회적으로 문제를 일으키고 있으며, 이에 대응하는 부분에도 인공지능이 역시 사용되고 있다. 따라서, 창과 방패 모두에 인공지능 기술이 적용되는 상당히 모순적인 현상을 보이고 있는데, 이 부분은 사법체계 및 공법체계의 정비가 함께 진행되는 기술적 보완이 적용되어야 한다. 마치 같은 약물이지만, 말기암 환자를 대상으로 한 통증 완화를 위해 처방되는 마약류 약품이 일반으로 유통되지 않도록 법적, 절차적, 윤리적으로 관리되는 것과 같다.

다. 인공지능이 세인의 관심을 끌게 된 주요 사건

1997년 IBM의 딥블루(Deep Blue)가 세계 체스 챔피언을 이긴 사건

IBM의 딥블루(Deep Blue)가 세계 체스 챔피언을 이긴 사건이 1997년에 발생했다. 딥 블루(Deep Blue)는 인공지능 기술을 기반으로 개발된 체스 프로그램으로, 당시 세계 체스 챔피언인 게리 카스파로프(Garry Kasparov)를 상대로 6전 2승 1패 1무로 승리했다. 게리 카스파로프는 1985년부터 2000년까지 16년 동안, 세계 체스 챔피언 타이틀을 보유했던 체스 분야의 신화적인 인물이다.

1989년 IBM이 개발한 인공지능 모델 딥쏘트(Deep Thought)는 게리 카스파로프와의 4번의 체스 경기 가운데 한 번도 이기지 못하였다. 1996년, 딥쏘트의 후속 모델으로 출시된 딥블루는 체스 전용 반도체 칩을 16개 탑재하는 등, 상당한 성능 개선이 이루어진 인공지능 모형 기반 거대 컴퓨터였다. 딥블루는 게리 카스파로프에게 재도전하여 6번의 체스 경기 가운데 첫 경기를 이겼는데, 이는 이전 모델 딥쏘트보다 획기적인 진전으로 평가되었다.

이후, IBM에서는 딥블루에 탑재된 체스 전용 반도체 칩을 16개에서 480개로 대폭 증설하고, 카스파로프의 체스 기보 분석을 알고리즘에 반영한 결과, 1997년의 게리 카스파로프를 대상으로 승리하는 경기력을 보

여주었다. 이 사건은 인공지능이 인간의 재능을 넘어선 상징적인 분기점으로, 다양한 경우의 수를 연산하며, 상대의 반응에 따라 기보를 통해 학습된 지식 가운데 최적의 내용을 채택하는 현재 인공지능 기술 활용의 표준적인 모델을 제시한 사례로도 거론되고 있다.

2011년 퀴즈 프로그램 제퍼디(Jeopardy!)에서
IBM의 왓슨(Watson)이 우승한 사건

IBM의 인공지능 플랫폼 왓슨(Watson)이 제퍼디(Jeopardy!)에서 이긴 사건이 2011년에 일어났다. 제퍼디는 1984년에 방영이 시작되어 지금도 진행되고 있는 미국의 유명한 지식 퀴즈 프로그램으로 높은 시청률을 갖고 있으며, 인간의 지식과 추리력을 시험하는 게임이다. 왓슨은 인공지능 기술을 활용하여 제퍼디에 참가했고, 2004년 74연승의 대기록을 세운 켄 제닝스(Ken Jennings)와 역대 우승 상금 1위를 차지한 브래드 러터(Brad Rutter)를 대상으로 완승을 거두었다.

왓슨은 대량 데이터를 처리하고 자연어 이해와 추론 능력을 활용하여 정확하고 빠른 답변을 제공하는데 성공했다. 왓슨이 활용한 알고리즘을 쉽게 설명하자면, 문제 입력과 동시에 문제를 구성하는 키워드를 나누어 분석하고 유사한 지식을 검색하여 유사성이 가장 높은 것을 답으로 선정하는 논리 구조로 구성되어 있다. 이 사건은 자연어 이해를 바탕으로 인공지능 모형의 지능과 컴퓨터의 처리 능력의 발전을 보여주는 중요한 사례로 평가받고 있다.

이후, IBM 왓슨은 법률 판례 검색, 의료 진단 분야에서 주어진 여건에서 여러 변수를 고려하여 최선의 선택을 할 수 있도록 적용이 모색되었다. 방대한 의학 논문을 단기간에 분석하여 항암 유전자에 영향을 미치는 단백질 요소를 규명하거나, 특수질환자의 병명을 찾아내는 등 일부 성과도 있었으나, 왓슨을 실제 도입하여 활용한 병원에서는 기대에 미치지 못하는 반응을 받기도 하였다. 이는 학습된 구조화된 지식을 바탕으로 추론하는 기능은 진보되었지만, 자연어 인식 영역에 결함이 있었기 때문이라는 평가도 있다. 즉, 환자의 질병을 진단하는 의사가 검진 정보를 이해하고 소견서에 기록하는 과정에는 정확한 의료용어와 표현이 사용되어야하지만, 개인적인 표현 또는 요약된 정보 등도 있기 마련인데 이와 같은 자연어 인식 분야에는 한계를 보였던 것이다.

2016년 알파고(AlphaGo)와 이세돌 프로9단의 대국

알파고가 이세돌 프로 9단을 꺾은 사건이 2016년에 일어났다. 알파고는 구글(Google)의 딥마인드(DeepMind) 연구팀이 개발한 인공지능 기술 기반 바둑 프로그램으로, 한국의 이세돌 프로 9단과의 대국에서 4번의 불계승과 1번의 불계패로 승리를 거두었다.

개발 초기에 알파고는 연산 속도를 높이기 위해 1,202개의 중앙처리장치(CPU - Central Processing Unit)와 176개의 그래픽 처리장치(GPU - Graphics Processing Unit)를 묶어 병렬 계산하는 방식을 택하였고, 2013년 ~ 2015년 중국 프로바둑 기사이자 유럽 바둑 챔피언이었던 프로바둑 2단 판후이(번휘, 樊麾)를 대상으로 5전 전승하였다. 2016년, 딥러닝용 특화 하드웨어인 행렬 계산처리장치 TPU7 - (Tensor Processing Unit)로 대체하여 이세돌 프로 9단과 대국을 가졌다. 이들 세계 정상의 프로바둑 기사들과의 대국은 전통적으로 인간의 지성과 창의력을 요구하는 바둑에서 인공지능의 우수성을 입증하는 기반을 마련한 사건으로 평가되고 있다.

이후에도, 알파고는 2017년 중국 텐센트가 서비스하는 '한큐 바둑'에서 한/중/일 정상급의 프로기사를 대상으로 60연승을 거두었고, 2017년 세계 바둑 순위 1위로 거론되었던 커제(가결, 柯潔) 프로9단에게 3전 전승을 거두었다. 2017년 12월, 구글은 바둑기사들이 실제 대국한 23만여

---

7 2016년, 구글(Google)에서 발표한 딥러닝용 인공지능 특화 반도체를 모아 구성한 하드웨어로, 행렬 연산의 병렬 처리에 특장점을 갖고 있다.

판의 기보에서 나온 초반 포석들을 바탕으로 6천여가지의 변화도를 제시
하면서 알파고의 승률 추론 데이터를 제시하는 교재를 개발한 뒤, 사업을
종료하였다.

알파고의 승리는 인공지능의 발전과 함께 기존의 패러다임을 뒤집는
중요한 이정표로 인식되고 있다.

2022년 ChatGPT의 등장

OpenAI에서 개발된 ChatGPT는 사용자와
대화를 주고받으며 자연어 이해와 응답을 수행
할 수 있는 대화형 인공지능 서비스이며, 2022
년 출시된 GPT-3.5 이상의 버전을 기반으로
운영된다. ChatGPT 등장 이전에도 제한된 자

연어 이해와 대화형 인공지능이 개발되었으나, 다수의 기대에는 미치지 못했다는 평가가 지배적이다. 이는 인간 간에 이뤄지는 대화는 말의 앞 뒤 문맥과 이전 대화와의 연속성 등의 고려 사항 속에서 관련 지식이 배 열되어 이용되기 때문에 의미를 갖는 것이다. 종전의 인공지능 모형들이 학습과 추론 알고리즘에 심화된 연구가 진행되었다면, ChatGPT는 학습 과 추론 모형은 물론, 자연어 대화 기능 강화에도 초점을 둔 특징이 있다. 즉, 대량의 데이터를 학습시켜 대화에서 포함된 단어 간의 관계와 논리를 수리적 모형으로 전환하여 의미를 이해함은 물론, 답변 또한 가능하도록 설계되었다. 지금의 ChatGPT서비스의 핵심 모델로 발전된 GPT모형의 각 세대별 특징과 시사점은 아래와 같다.

GPT-1

2018년 OpenAI사[8]는 Generative Pre-trained Transformer (GPT, 생성형 인공지 능) 모형을 발표했는데, 이 모형은 대규모 텍 스트 데이터를 사용하여 사전 훈련된 후, 다양한 자연어 처리 작업에 성 공적으로 적용할 수 있었다. 이는 GPT-1으로 분류되는 생성형 인공지 능 모형 초기 버전으로, 자연어 이해의 개념을 기반으로 단순한 대화와 질문에 응답 가능한 수준이었다. GPT-1은 12개 Layer(계층)으로 1억 1 천 7백만 파라미터(매개변수)를 조합하여 지식을 구조화하고 관리하여, 질문과 상황에 부합되는 지식을 생성하는 체계를 제시하였다. 2024년 생성형 인공지능 모형과 비교하면, 상당히 제한된 성능을 보여주었지만,

---

8 https://openai.com

2018년 시점에는 대규모 텍스트 데이터를 사용하여 자연어 생성 모델을 학습시킨 최초의 의미있는 시도로 평가된다. GPT-1은 주어진 텍스트의 패턴을 학습하여 그에 대한 이어지는 텍스트를 생성할 수 있었으며, 이를 활용하여 기본적인 대화를 전개하는 챗봇의 등장을 불러왔다. 물론, 2018년 당시에는 영문 위키피디아(https://www.wikipedia.org)와 일부 영문 뉴스기사를 토대로 학습이 진행되었는데 기본적인 대화는 처리 가능하였으나, 미세한 문맥이나 복잡한 질문에 대해서는 제한된 성능을 보였다.

GPT-2

2019년 OpenAI사는 기존의 GPT-1을 확장한 GPT-2를 발표했다. 2019년 인터넷 웹페이지에 존재하는 거의 모든 컨텐츠를 대상으로 학습을 진행한 GPT-2는 이전 버전보다 훨씬 더 많은 15억 개의 파라미터 (매개변수)가 48개 Layer(계층)의 조합으로 운영되도록 설계되었고, 조금 더 자연스러운 텍스트 생성 및 자연어 이해 능력을 보여주었다. 이로 인해 대규모 언어 모델이 자연어 생성과 이해에서 폭 넓은 활용 잠재력을 제시한 주요 계기가 되었고, 블로그 게시물, 소셜 미디어 콘텐츠, 기사 작성, 대화형 지식 검색 엔진이나 가상 비서에 활용될 수 있는 가능성을 제시하였다는 시사점이 있다. 그럼에도 불구하고, 언어 이해와 생성 과정에 일관성과 논리성 측면에서는 부족한 점이 여전히 지적되었고, 이와 같은 한계점으로 인한 악용의 우려로 인해 OpenAI사에서 적극적인 공개와 모형을 배포하지 않았다.

GPT-3

2020년 OpenAI사는 GPT-3를 발표했는데, GPT-1이나 GPT-2에 비교하여 엄청한 규모의 대용량 데이터를 학습하고 체계화한 모형이다. 2020년 기준으로 인터넷에 존재하는 거의 모든 웹사이트의 컨텐츠를 바탕으로 1,750억 개의 파라미터(매개변수)를 추출하고 이를 96개 Layer(계층)으로 구조화하였다. 이로 인해 종전의 단순 대화 수준을 뛰어넘는 지능적인 대화 역량을 보여주었고, 방대한 컨텐츠 학습을 통해, 복잡한 문맥을 이해하고, 보다 다양한 주제에 대해 자연스러운 답변 생성이 가능해진 것도 큰 진보로 평가된다. 따라서, GPT-3는 장문의 텍스트를 생성하거나 뉴스 기사 요약, 보고서 작성 등 다양한 문서 생성 작업에 사용될 수 있는 가능성을 보여준 것은 물론, 전문적인 영역에 대한 비서, 챗봇, 교육 도구 등에 적용되는 기회를 보여주었다. 무엇보다는 OpenAI사는 GPT서비스를 API[9] (Application Programming Interface) 형태로 제공하기 시작하였고, 마이크로소프트(Microsoft)사의 검색엔진에 연결되기도 하였고, 몇 몇 기업에서는 대화 서비스, 내용 분석 및 요약과 분류, 문장 번역 등을 위해 API를 사용이 시도되었다.

2023년 6월, 설계 조정을 통해 인공지능 모형의 효율성과 기능이 개선된 GPT-3.5가 등장하였고, 2024년 1월에는 한 번에 처리할 수 있는 단어의 규모를 영문 기준 300페이지까지 대폭 확대하고, 2023년 4월까

---

9 각기 다른 서비스 간, 정의된 값을 통해 상대 서비스를 연결하여 이용할 수 있도록 운영되는 인터페이스 방식

지의 정보를 학습시킨 GPT-4가 공개되었다. 구체적인 성능과 모형 구조에 대해서는 공개되지 않았으나, 문장과 시각적 자료를 인지하고 생성하는 능력의 개선은 물론 전문지식에 있어서는 변호사, 생물 올림피아드 등에서 인간과 동일한 혹은 보다 우수한 성적을 보여주었다. 2024년 2월, OpenAI사는 사용자 컴퓨터 환경에서 전반적 과정을 완전 자동화하는 '자율 에이전트'가 등장할 것이며, GPT-5 등 후속 버전도 계속 개발 중이라는 발표를 한 바 있다. GPT-4부터는 범용 인공지능(AGI: Artificial General Intelligence)로 분류될 만큼, 과거의 인공지능이 훈련된 특정 분야에 국한된 능력을 보여준 것과 달리, 일반적인 분야에서 인간과 동일하거나 우수한 수준으로 논리와 추론이 가능한 전문적인 지식을 보유할 것으로 전망되고 있다.

GPT를 기반으로 운영되는 대화형 생성형 인공지능(ChatGPT)는 자연어 처리 기술에 획기적인 변화와 생활 주변에서 활용 범위 확대를 가져왔으며, 대규모 언어모델 LLM (Large Language Models conversational Artificial Intelligence)의 등장을 촉진하였다. 2024년 현재, ChatGPT 이외에도 인터넷 검색엔진, 가전기기, 스마트 폰 등 사용자와의 접점을 확보하고 있는 구글(Google), 메타(Meta), 아마존(Amazon), 네이버, 삼성, 알리바바 등에서도 대화형 생성형 인공지능 서비스를 출시하고 자사의 제품 및 서비스와 연계를 모색하고 있다.

알파고가 세계 정상급 바둑기사를 이기면서 인공지능의 능력에 대해 놀라움을 주었다면, ChatGPT는 실생활에 영향을 주고 있는 것이 가장 큰 의의라고 할 수 있다. ChatGPT의 등장은 대화형 AI 기술의 발전과 사용자와의 상호작용을 강화하는데 큰 영향을 미쳤으며, 자료 수집, 학

습, 코딩, 교육, 번역, 계산기, 작문, 여행 계획 수립, 게임, 고민 상담, 금융 상담, 검색 등의 분야에서 사용자들에게 도움을 주는 새로운 경험을 제공하고 있다. 일부 영역에서는 능력이 인간 수준을 뛰어넘으면서 인공지능 때문에 직업을 잃게 될 미래가 더 가까워졌다는 평가도 존재하지만, 전문직종 및 일부 지식근로자의 경우, ChatGPT를 보조 수단으로 활용하여 본인의 역량 활용을 최대화하는 사례도 다수 등장하고 있다.

빨리 알수록 일이 쉬워지는,

AI POWER

인공지능 성공 사례, 실패 사례

빨리 알수록 일이 쉬워지는,

AI POWER

인공지능 성공 사례, 실패 사례

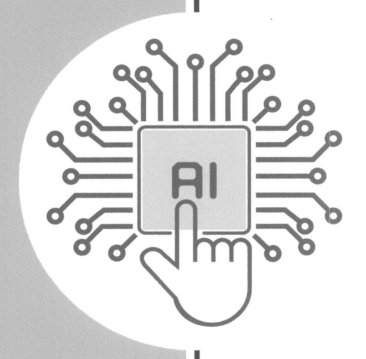

02

인공지능
들여다보기

02	인공지능 들여다보기

가. 인공지능의 핵심 기술

인공지능 구현에 활용되는 핵심 기술은 여러 관점에서 분류 가능하나, 최근 20년 간은 인간의 사고 행동 체계와 유사한 '인지 – 사고 – 실행'의 분류에 맞춰 많은 기술적 진보가 이뤄져 왔다. 그러나, 공통의 지향점을 갖고 각 요소기술들이 복합적으로 발전해왔다기 보다는 각 요소기술의 개별적 지향점을 토대로 발전해왔다고 볼 수 있다.

예를 들어, 패턴인식은 수표 인식, 필기체 인식, 이미지 검색, 차량 번호판 인식 등 각기 다른 시장의 요구를 바탕으로 발전해왔다. 같은 맥락으로 사고능력의 초기 모형으로 시도된 전문가 시스템은 판례 검색, 조선소 자재 동선 최적화, 유기물질 화학구조 분석, 질환 증상 문진 등과 같이 고도의 훈련과 경험으로 숙련된 전문가가 수행하던 일을 대상으로 사전에 정의된 규칙과 제약조건 내에서 인간의 지능과 기억을 대체하는 것을 목표로 하였다. 실행 능력은 로봇과 자동화 장비를 통해 발전되어 왔으나, 주어진 조건과 환경 하에서 사전에 정의된 프로그램에 따라 실행되는 수준으로 자율적인 실행과는 거리가 있다.

최근 반도체 기술의 발전으로 인공지능 모형 운영에 필요한 대용량 데이터 처리가 보다 용이해짐에 따라, '인지 – 사고 – 실행'이 상호 연계되는 실질적인 사례들이 등장하기 시작했다. 생성형 인공지능의 등장은 학습된 자료를 바탕으로 생성된 다양한 지식을 제시할 수 있고, 이를 API를 통해 다양한 기존 서비스와 연계함을 통해 기존 서비스의 실행능력을 획기적으로 향상시키는 사례를 보여주고 있다.

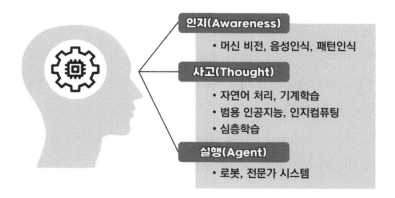

인지 능력(Awareness) 관련 기술

• 머신 비전(Machine vision)

머신 비전은 인간의 시각적 인지능력을 모방하고, 인공지능 학습 기술을 이용하여 다양한 분야에 응용되고 있다. 시각자료의 학습과 적용뿐만 아니라 로봇, 자율주행, 사물인터넷과 연결하여 다양한 산업 분야에서 효율성을 높이는데 활용되고 있다.

컴퓨터 기술을 이용하여 인간의 시각적 인지능력을 강화, 재현, 구현하는 연구분야이다. 물체를 시각적으로 인지하는 글씨체 인식, 문자 인식

등의 기본적인 시도는 상당히 구체적으로 진행되었고, 지금은 인공지능의 학습 능력을 이용하여 인간의 시각인지능력과 거의 동일한 수준에 도전하고 있다. 이와 같은 기술은 자율주행, 무인감시, 재료 분류, 제품 품질 판정, 안면 인식, 신원 확인 등의 분야에 적용이 시도되고 있다.

인간의 시각으로는 같은 것과 다른 것, 비슷한 것과 조금 다른 것을 구분할 수 있지만, 컴퓨터가 인지하는 이미지는 여기에 미치지 못한다. 예를 들어, 아래 그림에는 자동차, 교통시설, 그리고 사람이 등장한다. 그러나, 아래의 각 사람들은 조금씩 다른 객체로 분류될 수 있는데, 예를 들면 보행자와 자전거 이용자로 나누거나, 노약자와 일반인으로 분류할 수 있다. 또, 자동차의 측면과 후면을 인지하고 신호등의 표시와 연결하여 주행 중인 차량과 정지 중인 차량을 구분할 수 있다.

그림 출처: https://www.facebook.com/groups/ComputerVisionGroup/

또, 시각자료 간 서로 동일한 점과 차이나는 점을 유형화, 범주화하여 학습하고 새로운 사례에 적용하며, 시각자료의 디지털화를 통해 미세한 차이를 인식하는 연구와 실제 적용도 모색되고 있다.

예를 들어, 컨베이어 벨트 위를 빠르게 이동하는 제품 외관을 인지하여 불량품을 골라내는 품질관리, 여러 폐기물 가운데 고부가가치가 있는 특정 재활용품만 선별하여 골라내는 재활용품 검지, 건축물 외벽의 품질 하자 판정, X-Ray 촬영 필름의 1차 판독 등 여러가지 영역에 적용이 시도되고 있다. 인공지능 초기에는 Captcha를 통해 수집된 대량의 시각 자료를 학습시키는 지도학습이 주를 이루었다면, 지금은 다양한 대량의 시각적 자료를 활용한 비지도학습도 병행되고 있다.

컴퓨터 비전은 시각적 인지능력 강화 자체로 이용되는 것보다는 여타 인공지능 기술과 결합되어 응용이 확대될 수 있는데, 가령 로봇, 자율주행 등에 결합되어 이용될 수 있고 사물인터넷(IoT, Internet of Thing)과 연결되어 증강현실로 구현될 수 있다. 또, 기존의 물류자동화 프로세스와 연계되어 재고관리, 자재 불출관리의 효율성을 높일 수 있고, 고온과 유해가스가 발생하는 제철소 고로와 제선 작업구역에서 쇳물의 색깔과 온도를 감지하고 고로를 기울여 쇳물을 이송 용기에 담는 최적 시점을 결정하는데도 적용되고 있다.

• 음성 인식(Voice recognition)

음성을 텍스트로 변환하고 이를 이해하여 음성으로 응답하는 기술로, 경찰서, 상담기관, 119 신고 등 다양한 분야에서 활용되고 있다. 최근에는 메타(Meta)와 같은 기업이 문서화되지 않은 음성 데이터를 활용하여 자가 생성하는 모델을 개발하며 기술적인 발전이 이루어지고 있다. 음성 대화 처리 기술의 발전으로는 외국어 학습, 상담, 고객센터 등에서 다양한 응용이 기대된다.

음성인식은 마이크로폰을 통해 확보된 음성 신호를 단어나 문장으로 변환하여 의미를 해석하고 이를 다시 문장으로 답변을 생성하고 뒤이어 음성으로 재생하는 것으로 그 연원은 1952년 벨 연구소의 숫자 인식 시스템 오드리(Audrey)까지 거슬러 올라간다. 이후, 미국 IBM과 미국 국방성 등의 연구를 통해 군사용으로 활용 가능한 방안이 계속 연구되어 단어 수준의 음성인식과 기초적인 문장을 인식하는 수준까지 발전하였다. 한국전자통신연구원(ETRI)에서 개발한 음성인식 및 텍스트 기반 외국어 통역 모델은 지난 2018년 평창 동계올림픽에서 시범 운영되었다.

과거의 음성인식 기술은 음향 모델과 언어 모델, 발음 사전 등을 별도로 학습시키는 구조였다. 최근 적용이 시도되는 종단형(End-to-End) 방식은 이들 별개 모델을 하나로 통합, 학습하여 음성인식 성능을 향상시키는 기술이다. 종단형 음성인식 기술은 문장이 전체가 들어가기 때문에 결과가 나올 때까지 실시간 처리가 현실적으로 어려웠고, 의료, 법률 등 특정 영역에 맞게 조정하기 어려웠다는 단점이 있다.

BERT[10], RoBERTA[11] 및 GPT와 같은 자연어 문자 기반의 인공지능 언어 모형은 최근 몇 년간 큰 발전을 이루었다. 그러나 기존의 모형은 통상 인공지능 학습에 필요한 대규모 데이터 확보가 가능한 언어에 한하여 적용 가능하다는 한계가 있다. 바꿔 말하면, 데이터 확보가 불가능한 소수 언어의 경우, 인공지능 모형 설계와 구축도 어렵지만 이를 개선하고 정교화하기 위한 실제 문서 컨텐츠가 부족하여 지도학습이나 비지도 학

---

10 2018년 구글에서 개발한 자연어 처리 모델

11 구글이 개발한 BERT을 기반으로 매개변수와 학습데이터의 규모 등을 조절하여 더 길고 오래 학습하는 방식으로 BERT의 단점을 보완한 모델

습 모두 불가하다는 점이 그 예가 된다.

이를 극복하기 위해 메타(Meta)는 문서화되지 않은 음성 데이터를 학습시켜 자가 생성하는 자연어 처리 모형 개발에 집중해왔다. 이는 음성 데이터 가운데 자주 반복되는 음성을 구분하여 개별 단위로 정의하고, 이를 축적하여 다양한 구성을 정리하고, 조건에 따른 특정 단어가 오는지를 논리 분석, 회귀 분석하여, 이를 토대로 개별 단어를 조합하여 생성한 문장을 음성으로 구성하는 절차를 밟는다.

국내에서는 인공지능 기반 음성인식 기술이 이미 다양한 분야에서 활용되고 있다.

가령, 공공분야에서는 단기간에 많은 내용을 기록해야 하는 경찰서의 조서 작성 과정, 각종 상담기관에서의 녹취 과정에 음성인식이 시범적으로 적용되고 있다. 또한, 시급을 다투는 사고 현장에서 걸려오는 119 신고 접수 과정에 음성인식 기술이 시범 적용되어 있는데, 신고자의 신고내용 가운데 주요 내용을 자동 추출하여 현장으로 출동하는 구조대원에게 전송하고 있다.

대학 수험생이 입학사정관과의 면접 연습을 위해, 본인의 학생생활기록부 내용을 제공하면, 인공지능 모형이 이를 요약하고 주요 질문을 생성하여 수험생과 음성으로 모의면접이 진행되는 사업모델도 이미 선을 보인 바 있다.

현재 심층적으로 연구 및 논의되는 음성인식 기술은 사전에 학습된 유형에 따른 고정된 대화를 벗어나, 인간의 대화의 맥락을 인지하고 의도를 파악하여 주제와 문맥에 맞는 자연스러운 대화를 가능하게 하는 음성 대화 처리 기술이 모색되고 있다. 음성대화가 일반화될 수 있다면 외국어

학습, 사회적 배려자에 대한 심리상담, 고객센터에서의 심층 상담 등으로 확대 적용될 수 있을 것으로 기대되고 있다.

• 패턴 인식(Pattern recognition)

> 인간은 경험과 감각을 통해 패턴을 찾고 추론한다. 인공지능은 주어진 데이터로부터 규칙을 찾아 유형을 분류하는데 활용된다. 패턴 인식은 데이터 마이닝, 추천 시스템, 이미지 처리, 금융 시장 등 다양한 분야에서 사용되며, 통계적, 구문론적, 신경망 방법을 조합하여 활용된다.

인간은 개인별로 예민한 정도의 편차는 있지만 기본적으로 사물에 대한 인식 능력을 갖고 있으며, 시각, 청각, 촉각, 경험 등을 통해 취합된 정보를 이해하고 이미 과거에 경험한 정보와의 유사성, 연관성, 차이점 관점에서 귀납적 추론 과정을 거쳐 취합된 정보에 대한 유형 분류와 경향성을 판단할 수 있다. 물론, 개인의 경험이나 배경지식에 따른 것이므로 인간이 인지하는 패턴은 다소 주관적인 부분이 있을 수 있으나, 적어도 본인의 과거 경험 가운데 대표성이 있고, 지속성이 있고, 변하지 않는 속성과 비교하는 점은 동일하다.

그러나, 인공지능의 경우, 주어진 입력 자료로부터 전반적 혹은 국지적인 유형의 추이를 식별하고 이를 상호 비교하고 재학습하는 과정을 통해 인식된 정보와 이미 인식된 정보 간의 유형과 추세 인식이 가능해진다. 따라서 인공지능이 다루는 패턴 인식은 입력 자료의 주요 특징이나 속성을 추출하고 이를 의미있는 범주(Category)로 분류하는 과정으로 설명될 수 있다.

즉, 입력자료가 가진 경향이나 추세는 일종의 규칙으로 정의되고, 이와 같은 규칙성은 시각적, 청각적, 문자, 이미지 등 여러 유형의 입력자료를 대량으로 학습하는 지도 학습은 물론 비지도 학습이 이루어지는 기계학습, 심층학습에서 핵심 기능요소가 된다. 인공지능의 패턴 인식 대상은 구체적이고 실체 묘사가 가능한 문자, 그림, 음악, 그리고 사물 등으로 이들은 감각적 인식(Sensory recognition) 대상이며, 개념적 인식(Conceptual recognition) 과정을 거친다. 즉, 아직까지 현재의 인공지능 모형으로는 추상적이고 암묵적인 인식 대상은 인공지능의 패턴 인식 대상이 될 수 없다.

보다 구체적으로 패턴 인식 방법 가운데, 탐색적 패턴 인식이 데이터 자체의 패턴 식별을 목표로 한다면 서술적 패턴 인식은 감지된 패턴을 분류하는 것을 주요 목표로 삼는다. 물론, 두 가지 인식 방법이 상호 결합되어 활용 조건과 데이터 형식에 따라 적용된다. 패턴 인식은 인공지능의 여러 기술 가운데에서도 비교적 오랜 기간, 연구되어온 분야로 다음과 같은 분야에 응용되어왔다.

- 데이터 마이닝(Data mining): 각기 다른 원천으로부터 확보된 대량 데이터 분석과 특성 분류를 통해 유용한 정보를 추출하는 과정으로 변수 간 상관관계 분석을 통해 원인 규명과 데이터 예측에 활용된다.
- 추천 시스템: 대부분의 온라인 쇼핑 웹 사이트에서 사용하고 있는 기능으로 사이트를 방문한 고객과 일반 이용객의 접속 정보와 성향 정보를 수집하고, 여기에서 정리된 유형에 따라 상품을 추천하고 고객의 반응을 수집하여 다시 지도학습의 입력 자료로 활용하여 추천기

능을 강화하는데 활용한다.

- 이미지 처리: 인지된 사진과 동영상 정보의 유형을 분류하고, 시각자료의 품질 개선 혹은 시각자료 조정 등에 이용한다. 예를 들어, 관광지에서 촬영한 사진의 배경에 나온 다른 보행자를 지우고 해당 부분에 부근의 이미지를 학습, 복제하여 기존 이미지를 보완하는데 이용된다.

- 생물 정보학: 확보된 생물학적 데이터와 관련된 예측을 수행하는 과학분야로 염색체, 유전자 분류, 법의학, DNA 서열 분석 등에 이용된다.

- 금융시장: 주가지수, 주식, 채권, 금리, 환율, 물가, 성장율 등의 추세를 분석하고 여기에 영향을 미치는 원천 데이터의 변화 추이와 연결하여 금융시장의 제반 지표의 향후 변동을 전망하는데 이용되고 있다.

- 음성 분석: 전화회의에서 진행된 다자 발언 내용 가운데, 소음을 제거하고 참석자별로 음성을 분류하여 회의록 작성에 활용하고 있다. 잠수함에서 수온과 해류의 영향을 감안하며, 수집된 음향자료에서 수중 지형물과 적 잠수함을 식별하는데 적용되고 있다.

- 장비 유지보수: 진동과 고열이 발생하며 장시간 동안 중단없이 가동이 필요한 산업현장의 설비인 경우, 해당설비가 생성하는 상태 정보를 지속적으로 모니터링하다가 변동 추이가 일정 범위를 벗어난다고 판단되면 예방정비를 진행한다.

패턴 인식 과정에는 통계적 인식 방법, 구문론적 인식 방법, 그리고 신경망을 이용한 인식방법 등이 적용되어 학습 및 추론이 이뤄지고 있으나, 어느 한 가지 방법이 지배적으로 사용되는 것은 아니고, 입력 데이터의 특성에 맞게 각 방법들이 결합되어 이용된다.

사고 능력(Thought) 관련 기술

• 자연어 처리(Natural language processing)

> 자연어 처리는 컴퓨터가 인간의 언어를 이해하고 처리하는 기술이다. 형태소, 통사, 의미, 화용 분석을 통해 언어를 다양한 측면에서 이해하며, 자연어 이해, 분석, 생성 기술은 음성 인식, 글씨 인식, 대화 인식, 소셜 미디어 모니터링, 본문 요약, 온라인 검색, Email 분류, 추천 단어 선정, Chatbot 등 다양한 응용 분야에서 활용된다.

자연어는 인간이 이해할 수 있는 언어를 의미하며, 자연어 처리 과정에는 자연어 분석, 자연어 이해, 자연어 생성 등으로 분류되는 기술이 적용된다. 자연어 분석은 형태소, 통사, 의미, 화용분석으로 나뉜다. 형태소(Morpheme)는 단어를 구성하는 의미를 가진 가장 작은 말의 단위로, 예를 들어 학교는 배울 '학'과 학교 '교'로 나뉘더라도 의미가 존재하므로 학, 교 모두가 형태소가 될 수 있다. 반면, 사과는 사와 과로 나뉘면 의미를 잃게 되므로 사과 자체가 더 이상 나뉠 수 없는 마지막 단위인 형태소가 된다. 형태소 분석을 한다는 의미는 방대한 양의 단어사전을 학습하고, 새로운 단어를 추가하여 검색, 적용하는 것을 의미한다. 통사(Syntactic) 분석은 자연어에서 생각과 감정을 언어로 표현할 때 필요한 최소한 단락으로 두 개 이상의 단어가 결합하여 구, 절, 문장을 형상한다. 즉, 단어부터 문장까지 모두 통사가 될 수 있다.

예를 들어, 통사는 '시원한 가을 바람' 또는 '가을 바람이 분다' 등이 될 수 있다. 여기에 의미 분석은 각 형태소의 의미를 연결하여 전체 단어 또는

문장의 의미를 판별하는 것이다. 그러나, 1차적인 의미 판별만으로는 실질적인 의미 파악이 어려운 경우가 많다. 이를 위해 화용 분석(Pragmatic analysis)라는 추가적인 의미 분석이 진행된다. 즉, 질문의 환경과 맥락에 따라 답이 적절한지를 구분하는 분석으로 예를 들자면 '중간고사가 다가온다' 라는 문장에 대해서는 '언제?', '과목은?', '범위는?', '시기는?'이라는 질문이 적절한 것이지, '어디로?' 라는 질문은 적절하지 않다.

그럼에도 자연어 처리에는 언어 자체의 특성이 어느 정도 좌우하는 것은 어쩔 수 없기에 기술의 활용 이전에 언어 구조와 사례에 대한 연구가 함께 진행되어야 한다. 즉, 다수의 형태소에는 여건에 따라 여러 의미로 해석될 수 있는 가능성이 있다. 예를 들어, '사촌이 땅을 사면 배가 아프다'는 문장 자체를 단어 그대로 이해하면, 복통으로 해석되지만 실제적인 의미는 질투심으로 전달되어야 하기 때문이다. 또, '따뜻한 바람이 불었으면 하는 바람이 있습니다.'라는 문장에서 앞쪽의 바람과 뒤쪽의 바람은 각기 의미가 다르다는 점을 이해하는 것이 중요하다. 또, 언어에 따라서는 상당한 수준의 추상적인 표현이 다수 등장하는 경우가 있다. 예를 들어 화장실의 세면대가 고장난 경우, 한국은 "수리 중", 서구 사회는 "Out of service", 일본은 "서비스 준비 중"으로 문화적 배경과 사회적 공감대에 따라 각기 다르게 표현하지만 동일한 의미임을 고려해야 한다.

자연어 처리는 자연어 이해, 자연어 분석, 자연어 생성으로 분류된다. 자연어 이해는 인간이 일상생활에서 사용하는 언어를 컴퓨터가 이해할 수 있도록 입력 값으로 전환하는 기술이며, 자연어 생성은 도출된 결과를 인간이 이해할 수 있는 언어도 변환하여 전달하는 기술이다. 기계학습과 심층학습을 근간으로 활용하며, 음성인식, 글씨 인식, 대화 인식, 소셜 미디어 모니터링, 본문 요약, 온라인 검색, Email 분류, 추천단어 선정, Chatbot 등에 활용된다.

• 기계학습(Machine learning)

데이터와 패턴을 학습하여 기계가 <u>스스로 결정을 내리는</u> 인공지능 기술이다. 이 기술은 지도학습, 비지도학습, 강화학습으로 나뉘며, 지도학습은 정답을 함께 학습하고, 비지도학습은 정답 없이 데이터 간의 관계를 학습한다. 강화학습은 보상을 최대화하기 위해 최적의 결정을 내린다. 이러한 기계학습 기술은 번호판 인식부터 자율주행 차량까지 다양한 분야에서 활용되고 있다.

주어진 환경에서 입력으로 통칭되는 대량의 데이터와 출력으로 간주되는 정답 간의 매핑을 규칙화하여 반복 학습하는 방법이다. 사전에 정의된 정답에 따라 주어진 환경을 판정하는 지도학습과 주어진 환경에서의 입력 값을 바탕으로 정답을 정의해가는 비지도학습, 강화학습 등으로 분류된다.

지도학습(Supervised learning)은 주어진 환경과 정답 모두를 학습하여 다양한 유형의 환경과 정답 간의 관계 학습을 통해 정답을 판정하는 기법으로 예를 들어, 고속주행과 저속 주행이 혼재하는 고속도로에서 과속 단속 촬영 후, 번호판을 인식하는 기술에 필요한 학습 방법이다.

반면, 비지도학습(Unsupervised learning)은 환경만 주어지고 정답은 존재하지 하지 않으며, 주어진 환경 간의 유사성, 차이성 학습을 통해 정답을 찾아가는 방법으로 예를 들어, 차량사고 유형별로 해당 도로의 제한 속도, 도로 상태, 기상, 보험료율 등을 반복하여 학습하고 상관관계가 존재하는 각 특성을 합쳐가며, 특이성, 유사성, 연관성을 정리하며 정답을 정의하는 학습방법이다.

강화학습(Reinforcement learning)은 주어진 환경의 입력 값에 대해 선택 가능한 대안 가운데 가장 보상이 높은 (예를 들어, 이익이 높거나, 위험이 낮거나, 원칙에 가깝거나, 피해가 최소이거나 등) 대안을 선택하고 그 결과를 다음 환경에 적용하는 기계학습 방법으로 자율주행 차량, 바둑, 게임 등에서 응용된다.

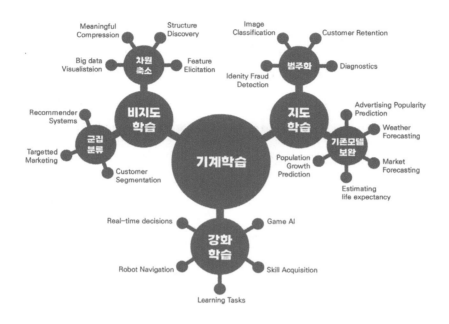

• 범용 인공지능(Artificial general intelligence)

인간과 동일한 수준의 범용 인공지능은 아직까지 실현되지 못하였으며, 현재의 인공지능은 대부분 특정 작업에 특화된 모델에 머무르고 있다. 범용 인공지능 구축을 위해서는 감각 지각, 정교한 모터 통제 능력, 자연어 이해 등 다양한 능력이 필요하며, 이를 효과적으로 구현하기 위해서는 더 많은 연구와 개발이 필요하다.

알파고는 바둑 대국을 위해 특정 절차에 따라 대량의 바둑 기보를 학습하여 생성한 인공지능 모형이고, Deep Blue는 체스 경기만을 위해 특별히 고안된 인공지능 모형이다. 이와 달리, 범용 인공지능은 특정 환경이

나 문제만을 대상으로 하는 것이 아니며, 다양한 환경과 조건에서도 학습, 추론, 판단할 수 있는 모형을 추구한다.

이를 위해서는 기본적으로 다양한 채널에서 인지되는 언어, 음성, 영상, 문자 등과 같이 다양한 입력 값을 이해하고 분석, 학습하여 행동하고, 그 행동의 결과로부터 직접 배워서 다시 반영하는 것을 목표 모형으로 삼는다. 인간이 사고하고 학습하는 과정을 모형으로 인공지능 모형이 연구, 개발되고 있으며 '인간과 동일한 수준'을 지향하는 인공지능 발전단계의 최고 수준으로 여겨진다. 전문가들은 범용 인공지능의 학습 과정을 관찰하고, 변수 간 인과 관계를 보완하여 모형의 사고 프로세스 정교화를 지원한다.

그럼에도 일반적으로 다양한 요구와 목적에 부합되어 활용 가능한 범용 인공지능은 개념적으로는 많은 논의와 연구가 진행되었으나, 실제 구현 측면에서는 아직까지는 범용의 활용보다는 협의의 인공지능(Artificial Narrow Intelligence) 또는 Weak AI(미약한 인공지능) 정도의 수준이라는 것이 학계의 평가이다. 즉, Open AI의 ChatGPT는 범용 인공지능을 지향하지만, 방대한 자료 학습을 통해 답변을 생성하는 데에 특화된 모델이며, Apple의 Siri나 Amazon의 Alexa 역시 음성인식, 추천, 검색에 특화된 모델일 뿐, 다양한 지식을 자가 학습하며, 추론할 수 있는 것은 아니라는 점에서 일반인이 기대하는 범용인공지능에 관한 눈높이에는 아직 미치지 못하는 수준이다.

범용인공지능은 분석, 추론, 판단 기능이 주요 요구역량으로 거론되지만, 이를 위해서는 다음의 기능이 필수적으로 수반, 연계되어야 하는 것을 알 수 있다.[12]

▶ 감각 지각

학습을 통한 시각 인지 기술은 발전을 거듭하고 있으나, 시각, 청각, 후각, 미각 등이 종합적으로 연계된 감각 인지 역량은 아직까지 초보적인 이론에 머물러 있다. 기계학습이나 심층학습 어느 쪽이던, 감각 지각 능력이 연계되면 범용인공지능의 역량이 현실화될 수 있다.

▶ 정교한 모터 통제 능력

인간은 손 끝에서 느껴지는 감각으로 시각적 연상을 유추하며, 모양과 재질을 추론할 수 있다. 더구나, 루빅스의 큐브를 푸는 과정을 예로 들면 시각적 인지, 문제 풀이 방향에 대한 추론, 손가락을 미세히 움직이며 최적의 판단을 실행하는 능력 등은 한정적인 분야에 대해서는 가능한 실정이다.

▶ 자연어 이해

문자, 대화, 영상 등에서 취합, 인지되는 자연어를 인지, 이해, 추론, 표현하는 능력으로 암묵적 지식과 명시적 지식을 함께 검색하며, 정리하여 자연어로 여건에 맞는 답변을 해야 한다. 최근 ChatGPT와 같은 생성형 인공지능은 자연어 이해와 표현에 탁월한 차별력을 보여주는 사례이다.

---

12 "An executive primer on artificial general intelligence", 2020.04.29, McKinsey & Company

• 인지 컴퓨팅(Cognitive computing)

> 알고리즘을 사용하여 입력 정보를 분석하고 개념과 데이터 간의 관계를 이해하여 추론과 판단을 수행하는 기술이다. 이는 인간의 뇌 기능을 모방하여 인식, 행동, 판단 능력을 재현하는 것을 목표로 한다. 현재는 다양한 산업 분야에서 활용되고 있으며, 제품 추천, 사기 탐지, 건강 보험 심사 등에 적용되고 있다.

인지 컴퓨팅은 알고리즘을 이용하여 입력 정보에서 개념과 데이터 간 상관관계를 추출하여, 그 의미를 파악하고 이를 통해 추론과 판단을 생성하는 인공지능의 기술 요소 가운데 하나로, 기술적으로는 인간 두뇌의 기능을 모방하여 인식, 행동, 그리고 인지능력을 재현해내는 기술을 의미한다. 산업 현장에서의 인지 컴퓨팅은 인간의 뇌가 인식하고 판단하여 행동하는데 필요한 인지능력을 재현하여 이를 기존 서비스에 연결하여 추가적인 가치를 창출하는 것을 목적으로 하고 있다.

인지 컴퓨팅이 기술적으로 구현된 것은 최근의 일이지만, 인지과학의 개념은 교육학, 심리학, 국제관계학, 사회과학은 물론 문제 해결방법 분야에서 오랫동안 논의되어온 주제이다. 기술적으로 인지컴퓨팅은 2011년 IBM이 Watson을 제시한 이래, 이미 여러 기업현장의 여러 분야에서 적용이 이뤄져왔다. 제품 추천, 가격 최적화, 사기 탐지, 고객 응대, 영업 지원, 의사결정 지원 등에 주로 이용되고 있으며, 질병진단, 건강보험 심사, 사고보험 청구사항 심사 및 법조계의 판례 분석, 법률 개정에 따른 유관 분야 파악 등 여러 분야에서 활용이 꾸준히 시도되어 왔다. 더구나, 최근에는 IoT[13]가 설치된 장비 보급이 확대됨에 따라, 입력 데이터를 확보

---

13 IoT, Internet of Thing 사물인터넷

할 수 있는 대상이 확대되고 있고 입력 데이터의 규모 또한 기하급수적으로 증가하고 있다.

여타의 인공지능 기술과 마찬가지로 인지 컴퓨팅은 여러가지 인공지능 기술들과 결합되어 새로운 비즈니스 모델을 만들거나, 기존 산업구조의 가치를 향상시키고, 기존 산업의 재편에 활용되고 있다.

그러나, IBM의 왓슨이 발표된 2011년 이후 지금까지 획기적인 변화를 가져온 사례를 찾기는 다소 어렵다는 평가도 있다. 이것은 다양한 형태로 인지되는 입력 정보로 학습된 내용을 토대로 자연어로 질의받은 내용을 이해하고 학습된 내용 가운데 유사성이 있는 부분을 추출하고 질문과의 연관성, 유사성을 발견하여 답변을 생성하는 것은 학습 데이터의 품질과 학습 방법은 물론 추론 모형 모든 것이 연관되어 있기 때문이다. 유형에 해당하는 충분한 양질의 데이터를 확보하기도 어렵거니와, 여전히 변수 간의 상관관계를 계량적으로 판단하여 추론을 돕기 힘든 부분이 여전히 존재하기 때문이다. 더구나, IoT 기반 장비가 생성하는 대량 데이터를 가공하여 분석하고, 이 가운데 유형과 범주를 비교적 신속하게 의미있는 분석을 진행하는 것은 현실적으로 어려운 일이기 때문이다.

• 심층학습(Deep learning)

> 복잡한 데이터에서 특징을 찾아내고 학습하는 기법으로, 인공신경망을 사용한다. 예를 들어, 자율주행에서는 차량 상태와 주변 환경을 기반으로 최적 선택을 추천한다. 지식 추론은 연역, 귀납, 유추, 확률 통계를 활용하여 다양한 방식으로 이루어진다.

추상화가 높은 대량의 데이터 혹은 복잡성이 높은 다양한 유형의 자료 가운데 특징을 찾아내고 이를 요약하는 학습기법으로 개념적으로는 보다 지능적인 회귀분석 모형으로 이해하는 것이 쉽다. 즉, 변수 간 상관성이 전혀 정의되지 않은 복잡한 데이터가 존재할 때, 이를 분석하여 학습에 반영하고, 다시 다른 데이터로 변수 간 상관성을 검증하여 보정하는 방식 이다. 상관관계를 규명하는 중간 과정은 Layer로 불리며, 다양한 상관관 계와 경로를 통해 학습을 반복한다.

아래 그림은 좌측에 위치한 5개의 입력 값이 우측에 위치한 5개의 결 과값으로 변환되는 과정에 관여된 다수의 변수 간 상관관계를 분석하고 유의성이 높은 경로를 파악하는 것으로 심층학습의 특징을 개념적으로 설명해주고 있다. 인공신경망(Artificial Neural Network)이라는 주제 로 구조화 및 구현이 시도되는 분야이다.

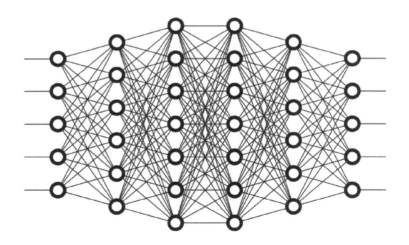

예를 들어 자율주행을 위한 인공지능 프로세스는 차량 상태, 노면 상태, 주위 차량의 이동 속도와 거리, 신호표지판 및 해당 구간의 법규, 기상 상태, 보행자 등을 인지하고 이들 간 사전 정의된 상관관계를 검증하고 가장 적절한 선택 값을 추천하는 방식이다.

상관관계는 데이터간 유의미한 특정 값에 의해 정의되며 상관관계를 토대로 추론 기능이 수행될 수 있다. 예를 들어 아래 각각의 수집된 데이터를 보자.

지식 1. 열대지방은 덥다.

지식 2. 더위를 피하기 위해서는 냉방장치가 필요하다.

　　　　동시에 다른 지식과 상관관계도 존재한다.

지식 2. 더위를 피하기 위해서는 냉방장치가 필요하다.

지식 3. 냉방장치 가운데 에어컨이 가장 많이 사용된다.

위의 3가지 지식을 토대로 귀납적 논리로 전개하면 아래와 같이 추론될 수 있다.

"열대지방에는 에어컨이 사용된다."

그러나, 위의 3가지 지식을 연역적 논리 전개로 전개한다면 틀린 말은 아니지만 정확히 맞는 말이 아닌 추론이 된다. 열대지방이 아닌 온대지방에서도 여름에는 에어컨이 필요하기 때문이다.

"에어컨이 사용되는 것을 보니 열대지방이다."

심지어 한대지방일지라도 용광로 옆 사무실에는 에어컨이 필요할 수도 있다. 따라서, 에어컨이 필요한 환경은 지리적 위치와 환경적 여건이

함께 고려될 수 있다는 점을 아는 것은 "유추"가 된다.

인간은 지식을 얻을 때 연역, 귀납, 유추의 방법을 사용한다. 그리고 여기에 확률 통계로 증명된 가능성이 덧붙여져서 추론 기능이 수행된다.

"지식 추론 기능 = {연역, 귀납, 유추, 확률 통계}"

실행 능력(Agent) 관련 기술

• 로봇(Robotics)

> 주로 특정 작업에 특화된 환경에서 활용되며, 최근에는 인공지능과의 결합으로 다양한 분야에서 더 많이 사용되고 있다. 자동차 조립, 창고 로봇, 음식 운반 로봇 등이 산업 분야에서 활용되고 있으며, 더 나아가 자율로봇 연구는 주변 환경을 학습하고 대응하는 데 초점을 맞추고 있다.

로봇은 인공지능에 의해 작동되고 있다는 선입견이 있으나, 실제 지금 산업현장에 설치되어 운영 중인 다수의 로봇은 사전에 설계되어 환경을 상정하고 입력된 논리 회로에 따라 작동되는 자동화 장치라고 요약할 수 있다. 공장 자동화를 위해 설치 및 운영되는 용접 로봇, 도장 로봇 그리고 가정에서 볼 수 있는 청소 로봇 등이 그 예가 될 수 있다. 따라서, 위험한 환경에서 중량물을 다루는 산업 현장을 중심으로 로봇 활용이 확대되어 왔다.

이를 위해서는 로봇의 작업 환경에 따라 구체적인 요구조건과 로봇의 기계적 특성이 정의된다. 예를 들어 중량물을 집어 들고 운반하는 작업을 수행해야 하는 로봇과 음식물을 운반하는 로봇은 크기, 모양, 사용되는 센서, 허용 오차 등 사양이 각기 다르다. 요약하자면 정규화, 표준화된 작업을 무한 반복하며 효율성을 극대화하며 노동 여건이나 인건비 상승을 극복하기 위한 목적으로 개발되어 왔다. 자동차 조립 라인에 설치된 용접 로봇이 그 예가 된다. 또, 자동화 창고 선반의 고층부에 위치한 제품을 불출하여 출고 준비하는 로봇은 창고 바닥에 사전에 설치되어 있는 자기선을 따라 이동하며, 창고 각 선반마다 위치 정보를 송신해주는 표식을 인지하며 위치를 판단하며 불출 위치와 목표 이동 위치를 연산하는 방식으로 운영 중이다. 따라서, 용접로봇이나 자동화 창고의 로봇은 특화된 환경이 아닌 일반 환경에서는 범용적인 활용이 어렵다는 점을 알 수 있다.

지금까지의 로봇은 특화된 영역에 맞춤형으로 개발, 설치, 운영되어 왔기에 범용 로봇은 1999년 출시된 일본 소니(Sony)의 아이보(Aibo)[14]나 2000년 발표된 혼다(Honda)의 인간형 로봇 아시모(Asimo)[15]와 같이 일시적인 호기심을 끄는 수준에서 더 이상의 진전이 없었다.

최근 인공지능의 발전과 로봇 제어 기술이 연계되며 로봇이 인간의 역할을 대체할 분야와 보조할 분야, 인간의 통제를 받아 수행할 분야 혹은 일정 범위 내에서 자율적으로 운영될 분야 등으로 연구가 세분화됨에 따라 실생활에서의 로봇 활용은 증가되고 있는 추세이다. 또한, 시각 인지,

---

14 https://robots.ieee.org/robots/aibo/

15 https://robots.ieee.org/robots/asimo/

음성 인식, 자연어 이해 능력 등이 결합되어 산업 현장은 물론 소상공인이 이용할 수 있는 수준의 로봇으로 이용 범위가 확대되고 있는 것이다.

식당 내에서 음식을 운반하거나, 빈그릇을 옮기고, 치킨집에서 닭을 튀기는 역할을 수행하기도 한다. 간단하게는 공항이나 대형 쇼핑몰에서 자율 이동하며 시설물을 안내하는 로봇, 또, 공장에서 허리나 무릎을 수시로 반복하여 움직이며 부품을 선택하여 조립해야 하는 과정에는 협동로봇의 개념으로 구현 및 적용되고 있다.

최종적으로는 로봇 스스로 주변의 새로운 변화를 실시간으로 학습하고 최적의 대안으로 대응하는 것을 목표로 하는 자율로봇 연구가 많이 시도되고 있다. 그리고, 자율로봇의 현실적인 적용 분야로 자율주행 차량이 가장 우선순위로 연구가 진행 중이다.

• 전문가 시스템(Expert system)

> 인공지능으로 전문가의 지식을 활용해 문제를 해결하는 시스템이다. 초기에는 통계적 분석과 최적화 모델을 사용했고, 추론 기능은 순방향 연결과 역방향 연결이 중요하다. 의료, 금융, 네트워크 보안 등 다양한 분야에 활용되며, 전문가의 지식과 규칙의 효과적인 활용이 성능을 결정한다.

전문가시스템은 인공지능이 지금과 같이 고도의 분석력과 추론 기능이 구현되기 이전부터 연구가 진행되어 온 비교적 오랜 역사를 가지고 있다. 전문가의 지식을 구조화하여 추론하는 규칙을 만들고 이를 바탕으로 전문가와 비슷한 수준의 추론과 유의한 대안을 개발하는 것을 목표로 통계적 모형 혹은 최적화 모형의 모습으로 발전되어 왔다.

초기에는 통계적 분석 모형이나 최적화 모델을 바탕으로 문제를 풀고자 하는 시도가 있었고, 자연어 검색 기능을 이용하여 비구조화된 암묵적 지식을 찾고 범주화를 시도하는 연구도 있었다. 예를 들어, 공장 내 한정된 공간에서 대형 중량물 원부자재의 최소 이동을 통한 적재 불출 효율화, 항만에서의 컨테이너 적체 순서 최적화, 조선소 작업일정 최적화 등이 1980년대에 시도되었던 초기적인 전문가 시스템의 사례이다.

기본적으로 지식베이스로 불리는 체계화된 지식과 단위 지식간 연관성을 토대로 역방향 연결(Backward Chaining)과 순방향 연결(Forward Chaining)으로 구성되는 추론 기능(Inference Engine)이 핵심이다.

순방향 연결은 이미 확보된 데이터 간에 규명된 연관성을 토대로 추론을 시작하여 데이터에 대한 설명력이 검증될 때까지 연관성을 변경, 보완한다. 순방향 연결은 통상의 전문가들이 가장 일반적으로 이용하는 추론 방식으로 의사가 환자를 문진하고 검진하며, 검사 결과를 판정하여 종합적으로 진단하는 과정과 동일하다. 의료계에서 연구가 진행되고 있는 미숙아 임신 징후 판단 전문가 시스템[16]으로 구현되어 발표된 바 있다. 이 외에도 부실채권등급 판정, 이자율 전망, 대출심사 등 금융분야에도 이미 적용되어 있다.

---

16 Woolery, L.K.; Grzymala-Busse, J (1994). "Machine learning for an expert system to predict preterm birth risk". Journal of the American Medical Informatics Association. 1 (6): 439–446.

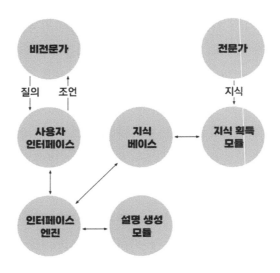

반면, 역방향 연결은 목표지향 추론을 위해 수행되는 것으로 설정된 목표를 달성하기 위한 증거를 찾는 과정이다. 즉, 주어진 결과 혹은 발생한 사건에서 원인을 찾아가는 과정으로 X-Ray 촬영 사진의 이상 징후 부분을 검증하고 판정하는 과정으로 비유된다. 또, 네트워크 통신량 이상 급등이나 특정 네트워크 거점에 특이한 침해 시도가 인지되면, 자동적으로 데이터를 축적하고 원인을 상정하고, 필요 시 통신 차단으로 연계하는 기능도 이미 상용화되어 있다.

순방향 연결이나 역방향 연결 모두 공통적으로 유관 요소 간의 규칙을 생성해내고, 이를 지식베이스 형태로 구성하고, 인간 전문가의 검증과 보정을 통해 다시 보강되는 절차를 밟는다. 따라서, 지식베이스를 구조화하고 구현하는 전문가와 규칙을 검증하는 전문가의 역량이 전문가시스템의 전체 수준을 좌우하게 된다.

나. 인공지능 활용 유형 분류

저자들은 인공지능 기술의 핵심 기능과 활용 영역에 대한 분석과 경험을 토대로 인공지능의 3가지 활용 유형 분류를 도출하였다. 다양한 실제 사례 분석과 연구를 통해 이루어진 이러한 분류가 인공지능의 응용 분야와 그 기술적 특징을 보다 쉽게 이해하고 해석하는 데 도움이 될 것으로 기대한다.

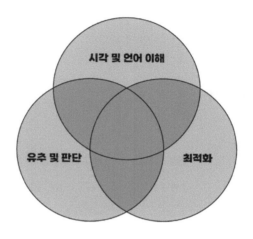

"시각 및 언어 이해" 유형은 인공지능이 시각적인 데이터와 언어적인 데이터를 이해하고 처리하는 능력에 초점을 두고 있다. 시각적인 데이터 (예: 이미지, 동영상)와 언어적인 데이터 (예: 텍스트, 음성)는 인공지능이 현실 세계의 정보를 인지하고 해석하는 데 필수적이다. 따라서 시각 및 언어 정보 이해는 인공지능이 다양한 분야에서 응용되는 핵심 역량이라 할 수 있다.

"유추 및 판단" 유형은 인공지능이 주어진 데이터를 분석하고 추론하여 판단하는 능력에 초점을 두고 있다. 인공지능은 데이터 간의 상관관계를 파악하고 패턴을 인식하여 유추하고 추론할 수 있다. 이를 통해 인공지능은 예측, 분류, 추천 등 다양한 결정을 내리거나 문제를 해결할 수 있다.

"최적화" 유형은 인공지능이 주어진 조건 하에서 최적의 결과를 찾고 효율성을 극대화하는 능력에 초점을 둔다. 인공지능은 다양한 알고리즘과 기법을 활용하여 최적화 문제를 해결하거나 최상의 성능을 달성한다. 이를 통해 자원의 효율적인 활용, 경로 최적화, 일정 계획 등 다양한 영역에서 효과적인 결정을 내릴 수 있게 된다.

시각 및 언어 이해

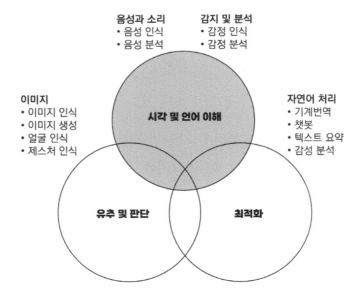

시각 및 언어 정보 이해 유형의 인공지능 활용 사례들은 컴퓨터 비전과 자연어 처리 기술을 활용하여 시각적인 이미지나 텍스트 데이터를 이해하고 해석하는 데에 적용된다. 이러한 응용 사례들은 다양한 분야에서 활용되며, 사용자 경험 개선, 자동화, 정보 추출 등의 목적으로 활발하게 연구 및 개발되고 있다.

〈이미지〉

구 분	요 소	설 명
이미지 인식	객체 인식	이미지 내의 특정 객체를 식별하고 분류
	텍스트 인식	이미지나 사진 속에 있는 텍스트를 인식하고 추출
	이미지 분할	이미지를 여러 영역으로 분할하고 각 영역의 특성을 파악
	이미지 분류	이미지를 사전 정의된 클래스 또는 범주로 분류
	사물 검출	이미지에서 특정 사물의 위치와 경계를 검출
이미지 생성	이미지 생성	주어진 조건에 따라 새로운 이미지를 생성하거나 완성
	이미지 복원	손상된 이미지를 복구하거나 원래의 상태로 복원
	스타일 변환	하나의 이미지의 스타일을 다른 이미지의 스타일로 변환
얼굴 인식	얼굴 감지	이미지 또는 비디오에서 얼굴의 위치와 경계를 감지
	특징 추출	얼굴 이미지에서 특징을 추출하여 얼굴을 식별하고 분류
	표정 인식	얼굴 이미지에서 표정을 인식하여 감정을 분류하거나 인식
제스처 인식	손동작 인식	손의 동작이나 제스처를 감지하고 인식하여 해당 동작을 이해
	몸동작 인식	사람의 몸 전체 동작을 감지하고 분류
	동작 분류	특정 동작이나 제스처를 분류하고 이해

〈음성과 소리〉

구 분	요 소	설 명
음성 인식	음성 인식	사람이 발성한 음성의 의미 내용을 자동적으로 인식
	화자 인식	음성에서 개별 화자를 식별하고 분류
	발화 인식	특정 발화 패턴이나 명령을 인식하고 이해
	언어 모델 구축	주어진 음성 데이터에서 언어 모델을 구축하고 개선
음성 분석	감정 인식	음성의 톤, 강도 및 발음 패턴을 분석하여 감정을 인식
	발음 분석	발음의 정확성이나 발음 패턴을 분석하여 발음을 개선
	화자 특성 분석	음성에서 화자의 특성을 추출하고 분석
	화자 감정 분석	음성에서 화자의 감정 상태를 분석하고 인식

〈감지 및 분석〉

구 분	요 소	설 명
감정 인식	감정 인식	오디오나 텍스트 등에서 감정을 식별하고 분류
	감정 분류	주어진 데이터를 기반으로 감정을 분류하고 레이블링
	감정 강도 측정	감정의 강도나 정도를 측정하고 분석
	감정 시계열 분석	감정의 변화를 시간에 따라 분석하고 추적
감정 분석	감정 특성 추출	음성이나 텍스트에서 감정과 관련된 특성을 추출하고 분석
	감정 패턴 분석	감정 표현의 패턴이나 경향을 분석하고 모델링
	감정 인식 정확도	감정을 인식하는 모델이나 시스템의 정확도를 평가하고 개선
	감정 피드백	사용자의 감정 상태를 파악하여 해당하는 피드백을 제공

〈자연어 처리〉

구 분	요 소	설 명
기계 번역	기계 번역	한 언어에서 다른 언어로의 텍스트 번역을 자동으로 수행
	다국어 번역	다양한 언어 간의 번역을 지원하고 제공
	실시간 번역	실시간으로 발생하는 텍스트를 즉시 번역하여 제공
챗봇	챗봇	자연어로 대화하는 컴퓨터 프로그램으로, 질문에 대답하거나 정보를 제공
	대화형 인터페이스	사용자와 대화하면서 자연스럽게 정보를 교환하고 처리
	개인 비서	일상적인 업무나 정보 제공 등을 도와주는 개인화된 서비스를 제공
텍스트 요약	추출 요약	원문의 주요 내용을 요약하여 제공
	추상적 요약	원문의 의도나 핵심을 파악하여 간결하고 의미 있는 요약을 제공
	동의어 처리	유사한 의미를 가진 단어나 구를 통합하여 요약
감성 분석	감성 분류	텍스트의 감정이나 태도를 긍정적, 부정적, 중립적으로 분류
	감정 인식	텍스트에서 나타나는 감정을 식별하고 분석
	감정 변화 추적	텍스트에서 감정의 변화를 추적하고 분석하여 트렌드를 파악

유추 및 판단

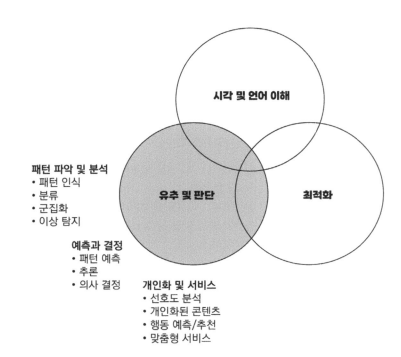

유추 및 판단 유형의 인공지능 활용 사례들은 데이터를 분석하고 예측하여 의사결정을 내리는 기술을 포함한다. 이러한 응용 사례들은 예측과 최적화를 통해 효율성을 극대화하거나 최적의 결정을 내리는 데에 활용된다. 또한, 강화학습을 통해 기계가 학습하고 경험을 통해 행동을 개선하는 방식으로 의사결정을 내릴 수 있다. 이러한 기술은 게임, 로봇 제어, 경영 전략 등 다양한 분야에서 적용되고 있다.

〈패턴 파악 및 분석〉

구 분	요 소	설 명
패턴 인식	패턴 인식	데이터에서 특정한 패턴을 식별하고 추출
	특징 추출	데이터에서 의미 있는 특징을 추출하여 패턴을 분석
	패턴 인식 알고리즘	주어진 데이터에서 패턴을 인식하는 알고리즘을 적용
분류	분류	데이터를 미리 정의된 범주나 그룹으로 분류
	분류 알고리즘	데이터를 분류하는 데 사용되는 알고리즘을 적용
	클래스 레이블링	데이터에 대한 정확한 클래스 레이블을 할당하고 분류
군집화	군집화	데이터를 비슷한 특성을 가진 그룹으로 묶어 군집화
	군집 알고리즘	데이터를 군집화하는 데 사용되는 알고리즘을 적용
	중심점 찾기	데이터 군집의 중심점을 찾아서 군집화를 수행
이상 탐지	이상 탐지	정상적인 패턴에서 벗어난 이상치를 탐지하고 식별
	이상치 검출 알고리즘	데이터에서 이상치를 검출하는 알고리즘을 적용
	이상치 판별 기준	데이터의 이상치를 판별하는 기준을 설정하고 적용

〈예측과 결정〉

구 분	요 소	설 명
패턴 예측	패턴 예측	데이터에서 발생하는 패턴을 분석하여 미래의 동향을 예측
	시계열 예측	시간에 따른 데이터의 변화를 예측하고 모델링
	트렌드 예측	데이터의 트렌드를 분석하여 미래의 추세를 예측
추론	추론	주어진 정보나 조건을 바탕으로 결론을 도출하거나 추론
	인과 추론	인과 관계를 파악하여 원인과 결과를 추론하고 분석
	타당성 평가	추론 결과의 타당성을 평가하고 검증
의사 결정	의사결정	주어진 정보나 상황에서 최적의 선택을 결정
	결정 트리	의사결정을 나무 구조로 표현하여 각 선택지의 우선순위를 설정
	최적화 문제	주어진 조건에서 목적 함수를 최대화 또는 최소화하여 최적의 해를 찾음
	시뮬레이션	다양한 시나리오에 대한 결과를 시뮬레이션하여 의사결정을 지원

〈개인화 및 서비스〉

구 분	요 소	설 명
선호도 분석	선호도 분석	사용자의 선호도를 분석하고 파악하여 개인화된 서비스를 제공
	관심사 분석	사용자의 관심사를 파악하여 해당하는 콘텐츠를 추천하거나 제공
	행동 패턴 분석	사용자의 행동 패턴을 분석하여 선호도 및 관심사를 도출
개인화된 콘텐츠	개인화된 콘텐츠 제공	사용자의 선호도 및 관심사에 맞추어 개인화된 콘텐츠를 제공
	맞춤형 뉴스 제공	사용자의 관심사와 선호도에 맞추어 개인화된 뉴스를 제공
	맞춤형 광고 제공	사용자의 선호도와 관심사에 기반하여 맞춤형 광고를 제공
행동 예측/추천	행동 예측	사용자의 행동을 예측하여 해당하는 서비스나 콘텐츠를 추천
	추천 시스템	사용자의 과거 행동이나 선호도에 기반하여 새로운 항목을 추천
	구매 예측	사용자의 구매 패턴을 분석하여 미래의 구매 행동을 예측
맞춤형 서비스	맞춤형 알림 서비스	사용자의 관심사나 선호도에 맞추어 맞춤형 알림을 제공
	맞춤형 추천 서비스	사용자의 선호도와 관심사에 맞추어 맞춤형 추천을 제공
	맞춤형 음악 플레이리스트	사용자의 음악 취향과 선호도에 맞추어 개인화된 음악 플레이리스트를 제공

최적화

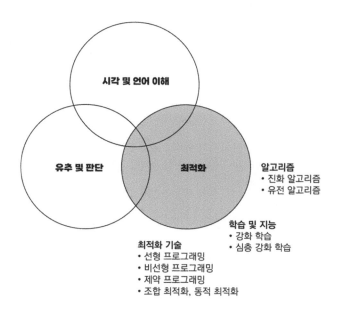

최적화 유형의 인공지능 사례들은 주어진 제약 조건 하에서 최적의 결정이나 해답을 찾는 기술을 포함한다. 이러한 사례들은 데이터와 알고리즘을 활용하여 비용을 최소화하거나 성능을 극대화하는 문제를 해결하는 데에 활용된다. 또한, 딥 러닝과 학습 기술을 활용하여 모델의 구조와 가중치를 최적화하여 성능을 향상시키는 방법도 최적화 유형의 인공지능 사례로 분류된다.

〈최적화 기술〉

구 분	요 소	설 명
선형 프로그래밍	단순 선형 프로그래밍	목적 함수와 제약 조건이 모두 선형 관계를 가지는 최적화 기법
	정수 선형 프로그래밍	변수가 정수 값을 가져야 하는 경우에 적용되는 선형 프로그래밍 기법
비선형 프로그래밍	미분 가능한 비선형 프로그래밍	목적 함수와 제약 조건이 모두 미분 가능한 비선형 관계를 가지는 최적화 기법
	이산 비선형 프로그래밍	목적 함수나 제약 조건 중 하나 이상이 이산적인 값을 갖는 비선형 관계를 가지는 최적화 기법
제약 프로그래밍	등식 제약 프로그래밍	등식 제약 조건이 있는 최적화 문제를 해결하는 기법
	부등식 제약 프로그래밍	부등식 제약 조건이 있는 최적화 문제를 해결하는 기법
조합 최적화	–	가능한 모든 조합 중에서 최적의 조합을 찾는 최적화 기법
동적 최적화	–	시간의 흐름에 따라 문제를 여러 하위 문제로 분할하여 해결하는 최적화 기법

〈학습 및 지능〉

구 분	요 소	설 명
강화 학습	강화 학습	환경과의 상호작용을 통해 보상을 최대화하는 방법을 학습
	정책 학습	에이전트가 특정 상태에서 특정 행동을 선택하는 방법을 학습
	가치 함수 학습	각 상태나 행동에 대한 가치를 학습하여 최적의 정책을 탐색
심층 강화 학습	심층 강화 학습	신경망과 강화 학습을 결합하여 복잡한 문제를 해결하는 방법을 학습
	경험 재생	에이전트가 과거의 경험을 재생하고 학습하여 정책을 개선
	탐색과 적용	탐색과 적용을 균형 있게 조절하여 최적의 행동을 선택

〈알고리즘〉

구 분	요 소	설 명
진화 알고리즘	–	생물학적 개체들이 어떻게 번식하고, 생존하고, 진화해가는지를 모방하여 문제를 해결
유전 알고리즘	–	유전자와 유전 연산을 기반으로 최적해를 찾음

이와 같은 분류로 인공지능 사례를 구분하면, 시각 및 언어 정보 이해, 유추 및 판단, 최적화의 관점에서 각각의 기술과 응용 사례들을 파악할 수 있다. 이러한 분류는 인공지능 기술의 다양한 측면을 이해하고 특정 분야에 적용될 수 있는 가능성을 탐색하는 데 도움이 될 수 있다.

다. 인공지능 적용 가능 기회분야

보스턴 컨설팅 그룹(BCG – Boston Consulting Group, 2023)에서는 기존 비즈니스 프로세스 가운데 추정과 판단이 필요한 부분 및 기존 전문가에 의해 실행되던 전문영역에 인공지능을 적용하는 기회분야로 다음 다섯 가지 영역을 제시한 바 있다.

• 자동화(Automator)
다양한 독립 변수 및 종속 변수를 정의하고 변수 간 상관관계 분석을 바탕으로 토대로 최적화, 개인화, 다면화 변수를 조정하여 기존의 일과 절차 가운데 추정과 판단이 필요한 부분에 인공지능을 활용

예) 채널별 광고 노출 최적화 추천, 채널별 광고 수익성 분석, 개인형 맞춤

형 상품 추천, 조건 별 가격 제안

• 판단 및 결정(Decider)

과거 정보의 계량적 분석을 바탕으로 전문가의 비정형화된 판단이 추가되어야 하는 부분에 적용

예) 콜센터 상담원 투입 규모 및 일정을 감안한 인력 배치방안, 생산일정과 설비 상태와 정비주기를 감안한 생산설비 유지보수 일정 수립

• 대안 개발(Recommender)

변수 간 상관관계 분석을 통해 개발된 복수의 대안들을 평가하고 추천하여 전문가로 하여금 결정을 용이하게 하는 역할

예) 수요, 자재수준, 생산설비 및 배송업체 여건을 감안한 생산계획 수립. 시장과 고객 여건을 감안한 맞춤형 판촉상품 추천

• 통찰력 전파(Illuminator)

데이터 분석을 통한 유의성 판별과 이를 기반으로 주요 의사결정 항목과 연결하여 기존 프로세스의 성과를 향상시키는 역할

예) 고객의 상품 사용 특성을 관찰하고, 보상 서비스와 고객 반응을 취합, 분석하여 신제품 개발. 콜센터와 웹페이지 등 다양한 채널에서 접수된 고객 불만을 분류, 범주화하여 담당부서에 배정하는 프로세스

• 진단 및 평가(Evaluator)

선택된 의사결정안을 실행하기 전에 시뮬레이션을 통해 위험요인을 식별하고 시행 착오를 예방하는 역할

예) 생산 수요 및 시기를 감안한 공장 내 설비 및 물류 흐름 배치 방안 검증, 신제품 제작 이전에 다양한 시나리오에 맞춰 제품 기능 및 성능 검증, 성수기 수요 감안 판촉 프로그램 시뮬레이션

액센추어(Accenture, 2016)[17]에서는 인공지능 적용 가능한 기회분야 발굴을 위해, 대상 업무의 성격과 업무가 필요로 하는 데이터의 특성을 토대로 기존 업무의 가치를 강화하는 영역과 자동화하는 영역을 기준으로 다음 네 가지 모델을 제안하고 있다.

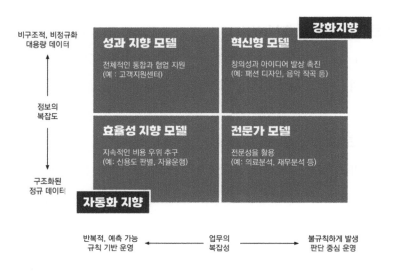

---

17 CyrilleBataller and Jeanne Harri, Turning Artificial Intelligence into Business Value. Today, 2016, Accenture

• 효율성 지향 모델(Efficiency Model)

구조화된 비교적 소규모 데이터를 다루고 학습하며, 대상 프로세스가 반복적이고 예측 가능하며 규칙에 기반하여 운영되는 경우에 해당하는 모델

기존 프로세스에 인공지능 기술을 적용하여 기존 프로세스의 효율성을 높이는 것이 가치 제안

• 성과 향상 지향 모델(Effectiveness Model)

프로세스는 비교적 표준화되어 있고, 반복적, 예측 가능하며 규칙에 기반하여 운영되지만, 다루는 데이터가 비구조화, 비정규화되어 있고 대규모 데이터를 활용해야 하는 경우에 적용 가능한 접근법

• 전문가 모델(Expert Model)

데이터의 속성은 비교적 소규모로 구조화된 데이터이지만 활용과 프로세스 운영 과정에 고도로 훈련된 전문성과 판단력이 요구되는 프로세스

• 혁신형 모델(Innovation Model)

대량의 비구조화된 데이터를 전문가의 지식과 판단으로 분석해야 하는 프로세스로 반복적인 경우가 없고, 정규화 및 표준화가 어려운 분야

시장 전반적으로는 인공지능 기술 적용이 가능한 다음 네 가지 분야를 구분하고, 이를 구현하기 위해 필요한 기술들을 확보하고 조합하는 활용전략의 중요성을 강조하고 있다. 즉, 학습과 유형 검색을 통해 인지, 판단, 추론 및 기존 프로세스 실행에 부가적 가치를 부여하는 영역으로 구분하여 접근하는 방식이다. 물론, 신기술 도입 초기에 존재하는 캐즘(Chasm)[18]을 감안하면, 최근 등장하는 인공지능 기술들은 아래 네 가지 분야에서 적용, 검증, 수용의 단계를 거치며 활용 모델이 자리잡게 될 것이다.

인지 – 자연어 검색, 음성인식, 필기체 인식

판단 – 규칙 기반 지식 검색 및 범주화

추론 – 데이터 상관관계 분석을 통해 원인 추론, 미래 예측, 의사결정안 추천

실행 – 인지, 판단, 추론과 연계하여 기존 업무 수행 절차에 부가하여 수행

그러나, 실제로는 어느 하나의 기술요소로만 기회영역이 구현되는 것은 아니며, 위에 나열한 4가지 기술요소가 복합적으로 적용되며 기회영역이 구현된다.

예) 통닭을 튀기는 조리용 로봇의 경우, 아래의 각 작업을 사전에 정의된 조건에 따라 끓는 튀김 기름의 온도를 측정하고 시각적 이미지로 끓는 순간을 판단하여 적정 시점에 튀김 옷을 입힌 닭을 투입하며, 투입한 닭으로 인해 떨어지는 온도와 튀김 기름의 상태를 판단하여 규정된 튀김 시간의 가감을 조정하고, 튀김 닭을 꺼내어 다음 공정으로 전달하는 일련의 과정을 수행한다.

---

18 새로운 기술이 아무리 훌륭해도 일반인들이 사용하기까지 넘어야 하는 침체기를 가리키는 용어로 첨단기술 수용론이라고도 한다.

라. 인공지능 기반 혁신기업 사례 연구

CB Insights[19]는 2008년 뉴욕에서 설립되었는데, 사모 펀드, 벤처 캐피털, 투자 은행, 엔젤 투자 및 컨설팅 업체를 대상으로 성장 기업에 대한 빅 데이터 및 알고리즘 기반 시장 분석 정보와 통찰력을 제공하는 기업정보 분석 전문업체이다. 이 가운데에서도 특히 신생창업기업(Startup)에 대한 가치 평가와 분석정보 제공에 강점을 갖고 있는데, 유니콘 기업은 주식시장에 상장되지 않은 신생 창업기업(Startup) 가운데 시장 가치가 10억 달러가 넘을 것으로 평가되는 기업들을 부르는 명칭이다. 2023년 8월 Forbes기사는 Unicorn Startup의 업종 변화에 관한 시사점을 제시하고 있다. 예를 들면, 2021년까지는 Fintech, 전통적 제조업 선진화에 관련된 사업모델이 많았다면, 2022년부터는 인공지능, 물류를 포함한 공급사슬, 사이버 보안 등의 비중이 증가하고 있다.[20] 시장 가치 평가는 업종과 기업 규모에 따라 일부 주관적인 집계가 있을 수 있으니, CB Insights가 집계한 2023년 7월 현재 Unicorn기업은 650개 가량[21]이며, 이 가운데 인공지능 기술을 기반으로 사업하거나 또는 인공지능을 활용하여 기존 사업 모델을 혁신하여 유니콘이 된 기업도 90여개에 달한다[22].

19 https://www.cbinsights.com

20 https://www.forbes.com/sites/truebridge/2023/08/15/2023-next-billion-dollar-startups-trendsetters-keep-an-eye-on-disruption-in-a-challenging-market/?sh=c1cba859ee9c

21 https://www.cbinsights.com/research-unicorn-companies

22 https://www.cbinsights.com/research/artificial-intelligence-top-startups- 2023/

본서는 아래 50여 개의 기업을 대상으로, 그들이 인공지능을 활용하여 사업과 산업을 재정의하고 새로운 사업기회를 창출한 사례에 주목하였다. 이들 기업 가운데에는 최근 5년 사이에 유니콘으로 등장한 기업도 다수 포함되어 있다. 이들은 새로운 사업모델을 제시하거나 또는 기존 사업의 차별력을 강화시키기 위해 인공지능을 적용하였다는 공통점이 있다. 그리고, 이들 기업은 인공지능 기술의 전문성에 집중했지만, 동시에 사용자의 기대사항을 정확히 이해하고 이를 실현하기 위해 인공지능을 도입하였다는 시사점이 있다. 추가적으로 본서는 1980년대 이래 공식적으로 알려진 20여 개의 인공지능 사고 사례를 소개함을 통해, 인공지능 도입과 성공적인 운영에 필요한 시사점을 찾아 보고자 하였다.

빨리 알수록 일이 쉬워지는,

AI POWER

인공지능 성공 사례, 실패 사례

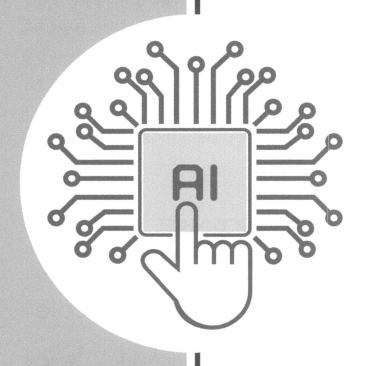

03

일상 생활 속의
인공지능 적용 사례

03 | 일상 생활 속의 인공지능 적용 사례

빨리 알수록 일이 쉬워지는, **AI POWER** | 인공지능 성공 사례, 실패 사례

가. 시각 및 언어 정보 이해

스마트 배경 편집, 피사체 편집과 배경 추천 - Picsart

> Picsart의 인공지능 기술은 사진 편집을 넘어 사용자 경험을 향상시키는 다양한 기능을 제공하고 있다. 여기에는 사진 속 인물을 다른 이미지로 변환하고, 상품 사진의 배경을 적절하게 조정하며, 스마트폰 배경화면을 날씨와 시간에 맞게 자동으로 변경하는 기능이 포함된다. 이러한 기능은 온라인 쇼핑몰과 마케팅 담당자에게도 유용하며, 사용자에게는 더욱 맞춤화된 경험을 제공한다.

2011년 창업한 Picsart는 사진의 특정 인물을 다른 이미지로 대체 편집한 사례로 잘 알려져 있다.

출처: Picsart Blog, https://picsart.com/blog/post/replace-your-ex-with-red-flags-snakes-and-more-with-picsarts-ai-replace

Picsart 앱에 사진을 올리고 변경 대상 피사체를 지정한 뒤, 변경하고
자 하는 물건으로 '단어'를 지정하면, 이에 맞는 이미지를 적용하여 제시
해준다. Picsart가 최근 발표한 기능은 단순히 피사체에 어울리는 주변
환경을 제안하는 것 이상으로, 온라인 쇼핑몰 및 마케팅 담당자를 위해
강화된 특성을 보여주고 있다.

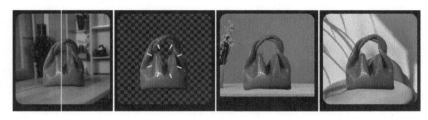

사례 1. Picsart가 나무 책상 위에 놓인 가방, 흑백 패턴을 배경으로 한
가방 등 각기 다른 배경과 설정에 가방을 배치한 사진을 보여주는 모습

사례 2. "g" 로고가 있는 플라스틱 컵에 담긴 차가운 커피를 보여주는
세 개의 이미지로 첫 번째는 카페 카운터, 두 번째는 배경이 투명하고, 세
번째는 인공지능이 생성한 흐린 배경을 제시하는 모습

최근 삼성전자의 갤럭시 스마트폰이 제시한 인공지능 기반 배경화면

자동 생성 기능은 스마트폰 배경화면이 시간과 날씨에 따라 자동으로 변경되는 사용자 경험(UX, User Experience)을 제공해준다.

출처: Nate뉴스, 2024년 1월 27일

사례 3. 위의 사진은 국내 제주도에서 촬영된 사진이지만, 지역을 아이슬란드로 지정하자 해당 지역의 현재 날씨에 맞춰 눈이 쌓인 모습으로 변경된 모습을 보여준다.

이와 같은 스마트 배경 편집 기능은 사용자의 취향과 기호에 맞게 이미 촬영한 사진을 간편하게 편집하는 경험을 제공하며, 쇼핑몰 구성을 위해 촬영한 상품의 배경 화면을 추천해주며, 스마트폰의 바탕화면을 자동으로 날씨와 시간에 맞게 변경해줌으로써 보다 직관적인 정보 전달이 가능하게 해주는 등, 기존 사용자 경험(UX)에 부가적인 가치 창출 기회를 제시해주고 있다.

시각정보를 이용한 푸드코트 음식 계산 자동화 – Mashgin

> 매쉬진(Mashgin)은 9대의 3D 카메라와 AI를 이용해 푸드코트에서 구매한 음식의 종류와 금액을 식별하는 키오스크(Kiosk)를 개발했다. 이 키오스크는 미국 내 1,000개 이상의 매장에서 도입되었으며, 셀프 체크아웃(Self-Checkout)의 표준 모델로 자리잡아가고 있다.

경기장과 쇼핑몰의 푸드코트에서 다과를 구매하는 것은 즐거움이지만, 계산대 앞에서는 귀찮고 복잡한 대금 결제과정을 거쳐야 한다.

매쉬진(Mashgin)에서 개발한 시각 인지 기술이 적용된 키오스크에서는 햄버거, 핫도그, 사탕 상자, 프레첼 봉지가 담긴 쟁반을 디지털 스캐너에 놓고 카드를 긁으면 몇 초 만에 거래가 완료되며, 바코드가 없는 품목을 식별하기 위해 각 품목을 개별적으로 수동으로 스캔하거나 SKU 번호를 입력하거나 디지털 메뉴를 넘길 필요가 없다. 매쉬진의 시각 인지 기술은 "실제 사물을 실시간으로" 재구성하는 9대의 3D 카메라에 의존하여 모든 각도에서 항목을 식별하고 과거 유사 사진으로 학습된 인공지능을 통해 지불해야 할 금액을 계산해낸다.

매쉬진의 기술이 적용된 키오스크는 미국 내 1,000개 이상의 매장에서 이미 도입되었으며, 셀프 체크아웃의 표준 모델로 자리잡아가고 있으며, Covid19, 소

매 공간 비용 증가, 숙련된 노동자 부족, 보다 개인화된 소비자 요구에 따라 증가하고 있다. 수많은 회사들이 이 새로운 시장에서 경쟁하고 있으며, 영국의 Autocanteen, 독일의 Dishtracket 등에서도 이미 비슷한 영상 인식 기술을 소개하고 있다.

시각정보를 이용한 구내식당 잔반 분석과 음식물 폐기물 감소
– 누비랩, 코그넷9

> 누비랩과 코그넷9은 구내식당에서 식사 후 반납되는 식판에 남은 음식의 종류와 양을 분석할 수 있는 AI 시스템을 개발했다. 이 시스템은 스캐너와 센서를 이용해 식판을 인식하고, 자율주행용 순간 감지 기술과 시각정보 분석 기술을 적용했다. 이 시스템은 음식물 폐기물을 감소시키고, 식단 조절과 재료 구매에 도움을 줄 수 있다.

국내 인공지능 전문기업 '코그넷9'과 '누비랩'은 구내식당에서 식사 후 반납되는 식판에 남은 음식의 종류와 양을 분석할 수 있는 '잔반분석 AI 시스템'을 개발하여 위탁급식 사업장에 적용한 바 있다. 구내식당에서 음식을 내주는 배식구와 식기를 반납하는 퇴식구에 각각 스캐너와 센서를 설치해 식판을 가져다 대면 AI가 음식 종류와 양을 분석한다. 이 과정에는 자율주행용 순간 감지 기술, 인공지능을 이용한 시각정보 분석 기술 등이 적용되었다.

누적된 이미지 정보에는 분류 및 Tagging를 거쳐 구내식당 이용객 정보와 함께 연결되어 메뉴 기호도, 수요도 분석에 이용된다. 이용자의 1차적으로는 선호 메뉴를 파악하여 잔반량을 줄일 수 있는 기대효과가 있고, 단체급식 식당별로 축적된 데이터는 이용자의 연령, 직종, 근무형태 등 다양한 인구 동태학적인 기반 정보와 연계되어 분석 가능한 기반이 될 수 있다. 이를 통해 이용자의 수요와 기호에 맞는 식단 개발은 물론 식자재 구매와 재고 유지에 도움되는 정보를 제공한다. 즉, 기존에 텍스트와 계수 중심의 빅데이터 분석 모델에 시각정보를 통해 인지된 정보를 부가적으로 분석에 이용하여 예측정보의 정확도를 향상시켜준다.

출처: 누비랩홈페이지 (https://www.nuvolab.com)

시각 자료 기반 학습과 인지를 통한 폐배터리 자동 분류 - Renova

레노바(Renova)는 시각 자료 기반 학습과 인지를 활용하여 폐배터리를 자동으로 분류하는 기술을 개발했다. 이 기술은 컴퓨터 광학 인식과 인공지능을 활용하여 다양한 각도에서 촬영된 배터리 사진을 학습하고, 폐기물을 컨베이어 벨트를 통해 이동하는 동안 시각적으로 식별한다. 식별된 폐배터리는 화학 물질 함량에 따라 분리되고 이송되며, 브랜드, 모델 및 유형 정보는 저장되어 추후 학습에 활용된다. 이 기술은 폐기물 관리를 개선하고 화재 예방에 기여한다.

전자기기에서 배출되는 전자 폐기물은 매년 증가하고 있으며 네덜란드에서만 2021년에 12만톤 가량이 수거되었다는 통계도 있다. 이 가운데, 폐배터리는 폐기물 분류, 보관, 운송 과정에 위험한 화재를 유발하는 주요 관리 대상으로, 코어 테크놀러지 사(Core Technology BV)는 폐배터리와 같은 전자폐기물을 시각적으로 인식하여폐기물 취급 과정에서 화재를 예방하려는 시도를 하고 있다.

이와 비슷하게, 스웨덴 괴텐버그(Gothenburg)에 위치한 레노바(Renova)는 컴퓨터 광학 인식기술과 인공지능을 이용하여 초당 최대 10개의 폐배터리를 분류하는 기계를 제작하였다. 여러 각도에서 촬영된 약 2천 가지 유형의 배터리 사진을 기반으로 학습된 장비는 컨베이어 벨트를 통해 이동하는 폐기물을 '시각적으로 인지'하고, 이를 과거에 촬영되어 분류, 학습된 사진과 비교하여, 여기에 포함되어 있는 폐배터리를 식별한다. 배터리가 식별되면 니켈-카드뮴 또는 리튬과 같은 화학 물질 함량에 따라 압축공기를 이용하여 배터리를 다른 용기로 분리하여 이송한다. 덧붙여, 시각적으로 인지하고 분류된 폐배터리의 브랜드, 모델 및 유형에 대한 정보를 저장하고 이를 추후 학습활동에 이용한다.

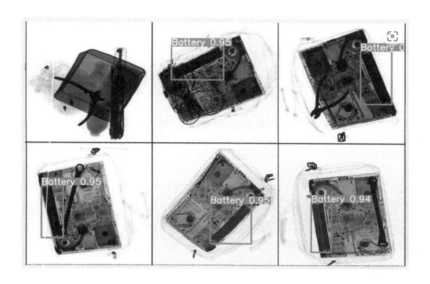

시각 인지 기술을 이용한 시각장애인 보조 도구 – OrCam

OrCam은 시각장애인을 위한 보조 도구로, 이미지 인식 기술을 사용하여 문자를 음성으로 변환하고, 색상을 식별하며 얼굴을 인식하여 상대방을 알려준다. 또한, 공간 정보를 파악하여 환경을 설명하고, 식료품의 유통기한 및 조리 방법을 읽어주는 등의 기능을 제공한다. 이 도구는 인공지능을 통해 다양한 언어를 인식하고 읽어주며, 한국어로도 이용 가능하다.

저시력 혹은 시각 장애인의 경우, 정상적인 사회 생활에 많은 장애가 존재한다. 점자 혹은 음성안내의 도움을 받아 제한된 범위에서 사회 기반시설을 이용할 수 있으나, 해당 지원 기능이 사전에 준비된 환경에서만 가능하다. 더구나, 점자로 표현되기 어려운 이미지, 기호 등은 시각장애인에게 그 의미 전달이 어렵기 마련이다. 예를 들어, 기존의 점자 기술로는 상대방 안면 인식이나, 쇼핑몰에서 결제를 위한 카드 선택, 안내 표지판의 색깔 구분 등 일상 생활에서의 장애 극복을 도와주기 어렵기 때문이다.

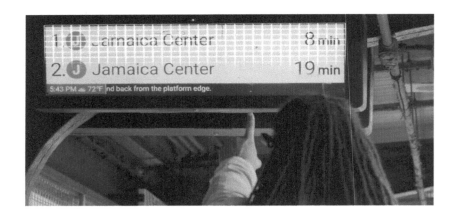

이스라엘의 오어캠(OrCam)이 개발한 이미지 인지 기술 기반의 시각 장애인 보조 도구는 카메라를 통해 인지된 문자를 음성으로 전환하여 읽어주는 기본 기능을 바탕으로 색깔을 알려주고, 사전에 등록된 정보를 검색하여 상대방의 얼굴을 인지하여 누구인지 알려준다.

또, 공간 정보를 파악하여 회의실 내에 빈 공간을 알려주기도 하고, 슈퍼에서 식료품을 고를 때 식료품 표면에 인쇄되어 있는 유통기한이나 조리방법 등을 읽어 주기도 한다.

글씨를 인지하여 음성으로 전환하는 기능에 인공지능이 부가되어 20여개 이상의 언어를 인지하고 해당 언어로 읽어주며, 한국어로도 서비스되고 있다. 현재는 학습 지원도구 또는 노인 계층을 위해 신문, 도서를 읽어주는 기능으로도 활용되고 있다.

몸 동작 이해를 통해 수어를 번역한다. 동작 인식 인공지능

- EQ4ALL, SLAIT

> 이큐포올(EQ4ALL) 및 슬레이트(SLAIT)는 몸 동작을 이해하여 수어를 번역하는 인공지능 기술을 개발하고 있다. 이 기술은 손가락 동작의 미세한 차이를 이해하여 음성이나 문자 언어로 번역하고, 아바타를 통해 수어로 답변하는 모델을 구축하고 있다. 최근에는 손의 모양과 움직임을 추적하는 기술과 심층학습 알고리즘을 적용하여 실시간으로 수어 통역이 가능한 수준까지 연구가 진행되고 있다.

WHO[23]의 자료에 따르면 15억 명 가량의 선천적, 후천적 혹은 노화에 따른 청각장애인이 존재하며, 2050년에는 25억 명으로 증가할 것으로 전망되고 있다. 동시에 내셔널 지오그래픽 소사이어티(National Geographic Society)의 조사에 따르면 전 세계에는 7천 2백만 명 정도의 선천적, 후천적 청각장애인이 사용하는 약 300개가량의 수어(Sign Language)가 존재한다고 한다.[24] 수어는 청각장애인 간 의사소통은 물론, 수어 이해가 가능한 일반인과도 의사소통 할 수 있는 유일한 방법으로 보편적 접근성이 강조되는 공공 정보환경인 공중파 TV방송에서 수어 동시통역이 제공되고 있으나 매우 제한된 범위에 머무르고 있다. 그러나, 민간 영역의 경우 수어를 사용하는 청각장애인의 의사소통에는 큰 걸림돌이 곳곳에 존

---

23 WHO, World Health Organization
　https://www.who.int/health-topics/hearing-loss#tab=tab_1

24 https://education.nationalgeographic.org/resource/sign-language/

재하고 있다. 단적인 사례로 일반인에게는 일반화된 ARS25(자동 응답 시스템)가 청각장애인에게는 사용이 어렵다는 점을 알 수 있다.

일반인으로서 수어를 배우는 과정이나, 청각장애인으로서 수어를 배우는 과정 모두가 일반적인 언어 학습 과정과는 본질적으로 다른 전문성을 요구한다. 같은 음성언어라 하더라도 한국어를 모국어로 사용하는 사람이 같은 알타이어족에 포함되어 있는 일본어를 학습하는 과정과 인도유럽어족에 포함된 영어를 학습하는 과정 조차도 많은 차이가 존재한다.

수어는 음성을 통한 언어가 아닌 몸짓으로 표현되고 전달되는 시각적 언어이므로, 의사소통을 위해서는 손, 눈, 얼굴 표정 및 움직임의 의미를 이해하고 해석하는 절차를 거친다. 나아가 수어 통역은 음성언어를 듣고 동작언어로 전환하며, 동작언어를 이해하고 음성언어로 설명하는 과정으로 진행된다.

더구나, 수어의 일부 단어는 얼핏 보기에는 서로 비슷한 동작이 많기 때문에, 조그만 차이만으로도 다른 의미로 이해될 수 있다. 예를 들어 손의 모양, 방향, 움직임과 위치, 때로는 얼굴 표정과 반응, 끄덕임까지 시각적으로 의사를 전달하는 방법은 다양하며, 이와 같은 특성으로 인해 수어를 학습하고 표현하는 것은 고도의 집중력과 반복된 학습을 요구한다.

최근 시각 인지기술의 발달과 인공지능의 학습, 추론 기능 강화에 따라 수어를 통역하는 과정을 돕고자 하는 시도가 진행되고 있다. 예를 들어, 복수의 2차원, 3차원 카메라를 설치하고, 시각적으로 인지된 손가락 동작의 미세한 동작 혹은 구부림의 차이를 이해하여, 음성언어 혹은 문자언

---

25 Automatic Response System

어로 통역하고 나아가 아바타를 이용한 수어로 답변하는 모델이다.

구글(Google)은 2019년 손의 모양과 움직임을 인식할 수 있는 손 추적 기술을 무료 공개하였는데, 손가락, 손바닥, 손등에 걸쳐 21개 지점에 그래프를 그리고 손과 팔이 뒤틀리거나 두 손가락이 닿는지 등을 시각적으로 분류하여 유사성이 높은 시각자료를 검색하여 매핑하는 것을 가능하다는 점을 보여 주었다.26

2012년 우크라이나 대학생이 발명한 동작 인지 장갑27이 손가락 마디마다 장착된 센서가 손가락의 미세한 움직임의 차이를 인지하고, 이를 사전에 정의된 단어와 일치하는 경우 문자언어로 통역하는 수준이었다면,

---

26 https://ai.googleblog.com/2020/10/developing-real-time-automatic-sign.html

27 https://www.theatlantic.com/technology/archive/2012/07/the-motion-sensing-gloves-that-will-translate-sign-language-into-spoken-words/259693/

최근에는 인공지능의 심층학습 기법을 통해 다양한 동작을 학습하고 실시간으로 일상 언어를 수어로 통역하려는 연구가 진행 중이다.

영국의 스타트업인 Robotica Machine Learning Limited는 동영상 자료를 대상으로 기계 학습과 추론 기반으로 번역 및 부가가치 미디어를 개발하는 회사로 일상언어를 수어로 번역하고 아바타(Avatar)를 이용하여 전달하는 서비스를 제공하고 있다.28 청각장애인들에게 아바타를 통해 TV뉴스 및 방송 프로그램에 영국 표준영어 수어 통역서비스를 제공하고 있으며, 이탈리아어 및 미국 표준영어 수어도 학습 중이다. 2022년 현재는 날씨 및 철도 안내 방송에 대해서는 실시간 수어 통역이 가능한 수준이며, 방송 프로그램, 교통안내, 교육 등 다양한 컨텐츠 영역에서 수어 적용 확대를 시도하고 있다.

또한, 과거 방송 프로그램에 수어 추가를 통한 방송 컨텐츠의 부가가치 향상도 모색하고 있다. 예를 들어, 영국 BBC방송은 2021년 총 2만 8천 시간 분량의 동영상 컨텐츠를 생산하였으며, YouTube는 시간당 3만 시간 분량의 동영상이 등록되고 있는데, 인공지능의 기계학습과 아바타를 이용하여 수어 번역이 추가될 수 있다면, 방송 수어 산업이 자리를 잡는 계기가 될 것이다.

---

28 https://www.digitalstudiome.com/news/new-ai-tech-for-tv-sign-language-
debuts-at-ibc

IoT 기반 음성인식 – Unisound

유니사운드(Unisound)는 IoT 기반의 음성인식 기술을 개발하고 있다. 스마트 홈, 차량용 스마트 기술, 스마트 의료, 스마트 교육 등 다양한 분야에 적용되며, 음성을 인식하여 사용자와의 상호작용을 통해 지능적인 서비스를 제공한다. 또한, 서비스 로봇인 샤오원을 통해 방문객과의 음성 상호작용을 지원하며 다양한 분야에서 활용되고 있다.

지난 50년 간, 자연어 인식, 자연어 대화 및 번역에 관해 인공지능을 적용하고자 하는 시도가 있어 왔다. 최근에는 정보기기는 물론 일반 가전 기구와 산업용, 의료용 장비에 음성인식 기술을 접목하려는 시도가 모색되고 있다. 중국의 스타트업인 Unisound(云知聲)은 각 전자제품 및 기계 제품에 특화된 음성인식 대화형 기술에 인공지능 활용을 모색하고 있으며, 이를 AI 반도체로 만들어 적용하는 시도를 하고 있다.

스마트 홈(UniHome)

사물인터넷 기술 기반에 음성 솔루션 AI칩을 적용하여 가전제품에 음성인식 기반 시스템을 구현하였고, 클라우드 컴퓨팅 및 빅데이터를 기반으로 5미터 범위 내의 음성인식을 지원한다. 온/오프라인 유무와 관계없이 음성 호출이 가능하며, 전 과정에 자연어 처리 등 경쟁력을 높였다는 평가를 받는다. 현재는 인공지능 스피커, 스탠드, TV, 밥솥, 주방 환풍기, 냉장고, 가정용 로봇, 에어컨 등 다양한 제품에 응용되고 있으며, 추가적으로 확대 적용될 전망이다.

차량용 스마트 기술(UniCar)

차량용 음성AI칩을 기반으로 운전 환경, 차량의 위치, 운전자의 대화 맥락을 분석한다. 또, 심층학습(Deep Learning) 기반으로 수행되는 반복학습을 통해 사용자의 요구사항을 심층적으로 이해하여 보다 지능적인 서비스를 제공하는 것을 목표로 한다. 현재는 자동차 산업의 Before market[29]을 대상으로 한 AI칩 연구 개발에 집중하고 있으며, Cloud 기반으로 음성을 인식하고, 문자를 음성으로 전환하거나, 목소리로 사용자를 식별하는 기술 등에 인공지능 활용 기회를 찾고 있다.

스마트 의료(UniHealth)

환자의 진료기록을 음성인식 기술로 DB화하고, 의료진이 맞춤 데이터를 실시간 조회할 수 있는 서비스를 제공하는 것을 목표로 한다. 의료진이 진료 중에 음성 입력으로 진료 기록을 HIS시스템, PACS시스템, CIS시스템 등 원하는 위치에 쉽게 기록할 수 있고, 환자 또한 진료 직후 진료기록을 받아볼 수 있다. 진찰실은 복잡한 환경 소음이 있고, 전문적인 의학 용어와 일반적인 생활 용어가 혼재된 환경이다. 중국어의 특성 상, 성조가 존재하며 지역별로 성조의 변화가 심한 편이다. 이와 같은 변수를 고려하며 자연어를 인식하고 진료기록으로 전환하여 해당되는 각 의료시스템에 기록하거나, 검색하는 것이 핵심 기술이다.

---

29 차량용 반도체 수요와 시장을 구분짓는 개념으로 Before market은 1차 협력사를 거쳐 완성차 기업에 공급되는 구간에 관한 수요 및 시장을 의미한다.

스마트 교육(UniEdu)

교육 환경에서 컴퓨터 기반으로 이뤄지는 학습 과정 중 수강생이 응답하는 문답형 평가 과정에 음성인식 기술을 적용하고 있다. 수강생의 답변에 포함된 문장과 대화 맥락을 종합적으로 고려해 평가를 내리는 것은 물론 수강생이 답변한 내용의 정확성 여부와 부족한 부분을 파악하여 피드백해주는 기능을 갖고 있다. 교육 현장에서의 수강생이 이해하고 표현하는 언어는 일반 성인학습과 다른 측면이 많고, 인공지능을 이용하여 유추하고 해석하여 대화를 이어가는 것을 차별화된 부분으로 강조하고 있다.

서비스 로봇 샤오윈(小云)

소형 이동형 로봇에 다중 마이크 장착 기능을 탑재하여 반경 4미터 이내의 모든 범위에서 방문객의 음성을 인식하여 단순 문의와 처리를 목표로 한다. 유통매장에서의 판매 안내, 전시회, 의료 및 양로 분야, 대중교통, 가이드, 호텔, 교육, 금융 분야 등 다양한 영역에서 제한된 기능으로 활용되고 있다.

유니사운드

유니사운드는 음성인식 기반의 인공지능 기업으로 음성인식 기반 기술 연구를 토대로 스마트 의료, 스마트 홈, 스마트 가전, 그리고 나아가 교육과 농업 등 다양한 분야에 AI를 적용하는 시키는 기존 산업의 융합화를 진행하고 있다.

노인 돌봄 서비스 – 효돌, 효순, 클로버서비스

효돌, 효순, 클로버서비스는 음성인식 기술과 인공지능을 활용한 노인 돌봄 서비스를 제공한다. 재가 노인을 대상으로 음성인식 스피커와 빅데이터를 이용하여 돌봄 서비스가 보급되고 있으며, 일부 지방자치단체에서는 음성인식 로봇을 활용한 돌봄 서비스가 제공되고 있다. 또한, 치매환자를 위한 인공지능 기반 돌봄 서비스 플랫폼이 개발되어 치매환자의 증상과 돌봄 방법을 지원하고 있다.

한국을 비롯한 선진국이 최근 직면한 사회 문제 가운데 공통적인 과제는 인구 고령화일 것이다. 인구 고령화에 따른 노령인구 증가는 사회 전반적인 복지 비용 증가를 수반하지만 동시에 증가하는 독거 노인가구를 현장에서 효율적으로 지원하기 위한 사회 복지인력이 충분하지 않다는 고민을 안고 있다.

더구나 도시 환경이 아닌 농어촌에 거주 중인 노인가구에 대한 현장 돌봄 지원은 인력, 예산, 장비 등에 있어 어려움이 가중되고 있는 현실로 인공지능을 활용한 초기 수준의 노인 돌봄 서비스가 모색되는 것도 이와 같은 까닭이다.

국내 주요 통신사30에서는 장기 요양서비스를 받고 있는 재가 노인을 대상으로 인공지능 스피커, 음성인식 기술, 빅 데이터를 이용한 돌봄 서비스가 보급되고 있다. 자연어 입력을 통한 응급 상황 신고, 복약시간 안내, 인

---

30 https://enterprise.kt.com/pd/P_PD_AI_AS_005.do

지장애 예방용 게임, 말벗 수준의 간단화 대화, 복지관과 연계한 정보 안내 등이 초기 서비스되고 있다. 일부 광역 지방자치단체31에서는 음성인식 및 통신기능이 탑재된 봉제인형 형태의 로봇을 보급하고, 돌봄 대상자와 감성 대화, 일반대화, 설문대화 등을 통해 생활습관을 관찰하게 되며 우울증이 나 이상 심리 징후가 판별되면 보호자에게 위험 상황을 전달해준다.

또 다른 광역 지방자체단체32는 복지 담당 공무원이 관내 돌봄 대상 시 민에게 정기적으로 유선통화를 통해 상황을 확인하고 상태를 분류하여 관리하던 일을 인공지능 기반 음성인식, 자연어 이해 기능을 이용하여 전 화행정업무 대체를 시도하고 있다. 해당 인공지능 기반 대화형 서비스 기 술은 팬데믹 기간 중, 코로나 능동감시자 확인, 자가 격리자 확인 등 단기 적으로 공공보건 지원 수요가 급증한 기간에 성공적으로 적용되어 현장 에서 운영된 바 있다. 이외에도 봉제 인형 로봇의 기능을 노인 돌봄에 특 화하여, 노인들이 인형을 쓰다듬고 이야기하고 인형의 손을 잡는 것만으 로 노인의 행동 데이터 및 음성 데이터가 수집되며, 이를 바탕으로 일상 생활, 정서생활, 인지활동 및 건강관리를 돕는다. 나아가 행동 관찰을 통 해 일정 시간 동안 노인의 움직임이 확인되지 않으면 보호자 및 지원기관 에 알려주는 기능도 활용되고 있다.

이와 같은 돌봄서비스는 로봇이나 인공지능 스피커, 혹은 전화 통화 등 다 양한 형태로 구현되지만 내부적으로는 음성인식, 자연어 처리, 데이터 패턴 분 석, 관련 사례 분석과 기초적인 추론 기능 등이 연동되어 운영된다.

---

31 https://tjmbc.co.kr/article/kxuE9m69A3jgFj

32 https://www.incheon.go.kr/IC010205/view?repSeq=DOM_0000000002052512

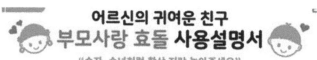

나아가 국내 연구기관33에서는 치매환자 현장 지원에 특화하여 현장에서 근무하는 사회 복지인력들에게 다양한 치매 환자의 증상과 생활환경에 적합한 돌봄 방법을 알려주고, 치매 환자의 증상 및 돌봄 방법을 편리하게 공유할 수 있는 인공지능(AI) 기반 치매 돌봄 지식서비스 플랫폼을 개발했다. 개발된 치매 돌봄 지식서비스 플랫폼은 온톨로지(Ontology)34

---

33 https://www.aitimes.kr/news/articleView.html?idxno=22016

34 온톨로지는 인공 지능, Semantic web, 자연어 처리, 문헌정보학 등 여러 분야에서 지식 처리, 공유, 재사용 등에 활용되는 개념으로 사물의 본질, 존재의 근본 원리를 사유나 직관에 의하여 탐구하는 형이상학의 한 분야인 존재론(Ontology)을 기반으로 실재(reality)에 대한 정확한 이해를 추구하는 철학에서 유래한다. 사물, 객체, 현상을 클래스(Class), 인스턴스(Instance), 속성(Property), 관계(Relation) 등의 구성 요소로 표현된다. 클래스는 사물의 개념 혹은 범주를 나타내며, 인스턴스는 개별 요소인 실체를 뜻한다. 속성은 클래스와 인스턴스의 특성을 의미하며, 관계는 클래스 및 인스턴스 간의 관계성을 표현한

형태의 지식베이스, 추론시스템 및 그래픽 기반의 사용자 인터페이스로 구성되어 있다.35

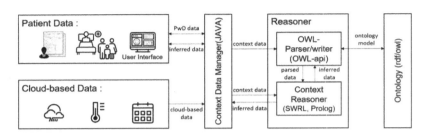

*OWL: Web Ontology Language, 온톨로지를 만들기 위한 지식 표현 언어의 한 계열

**PwD: Persons with dementia, 치매환자

***SWRL: Semantic Web Rule Language. Web상에 있는 모든 데이터 및 관계를 추론할 수 있는 데이터를 기계가 읽게 만들 수 있게 만들기 위해 진행되는 작업에 이용되는 언어

온톨로지 지식베이스에는 치매 환자 돌봄 방법, 생활 환경, 의료지식, 치매 환자의 일상생활 능력 정보, 환자 혹은 주변인 정보 등으로 구성되어 있으며, 추론시스템은 사용자의 질의에 따라 온톨로지에 정의된 추론 규칙을 활용하여 치매 환자에 맞는 돌봄 방법 및 돌봄 지식의 추론을 수행한다.

다. 예를 들어, '서울'이라는 인스턴스는 '대한민국 수도 서울'라는 속성으로 '수도' 클래스와 관계를 맺는다. 따라서 '수도'를 검색하면 '서울'이 연관 검색어로 제시될 수 있다.

35 Gyungha Kim et al., "A Care Knowledge Management System Based on an Ontological Model of Caring for People With Dementia: Knowledge Representation and Development Study", Journalof Medical Internet Research, 2021, 23(6)

나. 유추 및 판단

AI 소믈리에[36] – Magnetic Tunnel Junction

> 미국 국립표준기술원에서 개발한 AI 모델은 와인 시음을 모방하여 훈련되었으며, 95.3%의 정확도로 새로운 와인 평가를 수행한다. 이 모델은 인간의 신경망을 모방한 MTJ (Magnetic Tunnel Junction)를 사용하여 연산과 데이터 저장을 효율적으로 수행하는 방식을 실험하고 있다.

인간이 미각을 느끼고 이를 몇 가지 지표로 평가하는 과정은 인지체계, 신호체계 및 판단체계 간의 복잡한 상호 작용을 통해 이뤄진다. 예를 들어, 소믈리에는 와인잔에 담긴 와인의 색깔, 투명도, 점성, 향기 등을 시각과 후각으로 관찰하고, 시음을 통해 신맛, 쓴맛 등 풍미를 미각으로 판단하여 와인의 등급을 평가한다. 이 가운데 와인의 맛을 만드는 세부 항목은 알코올 함량, 색깔, 플라보노이드, 알칼리 농도 등 13개 정도의 주요 성분으로 나뉘며, 포도의 품종에 따른 각 개별 성분의 특성 값과 개별 성분 간의 조화로운 값에 따라 평가된다. 소믈리에는 인지된 정보를 이와 같이 복잡한 과정을 경험과 지식으로 정량화하여 품평하는 과정을 수행한다.

미국 국립표준기술원(NIST, National Institute of Standards and

---

36 https://www.thedrinksbusiness.com/2022/07/scientists-develop-new-wine-tasting-ai-technology/

Technology)에서는 3가지 품종의 포도 품종으로 만든 148개의 와인을 소믈리에가 시음하고 품평하는 과정을 모방하여 신경망 기반 인공지능 모델을 개발하였다.37 앞서 거론된 13가지의 개별 성분에 대해 1부터 0 사이의 평가 값을 부여하고 이들 개별 특성 값들 사이의 관계를 판단하여 가상 와인 시음을 진행하는 시나리오로 진행되었다. 178개의 데이터 세트를 기준으로 훈련된 인공지능은 새로운 와인 30종에 대해 95.3%의 정확도로 시음 결과를 판정하였다. 미국 국립표준원은 소믈리에라고 이름 붙였지만, 이것이 인공지능에 의한 와인 시음을 목적으로 개발되지 않았다는 점을 명확히 밝히고 있다. 인간의 신경망과 유사한 인지, 추론, 판단 체계 구현을 위한 새로운 구조 개발이 목적이기 때문이었다.

예를 들어, 인간이 인지하는 동일한 정보량과 인간이 수행하는 논리 구조를 인공지능으로 구현하는 데는 훨씬 더 많은 에너지를 사용하고 있는데, 이를 효율적으로 수행하는 신경망 구조를 설계하는 것이 목적이었다. 인간의 두뇌는 인지와 판단, 기억이 한 곳에서 복합적으로 연계되어 수행되지만 이를 구현하는 하드웨어와 소프트웨어로 구성된 인공지능 모형은 인간의 우리의 두뇌보다 느리고 훨씬 비효율적으로 운영되고 있다. 정확한 측정은 어렵지만 ChatGPT의 경우, 학습과정 자체에 소요되는 전력 소모량이 미국의 일반적인 120가구가 1년 동안 사용하는 것과 동일한 규모인 1.28 기가 와트에 달한다는 조사도 있다.38

---

37 https://www.nist.gov/news-events/news/2022/07/nanomagnets-can-choose-wine-and-could-slake-ais-thirst-energy

38 https://techhq.com/2023/03/data-center-energy-usage-chatgpt/

금번 와인 평가모형에 적용한 인공지능 모형은 MTJ (Magnetic Tunnel Junction)으로 불리는 구조를 택하였는데, 신경망 수행에 필요한 연산과 데이터 저장을 동일한 위치에서 수행하는 방식을 실험적으로 채택함으로써 연산과 유추 활동의 전자적 처리와 데이터 조회를 위한 물리적 처리 과정 간 발생하는 지연을 줄일 수 있는지 실험하는데 목적이 있다. 그리고, 이와 같은 MTJ방식으로 구현된 인공지능 신경망이 작동될 수 있다는 사실을 확인하였다는데 의미가 있다.

와인을 시음하는 AI 기술이 와인 업계에 주는 시사점은 크지 않으나, 이 과정에 적용된 기술은 인지, 전달, 검색, 추론 등 센서와 연산, 기억 기능이 함께 수행되며 소규모, 저전력으로 신속히 처리되어야 하는 미래 인공지능 요구사항 충족을 위한 방향을 제시하고 있다고 볼 수 있다.

우울증 정밀 진단[39] - Kintsugi

> Kintsugi와 Sonde Health는 인공지능을 활용하여 음성을 분석하여 우울증 진단을 수행한다. Kintsugi의 App은 20초 내외의 환자 음성을 분석하여 우울증 정도를 평가하며, Sonde Health는 음성 신호를 분해하여 질병 증상과 연관된 패턴을 감지한다. 이러한 기술은 의료 서비스와 연계하여 환자의 건강 상태를 모니터링하는 데 활용되고 있다.

어린 자녀가 몸이 좋지 않을 때, 부모는 아이를 보는 것만으로도 어딘가 이상함을 느끼는 경우가 많다. 엄마는 본인의 경험 및 지식 범위 내에서 문제를 진단하고 추가적인 정보를 찾아보거나, 이에 부합되는 자가 치료 방법을 선택, 진행하게 된다. 이와 같이 다양한 예후를 파악하고 판단할 수 있는 충분하고 객관적인 자료와 임상 정보가 있다면 조기에 진단과 치료가 가능하겠지만 정신건강과 관련된 질환은 이와 같은 조기 진단이 어렵다.

특히 자산 가격 폭락, 총기 사고와 같은 사회적 사건이나 Covid19시기의 사회적 격리는 물론, 배우자의 사망이나 반려동물의 죽음과 같은 개인적 충격에 따라 유발되는 우울증은 조기 진단을 위한 전문가 접근성이나 진단 과정의 의료 서비스 품질에 일관성이 부족하다는 현실적인 장애가 존재한다. 보다 구체적으로는 다소 경증인 환자로 인해 전문가의 시간과 노력이 중증 환자에게 배정되지 못하거나, 전문 의료인력 조차도 환자

---

39 "AI Can Now Detect Depression From Your Voice, And It's Twice As Accurate As Human Practitioners", 05/24/2021, Forbes

의 기억에 의존하는 문답에 따라 진단을 할 수밖에 없다는 한계가 있다. 이와 같은 구조적 걸림돌로 인해, 전문가라 하더라도 일반적으로 정신질환 환자의 절반 정도만 진단이 가능한 것이 현실이다.

그레이스 창(Grace Chang)과 세이로바 올슨(Seiilova-Olson)은 인공지능을 사용한 정신 건강 진단서비스를 제공하는 킨츠기(Kintsugi)[40]를 설립했다. 킨츠키의 App은 20초 내외로 답변한 환자의 목소리를 분석하여 0부터 21단계까지 우울증 정도를 판단한다. 그레이스창은 App 이용자들의 목소리를 정기적으로 확보하여 분석하고 기록을 계속 저장, 추적하기 때문에 환자가 즉흥적으로 꺼낸 이야기를 바탕으로 판단하는 것보다 훨씬 더 정확하게 측정할 수 있다.

산드 건강(Sonde Health)[41]도 인공지능을 기반으로 환자의 목소리 분석을 통해 예후를 진단하는 새로운 방법을 시도하고 있다. 유럽과 미주 등 4개 대륙의 8만 5천 명으로부터 120만개 음성 샘플을 수집하여 학습시킨 인공지능 모형은 환자 음성의 강약, 높낮이, 성대 움직임을 분석하여 환자의 건강 상태를 분석하고 우울증과 호흡기 질환 판정에 적용되고 있다.

이것은 환자의 음성을 수천 가지의 고유 특성을 가진 신호로 분해하여 어떤 음성 신호가 특정 질병 증상이나 건강 변화에 연관되어 있다는 것에 착안한 모델인데, 인공지능은 특정 질환을 갖고 있는 수천 명의 개인 데이터를 알고리즘 분석을 통해 공통적인 음성 패턴을 감지하도록 학습하는 과정을 거친다. Sonde Health는 나아가 치매, 알코올 중독 여부도 파

---

40 https://www.kintsugihealth.com/

41 https://www.sondehealth.com/

악해내는 기술도 개발 중이다

물론, 이와 같은 인공지능 모형을 구축하고 성공적으로 운영하기 위해서는 인공지능 학습에 필요한 적정 품질 이상의 대량 데이터를 확보하는 것이 중요하다. 이를 위해 Sonde Health의 경우, 온라인 기반 음성 설문 조사를 수행하는 NeuroLex Labs를 인수하여 음성 샘플을 지속적으로 수집하고 있다.

Kintsugi와 Sonde는 일반 사용자를 대상으로 App을 제공하고, 꾸준히 환자의 음성을 수집하여 개인 건강을 지속적으로 모니터링할 수 있는 기반을 축적하고자 하는데, 이것은 원격 의료 플랫폼 및 의료 관리시스템과 같은 의료 서비스에 연계되어 의료 현장의 전문의와 임상의의 진료활동을 지원한다. 즉, 임상의가 환자와 실시간 대화를 나눌 때 AI는 임상적 우울증과 불안의 음성 신호를 실시간으로 식별하고, 이를 다음 실무자에게 후속 상담을 계획해야 하는지 여부를 알려준다.

고객 구매후기 분석 및 요약 - 하이퍼클로바, Microsoft, etc.

네이버의 인공지능 모델 "하이퍼클로바"는 상품 리뷰를 분석하여 구매 제품에 대한 요약을 제공하는 기능을 개발하고 있다. 이를 통해 사용자는 수많은 후기를 읽지 않고도 제품의 전반적인 의미를 빠르게 파악할 수 있다. 고객 후기 분석 기능은 빅데이터와 자연어 처리를 기반으로 하여 제품 판매자나 제조업체가 시장 반응을 이해하기 위한 시도에서 출발하였으며, 다양한 접근 방식과 모델이 개발되고 있다.

국내에서 검색 및 포탈서비스 기반으로 e-Commerce등으로 사업을 확대하고 있는 네이버는 초대규모 인공지능 모형인 "하이퍼 클로바"를 이용하여 스마트스토어에 게재된 회원들의 상품 리뷰를 분석하여, 구매 제품에 대한 반응을 짧게 요약하는 기능을 시도하고 있다.

리뷰 요약 과정은 먼저, 고객 후기에 언급된 핵심 단어를 추출하고 이를 주제별로 분류하고 분석이 불가하거나 의미 확인이 불가한 단어를 제외한다. 이후, 비슷한 의미를 갖고 있다고 추정되는 핵심 단어들을 묶어 문장을 생성한다. 최종적으로 생성된 문장이 의미 전달에 무리가 없는지, 문장 교정 등의 과정을 거쳐 요약 내용을 게재하게 된다. 쇼핑몰 사용자 입장에서는 수많은 고객 후기를 모두 읽지 않고, 요약된 내용 이해를 통해 실구매자들이 남긴 후기의 전반적인 의미를 빠르게 파악 가능하게 된다.

마이크로소프트(Microsoft)도 2023년 5월, 개발자 컨퍼런스를 통해 인공지능 기반으로 고객의 App 사용 후기를 요약하는 서비스 제공을 통해 App 구매 의사결정을 돕겠다고 발표했다.[42] 이와 유사하게 YouTube

의 경우, 생성형 인공지능의 대표 모형인 ChatGPT의 API[43]를 이용하여 몇 십분 길이의 동영상을 모두 시청하지 않아도 빠르게 줄거리를 확인하고, 동영상 선택 및 구매에 도움될 수 있는 잇점을 준다.[44]

고객 후기 요약 기능은 제품 구매 의향을 가진 또 다른 잠재 고객의 제품구매 의사결정 과정에 도움을 주는 목적으로 적용이 확대되고 있지만, 본질적으로는 빅데이터 기반의 자연어 처리를 토대로 제품 판매자 또는 제조사가 시장 반응을 빠르게 이해하기 위한 시도로부터 출발되었다.

자연어로 표기된 고객후기를 분석하는 모형은 발전 단계 및 각 특장점에 따라 조금씩 다른 접근방법을 갖고 있는데, 예를 들어, Lexalytics[45]의 경우, 고객 후기에 실린 고객의 감정 및 의도를 분석하고자 텍스트 분석모형을 개발하고 있다. 주요 의미와 비중을 갖는 단어를 미리 정의한 뒤, 이를 검출하고 분류한 뒤, 문맥 전반적인 복잡성을 고려하여 전문가가 다시 분석하는 절차를 밟는 방식을 이용한다. 가령, "도전"과 "두려움"이라는 단어를 사전에 정의해놓고, 해당 단어가 검출되면 "도전을 극복하고"와 "두려움을 극복"하는 단어와 연관되었는지 확인하여, 긍정적인 요약에 반영하는 방식이다. 이와 같은 주목하는 주제어를 검색하고 주제어와 연관어를 식별하는 알고리즘을 사용하여 수천 개의 트윗, 리뷰 및 온

---

42 https://www.geekwire.com/2023/microsoft-store-will-use-ai-to-summarize
-app-reviews-by-customers/

43 Application Process Interface

44 https://www.zdnet.com/article/this-new-ai-tool-will-summarize-youtube-
videos-for-you-in-seconds/

45 https://www.lexalytics.com/

라인 댓글을 빠르게 분석할 수 있다.

반면, SentiGeek[46]는 종속 관계, 산업 영역별 고유 단어, 문법 및 구문 규칙, 인지 규칙 등을 활용하여 고객 후기를 분석하고 표현된 감정과 의견을 식별한다. 이를 통해, 고객 후기에 언급된 주제어, 이벤트 및 장소, 구매 제품 또는 서비스, 제품 사용 조건 등을 식별하는 것을 목표로 하고, 나아가 이를 고객 감정 분석의 단서를 찾고자 한다. 고객 감정 분석은 브랜드, 제품, 제품 또는 서비스의 기능에 대한 고객 감정을 식별하고, 불만 사항을 추출 및 우선 순위 지정하며, 서비스 불만을 파악하여 제품 반품 또는 서비스 거절 이유, App제거 이유를 선제적으로 찾고자 하는데 주안점이 있다.

BirdEye[47]의 고객 후기 분석 모형은 통상 온라인 고객 후기, 소셜 미디어 게시 및 설문 조사를 관리하는 데 사용되는데, 이 곳에 게재된 문장에서 자주 나타나는 텍스트 스니펫[48]을 식별하고 요약에 반영한다.

---

46 https://sentigeek.com/

47 https://birdeye.com/

48 Snippet, 대화나 음악의 한 토막이라는 의미를 갖고 있으며, 검색/자동완성/요약을 위해 사용된다.

부정논문 탐지 - Copy Killer, Grammarly

> Grammarly와 같은 소프트웨어는 영어 문장의 철자 오류부터 문맥상의 오류까지 검출하여 수정하는 기능을 제공하며, Copy Killer은 도서, 출판물, 논문 등에서의 표절을 검증한다. 해당 소프트웨어들은 인용된 부분의 의미와 연구방향을 윤리적으로 검증하며, 자연어 처리 기능을 통해 생성형 인공지능 도구를 이용한 표절 탐지를 하고 있다.

언어를 외국어로 사용하는 이들을 위해 문법적 오류 파악을 도와주는 기능은 이미 여러 문서 제작 소프트웨어에 구현되어 이용되고 있다. 가령, 예를 들어 국내 아래아 한글이나 MS Word 모두, 맞춤법이나 띄어쓰기 수준의 문법 검증은  아주 오래 전부터 일반적으로 이용되고 있다. 국립국어표준원의 표준 맞춤법을 찾아보기 이전에, 사용자는 MS Word가 제시하는 붉은 색 밑줄을 통해 한글 맞춤법과 띄어쓰기의 잘못된 부분을 인지하고 수정하고 있다. 또한, 미국의 Grammarly[49]라는 소프트웨어는 영어로 작성된 문장 가운데, 철자 오류, 단/복수 오류, 수동태와 능동태의 표현 검증 및 문맥상 오류도 검출하여 대안을 제시해주는 서비스를 이미 제공하고 있다.

그러나, 문법 오류나 철자 오류 수준이 아니라, 저작물 자체가 주요 지

---

[49] https://www.grammarly.com/

적자산으로 보호받아야 하는 도서, 출판, 논문 등 연구와 창작이 요구되는 분야에서 표절 검증은 문법 오류 검증 이상의 중요성을 갖는다.

지금까지 학회 심사위원들은 제출된 논문의 전반적인 논거와 논문의 제시 방향을 이끌어가는데, 문헌연구 가운데 인용된 부분이 어떤 의미를 갖는지에 대해 전문가적이고 학술적인 윤리 의식을 갖고 표절 검증작업을 진행해왔다. 선행연구의 주요 부분을 인용하고 이들의 시사점과 한계점을 정리하여 논문의 연구배경으로 삼았다면 충분히 가치있는 선행연구 인용이 되겠으나, 일부 연구자의 경우에는 선행연구의 대부분을 전재하는 경우가 있는 것 또한 현실이다.

표절로 판정될 수 있는 인용 유형은 일부 혹은 전체 인용, 인용 후 표현 변경, 인용 후 편집 등 여러 유형이 있을 수 있으나, 실질적인 판정을 위해서는 관련 분야의 기존 논문과 저작물이 선행적으로 범주화되어, 심사대상 논문의 인용부분이 자연어 검색과 비교를 통해 기본적인 검증이 될수 있다. 그러나, 여전히, 해당 인용부분이 논문의 연구모형과 결론을 이끌어내는데 필요하며 의미있는 부분인지의 여부는 여전히 명쾌하지 않은 부분으로 자연어 처리 기능을 이용한 인공지능의 활용이 모색되고 있는 부분이다.

더구나, ChatGPT와 같은 생성형 인공지능 도구 사용이 확대되고 일반화됨에 따라 표절의 범위, 의도와 정의에 대한 논의 또한 필요한 시점이다. 일례로 실험적 시도이기는 하지만, 미국 프린스턴(Princeton)대학에 재학 중인 Edward Tian이 발표한 GPT Zero App[50]은 학생들이 숙

---

50 https://gptzero.me/

제로 제출하는 Essay의 특정 문장, 단어, 문맥 빈도 등을 ChatGPT가 제공하는 언어 데이터와 비교하여 해당 에세이가 생성형 인공지능 도구를 이용하여 작성되었는지를 판별하도록 설계되었다.

미국 스탠포드(Stanford)대학은 특정 문장을 입력하면 생성형 인공지능 도구를 사용하여 작성되었는지를 판별하는 모형51을 개발하였다. 입력된 특정 문장에 포함된 단어를 계속 변형하며, 이를 토대로 여러 문장으로 바꾸고, 이들과 입력된 문장을 비교하여 유사성을 찾아내는 원리를 이용한다. 생성형 인공지능으로 작성되었는지를 탐지하기 위해 생성형 인공지능 도구를 이용하는 것이다.

혼잡도 판단 및 예측 – Crowd detection

스마트 비전과 빅데이터를 활용하여 대도시의 대중교통시설 및 밀집시설의 혼잡도를 예측하고, 대형 공연장 등 특정 기간에 집중되는 장소도 모니터링한다. 또한, 인공지능을 활용한 군중밀집도 측정은 마라톤 대회나 음악공연장 등 다양한 장소에서 이미 상용화되었으며, Covid19 시기에는 사회적 거리두기를 위해 모니터링되어 왔다.

2022년 말, 한국 대도시의 공공장소에서 발생한 밀집참사는 단시간에 좁은 장소에 많은 유동인구가 집중되며 발생한 안타까운 사고였다. 이후,

---

51 https://hai.stanford.edu/news/human-writer-or-ai-scholars-build-detection-tool

경기도 소재 모 도시철도의 혼잡도, 놀이동산 내 이용객의 밀집도 등이 공공의 안전을 저해하는 위해 요인으로 거론되며, 이를 해결하기 위한 논의가 진행되고 있다. 예를 들어, 현재는 단위 시간 동안 지하철 역사에 유입/유출된 이용객과 도착/발차한 이용객을 포괄적으로 추정하여 객차 1량 표준 탑승인원 대비 혼잡도를 추정하고 있다. 그러나, 역사, 승강장, 계단, 환승구간, 승강기 인근 지역 등 각기 특성이 다른 공간의 혼잡도를 계량적으로 파악하지 못하고 있다.

시각 자료를 통해 확보한 정보를 인공지능의 군집도 분석 기능을 이용하여 혼잡도 추정과 전망을 시도하는 사례가 다수 등장하고 있다 이는 사람과 사물을 시각적으로 인지하고 구분하는 스마트 비전, 이용객의 유동량을 검측하는 기술, 빅 데이터를 이용한 추이 분석과 예측, 온도와 소음, 진동 등을 감안한 이용객 분포 파악 등 다각적인 여러 원천으로부터 데이터가 수집되고 이들을 각 시간대 별로 연관 분석되고 학습되어 혼잡도 판단 및 예측을 하는 방식이다. 이는 대도시의 출퇴근 이용객이 밀집하는

대중교통시설은 물론, 특정 기간에 순례객이 집중되는 사우디아라비아의
메카, 연말연시 대형공연이 이뤄지는 밀집시설을 대상으로 연구가 진행
되는 분야이기도 하다.

지능형 카메라 기반으로 순간적인 밀집도가 집중되는 일반인 대상 마
라톤 대회, 대중가수 공연이 이뤄지는 실내 음악공연장, 정치인 연설과
집회가 이뤄지는 체육관 등 여러 실내외 장소에서 인공지능을 활용한 군
중밀집도 측정이 이미 상용화되어 있으며, 대규모 통신회사에서는 카메
라를 통해 수집된 영상 및 휴대폰 통신량의 집중도를 빅데이터와 결합하
여 군중 밀집도를 추정하는 모형을 시도하고 있다. 또한, Covid19 시기
에는 집합 시설이나 군중 밀집시설에서 유동인구과 사회적 거리를 측정
하여 밀접하게 위치하지 않도록 모니터링하는 과정에도 시범적으로 적용
된 바 있다. 물론, 공공장소에서 공공의 안전을 위해 모니터링하는 것은
이해되지만, 개인 사생활 정보 보호, 개인 신상정보 및 생체 정보 공개와
남용에 대한 우려도 함께 증가하고 있는 것은 과제라 할 수 있다.

감정을 읽는 대화형 서비스 – Uniphore[52]

> "Q for Sales"는 고객 지원센터의 통화를 분석하여 감정지수로 변환하고, 영업 활동에 집중해야 할 부분을 제시한다. 음색과 표정을 결합하여 만족도, 참여 수준, 놀라움, 슬픔, 분노 등을 측정하고 정보는 상담 순서 결정 등에 응용될 수 있다. Uniphore는 17개국에서 다양한 대기업 고객에게 서비스를 제공하고 있다.

　Uniphore사의 인공지능 기반 서비스 "Q for Sales"는 영업 담당자가 고객 또는 잠재 소비자의 반응을 더 잘 이해하기 위해 개발되었으며, 고객 지원센터에서 진행되는 통화를 분석하고 이를 감정지수로 전환하여 영업활동에 집중해야 할 부분을 제시해준다. 현재 17개국에서 통신, 금융 서비스, 의료, 건강보험 및 DHL, Arise와 같이 BPO[53] 분야의 대기업 고객에게 서비스를 제공하고 있다. 예를 들어, 상대방의 음색과 얼굴 표정을 결합하여 만족도, 참여 수준, 놀라움, 슬픔, 분노 등의 감정 지수로 측정하고, '위험', '정상', '초과' 등으로 라벨을 부여한다. 고객이 특정 제품에 대해 이야기를 들었을 때 고객의 반영과 참여가 유의미하게 증가하지만, 가격 정보를 접하면 감정이 변동하는 것과 같은 신호를 관찰한다. 수집된 정보는 가격 정책이나, 상담 순서 결정 등에 응용될 수 있다.

---

52 https://www.forbesindia.com/article/saas-rising/uniphore-building-deeptech
　-conver-sational-ai-for-the-world/76279/1, Uniphore: Building deep-tech
　conversational AI for the world, Forbes India, 05/13/2022

53 Business Process Outsourcing

2022년 4월에는 인공지능을 통해 정형, 비정형 문서 정보를 실시간으로 추출하는 Colabo를 인수하였고, 이 부분은 향후 회사와 고객 간의 대화가 이뤄지는 컨택 센터에서만 적용되는 것이 아니라 기업 내부 프로세스를 보다 효율적으로 만들 수 있도록 '대화형 서비스 자동화'라는 개념을 지향하고 있다.

기사 제작, 로봇 저널리즘 – Automated Journalism

인공지능 기반의 로봇 저널리즘은 사실을 기반으로 신속한 기사 작성을 가능하게 한다. 생성형 인공지능은 과거 데이터 수집으로부터 자연어 처리 기술을 활용하여 기사를 생성한다. 퀘이크봇(Quakebot)은 미국의 지진 정보를 기사화하여 LA타임즈에 사용되고, 국내에서는 사커봇(Soccerbot)과 올림픽봇(Olympicbot)이 프리미어리그와 올림픽 경기 결과에 관한 기사를 자동으로 작성한다.

인공지능 프로세스가 기자 대신 기사를 작성하여 게재하는 로봇 저널리즘은 이미 우리 주변에 일반화되어 있다. 로봇 언론(Robot Journalism), 자동화 언론(Automated Journalism) 또는 알고리즘 기반 언론(Algorithmic Journalism) 등으로 불리며, 본래는 정형적인 틀을 토대로 계량화된 사실을 기반으로 신속한 소식을 전달하는 분야를 중심으로 적용, 발전되어왔다.

퀘이크봇(Quakebot)의 경우, 미국 국내에서 발생하는 지진정보를 신속히 기사화하여 전파하기 위해 LA타임즈에서 개발하여 운영 중[54]이다. 퀘이크봇은 미국 지질조사국(US Geological Survey)에서 발표하는 지진관련 정보를 실시간으로 모니터링하여 진도 3 이상으로 판단되는 검측 자료가 인지되면, 자동으로 기사(안)를 작성하여 담당 기자에게 송부한다. 이는 기사 작성에 필요한 기본적인 자료 조사와 검증, 원고 작성 과정을 획기적으로 단축시켜 신속한 기사화가 가능하다는 장점이 있다.

국내 언론기관에서도 한국 시간으로 새벽에 진행되는 영국 프리미어리그의 축구 경기결과를 신속히 기사화하기 위해 사커봇(Soccerbot)을 자체 개발하여 운영[55]한 바 있고, 이를 토대로 변형한 올림픽봇(Olympicbot)을 개발하여 2018년 평창 동계올림픽의 경기 속보를 기사화하는 과정에 적용[56]하였다. 경기 속보, 신기록 및 메달 순위 등 과거 데이터를 학습한 인공지능 모형은 해당 경기결과를 인지하여, 과거 결과와

---

54 https://www.latimes.com/people/quakebot

55 https://www.firstpost.com/tech/news-analysis/south-koreas-news-agency
   -introduces-soccerbot-an-automated-reporting-system-for-football-matches
   -3930005.html

56 http://olympicbot.yonhapnews.co.kr

비교하여 기사의 줄거리와 핵심 단어를 자동으로 생성, 추천하는 기능을 갖고 있다. 즉, 전문가의 분석과 판단보다는 계량화된 수치를 중심으로 신속히 비교하고 속보를 전달하는 것이 요구되는 주식시장, 상장법인 공시, 스포츠 경기, 날씨, 재난정보 분야는 인공지능 기반의 기사 초고 작성이 용이한 분야로 여겨지고 있다.

블룸버그(Bloomberg)의 사이보그(Cyborg), 포브스(Forbes)의 버티(Bertie), 더 포스트(The Post)의 헬리오그라프(Heliograf) 등 다수의 실험적인 시도가 이어져왔으며 신속한 기사화에 대한 강력한 장점이 있지만, 기사의 품질 면에서는 전문적인 훈련을 받은 전문기자가 작성한 기사와는 비교 불가하다는 평가 또한 지배적이다.

인공지능 기반의 기사 작성은 최근 등장한 생성형 인공지능 모형 이전에도 이미 시도 및 적용된 바 있으며, 현재 생성형 인공지능 모형도 아래와 같은 비슷한 절차를 이용하고 있다.

- 과거 데이터 수집, 분류, 범주화
- 지표 중심으로 데이터 분석을 통해 기사화 가능한 영역 발굴
- 대상 영역에 대한 핵심 단어 도출
- 핵심 단어 중심으로 자연어 처리 기술로 기사 생성

다. 최적화

회의 결과 요약 – Meeting Assistant

회의 결과를 요약하는 인공지능 소프트웨어는 회의 참석자의 발언을 분석하고 핵심 단어를 추출하여 요약한다. 일부 서비스는 화상회의 동영상을 요약하고 회의 참여도를 평가하며, Instaminutes와 같은 서비스는 과거 자료를 학습하여 현재 회의를 요약하고, 주요 단어 중심으로 내용을 정리하며, 회의 주제에 대한 주요 포인트를 제안한다.

기업현장에서는 언제나 회의와 관련된 개선기회가 존재한다. 주요 사안에 대한 논의와 의사결정, 진행사항의 공유 등 여러 목적을 갖고 개최되는 회의는 그 준비 단계부터 회의 진행, 그리고 회의 결과 후속 확인 과정까지 난이도가 높지는 않으나 간단하지 않은 여러 과정을 거쳐 진행된다.

가령, 월간 영업실적 검토회의를 예를 들어 보면, 지역별, 상품별, 고객별 영업담당자가 참석 대상이 될 것이고, 그리고 여기에서 논의하게 될 주제는 월간 실적과 전망 및 실적 변동사유 및 만회 방안 등이다. 현재 다수의 기업 현장에서는 월간 영업실적 검토회의가 개최되기 이전에 각 부서별로 영업관련 주요 실적지표를 집계하고 전월 혹은 전년 동기와 비교하여 개선 및 부진 분야를 분석한다. 이를 토대로 그 원인과 대책을 개발하고, 대책 실행 과정에 타 부서의 요청할 지원 항목을 정리하여, 최종적으로 수정된 차월 영업목표를 설정하는 것이 회의 준비 과정이다. 이후, 회의 과정

에는 각 부서별 실적에 대한 요약 보고와 부진 분야 개선을 위한 토의, 타 부서 지원요청 사항에 대한 협의와 후속 확인사항 및 다음 일정에 대해 논의가 이뤄지고, 논의된 사항은 요약되어 각 참석자에게 배포된다.

최근 10년 동안 시장에 출시된 회의록 작성을 도와주는 인공지능 소프트웨어는 자연어 처리(Natural Language Processing) 기술과 음성인식, 시각적 자료 이해, 참석자 인증, 생성형 인공지능 모형 등이 복합적으로 연동되어 구현된 것으로 기존의 협업도구나 회의 지원도구와 연계되어 활용이 확대되고 있다. 보다 구체적으로는 전화 또는 현장 참석자의 목소리를 구분하여 발언내용을 분류, 집계하며 녹취 형태로 정리된 대본 가운데 자주 등장하는 단어와 단어 간 연관관계를 유추하여 핵심 단어를 추출하고, 이들 핵심단어 간의 논리관계를 분석하여 문장을 구성하여 요약하게 된다. 물론, 회의 주관자가 사전에 지정해놓은 주요 단어가 있다면, 회의 시 참석자의 발언내용과 비교하여 요약 과정에 활용하게 된다.

이와 같은 기능은 다수의 회의 결과 요약서비스가 공통적으로 제공하는 기능으로 Otter[57], Supernormal[58] 등은 이미 일반적으로 이용되고 있는 사례가 될 수 있다. 또, MeetGeek[59], Notes by Dubber[60]의 경우, 화상회의시스템을 통해 녹화된 동영상의 주요 부분을 발췌하여 요약하고 동영상에 자막을 입히는 기능이 제공되고, 회의 중 발언횟수와 발언시간, 발언 빈도 등을 감안한 회의참여도를 지표로 제시하는 기능이 제공되기도 한다.

---

57 https://www.otter.ai

58 https://supernormal.ai

59 https://www.meetgeek.ai

60 https://www.dubber.net

나아가, Instaminutes[61]와 같이 과거 회의자료 학습을 바탕으로 현재의 회의내용을 요약하며, 유관영역 간의 연관성 파악을 통해 주요 단어를 추출하여 내용 요약에 정성적인 품질을 높여 주거나, 회의 주제 별 주안점을 제안해주는 기능도 최근에 많은 시도가 이뤄지는 분야이다.

화장품 구매를 위한 가상 체험 – Megvii

> 멕비(Megvii)의 페이스스타일(FaceStyle)은 안면 인식 기술을 활용하여 가상으로 메이크업을 체험하고 구매를 도와주는 솔루션이다. 이는 사용자의 얼굴 특징을 정확히 파악하여 개인화된 스킨케어 추천을 제공하며, Covid19 기간에는 영업 사원을 지원하는 데 사용되었다. 이는 전통적인 화장품 산업에서 고객의 구매 결정을 돕고 영업사원의 능력을 향상시킨다.

멕비(Megvii)는 감시 카메라로 수집된 영상 가운데 안면 인식 기술에

---

61 https://instaminutes.com

독보적인 기술을 갖고 있다. 이와 같은 안면 인식기술을 바탕으로 2020년, 최종 사용자가 컴퓨터나 모바일 장비를 통해 가상으로 메이크업을 체험하고 이를 구매로 연결하는 인공지능 기반 메이크업 및 뷰티 솔루션인 페이스스타일(FaceStyle)을 출시했다. 페이스스타일은 멕비의 안면 인식 기술을 바탕으로 입, 눈, 코 및 눈썹 주변의 수천 개의 주요 지점을 통해 최종 사용자의 얼굴 특징을 정확하게 캡처하고 복제하여 메이크업 효과를 시연한다. 피부와 입술 색깔, 주름, 반점 등 개인의 얼굴 모습을 분석하여 최종 사용자에게 개인화된 피부 관리 방법과 제품을 추천한다.

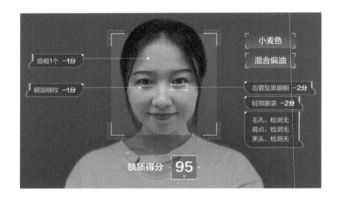

페이스스타일은 온라인 및 오프라인 판매 채널 모두에서 구현되었고, 특히 Covid19 기간 동안 주목을 받았는데, 페이스스타일의 진단을 기반으로 고객에게 맞춤형 추천을 제공할 수 있도록 영업 사원을 지원하였다.

멕비의 클라우드 서비스 사업부 경영진 자오리 웨이(Zhao Liwei)는 "화장품 및 스킨케어 부문을 포함한 전통 산업은 소비자의 구매 의사결정 이전에 신제품을 체험해보고 싶어한다는 고유한 요건을 갖고 있다. 고객의 체험을 돕기 위해 피부의 특징과 색소를 정확하게 반영하는 방식으로 가상으로 메이크업 효과를 제공할 수 있는 솔루션이 필요했다."는 점이 페이스 스타일 개발의 동기가 되었다고 회고한다. 이는 화장품 구매 고객의 구매 의사결정을 관찰하여 인공지능을 고객의 구매과정에 활용하였고, 판매접점에서 위치한 영업사원의 상담 능력을 상향 평준화하는 효과를 가져왔다.

이동정보와 공간정보를 분석하여 부동산의 가치를 판단한다 – Placer.ai

> Placer.ai는 모바일 장비를 통해 수집된 유동인구 정보를 활용하여 상업용 부동산의 가치를 분석하는 서비스를 제공한다. 이를 통해 상권의 성쇠와 부동산 가격에 영향을 미치는 요소들을 계량적으로 이해할 수 있다. 또한, 오프라인 상권 변화에 따른 소비자 행동을 예측하고 이를 토대로 부동산 임대 및 투자 결정을 돕는다. 이를 통해 임차인의 입주 유형 및 부동산 투자에 대한 통찰력을 제공한다.

상업용 부동산은 유형 고정자산 가운데 가장 대표적인 자산으로 유동인구의 증감에 따른 상권의 성쇠가 자산 가격에 영향을 미치는 특성을 보인다. 또한, 금리와 소비 유형의 변화 추이도 자산 가격에 영향을 미치나, 이를 구체적이고 계량적이며 시계열적으로 측정하여 통찰력을 도출하는 것은 매우 어려운 일이기도 하다.

Placer.ai는 모바일 기기를 통해 수집되는 유동인구 정보를 지도에 연계하여 통찰력있는 통계를 제공하는 서비스를 수행하며, 전자 상거래의 보편화에 따른 소비자 행동 분석이 오프라인 상권 변화에 주는 시사점을 제시한다. 유동인구의 동태적 정보는 카메라, 매장 내 센서, 모바일 장치

에서 전송된 데이터 등 다양한 출처에서 수집한 정보를 사용하여 해당 구역 방문자 및 방문 유형에 대한 방대한 양의 정보를 수집할 수 있다. 또, 다양한 모바일 앱 사업자와 제휴를 통해, 모바일 앱의 사용자가 이동을 멈추고, 한 곳에서 7~10분 이상을 머무는 경우, 해당 지역을 방문한 것으로 간주하고 기록한다. 물론, 개인을 식별할 수 있는 정보는 제거되며, 개인 식별 가능한 정보는 수집하지 않는 것을 원칙으로 한다. 1차 수집된 공간 정보 및 인구동태학 정보는 빅 데이터 분석 및 가공을 거쳐, 큐레이팅된 데이터로 전환되며, 다양한 데이터 세트로 구성된 마케팅 패킷을 생성하여 고객에게 제공된다.

예를 들어, 특정 소매업체의 시간대별 방문객, 체류시간, 방문객의 인구동태학적 통계 등이 위치 정보에 투영되며, 통찰력있는 가시성을 제안해준다. 입지조건에 부합되는 통찰력을 파악할 수 있다면, 역설적으로 해당 위치에 부합되는 임차업체 후보를 정의할 수 있다. 특히, 팬더믹 기간을 거치며 다수의 사회활동이 비대면으로 전환되었고, 리오프닝이 진행되는 현재에도 비대면이 우세한 실정에서는 상업용 부동산을 어떤 임차인에게 임대할 것인지는 자산 수익성에 직결된 부분으로 관심이 높아지고 있다.

다른 예로 스타벅스는 매년 11월 17일 미국 전 매장에서 특정 음료를 구매하는 고객에게 재사용 가능한 빨간 색 컵을 제공하는 프로모션을 1997년 이래 매년 진행하고 있다. 2021년 Placer.ai는 미국 전역의 스타벅스 매장 방문자 수가 년평균 대비 87% 증가했다고 집계한 바 있다.

코로나 이후 리오프닝이 진행되면서 여전히 재택근무를 희망하는 직원들과 사무실 복귀를 요구하는 회사 간 갈등이 증가하고 있다. 기업 입장에서는 사무실 근무를 통해 집중도를 높이고 부서 간 협업과 의사소통 강화를 기대하지만, 팬데믹 시기에 재택근무에 익숙해진 직원들은 재택근무 혹은 하이브리드 재택근무를 희망하고, 기업입장에서는 사무공간 축소를 고민하기 마련이다. Placer.ai는 팬더믹 이전 시기인 2019년 대비 2022년에 샌프란시스코, 시카고, 뉴욕의 주요 사무용 빌딩의 유동인구가 대폭 줄어든 것을 파악했다. 그러나, 감소 폭은 도시 별로 차이가 있었는데, 샌프란시스코에 소재한 주요 오피스 빌딩의 유동인구가 시카고나 뉴욕보다 큰 폭의 감소를 보인 것으로 나타났고, 이는 FAANG[62]과 같은 전문 기술인력이 근무하는 샌프란시스코와 전통적인 대기업이 근무하는 뉴욕의 사무용 부동산의 향후 공실률 전망을 위한 주요 지표를 제공한다. 나아가, 어떤 유형의 임차인과 비즈니스가 해당 공간에 입주하는 것이 수익성 측면에서 유익한 것인지에 대한 통찰력을 제시하는 것을 목표로 한다.

기존 점포의 수익성 분석 또는 신규 점포개설을 위해 점포 위치 별로 거주민들의 가계 소득 중위값과 이동 반경을 함께 분석한 사례

(출처) https://www.placer.ai/trade-area-analysis

---

62 Facebook, Apple, Amazon, Netflix, Google

동영상 편집, 요약

소셜 네트워크 플랫폼은 동영상 관리에 집중하고 있으며, 인공지능을 활용한 동영상 요약 및 편집 기술이 발전하고 있다. 이 기술은 사용자의 관심사를 분석하여 맞춤형 동영상 추천을 제공하며, 동영상 콘텐츠 제작과 편집에서도 활용되고 있다. 인공지능 기술의 발전으로 동영상 관리 및 제작의 효율성과 품질이 향상될 것으로 전망된다.

유투브(YouTube), 틱톡(Tiktok), 인스타그램(Instagram) 및 페이스북(Facebook)등은 각기 등장 배경과 성장 기반이 다른 소셜 네트워크 플랫폼이지만, 최근 모두가 집중하는 분야는 동영상 관리 기능이다. 이들 플랫폼 모두가 조회수, 가입자수, 좋아요 수 등 주요 관리지표를 토대로 이용자의 선호도를 분석하여 관련 동영상을 추천해주기도 하고, 동영상 중간의 주요 부분에 중간 광고를 삽입하고, 관심사에 부합되는 광고를 노출시키기도 하는 등 광고기반 사업모델을 갖고 있다.

그러나, 시청자가 집중하여 관심을 갖고 10분, 20분 장시간 동영상을 시청하기에는 쉽지 않기에 관심이 가지 않는 동영상을 끝까지 시청하는 것을 기대하기는 어려울 것이다. 아무리 양질의 동영상이라 하더라도 시청자가 끝까지 시청하여야, 광고 시청 및 추가적인 관련 추천영상으로 트래픽 유입이 가능한 것이 현실이기에, 자연스럽게 동영상 요약, 편집에 대한 관심이 높아지게 되었다.

인공지능 기술이 적용되기 이전의 동영상 요약 과정은 편집자가 전체 동영상을 살펴보고 의미 전달에 중요한 부분을 중심으로 발췌 요약하여 짧은 길이의 다수의 동영상 클립을 생성하였다. 종전의 수동 기반 동영상 요약 과정은 제작 비용과 서비스 품질 측면에서 한계점이 존재하기 마련으로, 편집과 요약해야 할 동영상 대상이 증가할수록 시간, 비용과 노력은 비례하여 소요될 수밖에 없다.

인공지능의 심층학습 기술이 적용되기 이전에도 이미지 분석 기술을 이용한 자동 편집 기술에 대한 연구는 일부 존재하였다. 예를 들어 동영상을 프레임 단위로 JPEC 파일 형태로 만들고 순서대로 탐색하여 배경 혹은 장면이 전환되거나, 등장인물이나 사물의 크기가 급격히 바뀌는 지점에서 동영상 컨텐츠를 발췌하고, 해당 동영상을 분석하고 예상 관심도에 따라 요약 동영상을 결합하여 만들어내는 과정이 한 예이다. 그러나, 동영상 발췌는 가능하겠지만, 유의한 부분을 찾아내어 요약하는 과정의 정확성은 전문가의 이해도와 감성에 의존할 수밖에 없는 여건이다.

예를 들어 "생활 주변의 로봇"이라는 60분 다큐멘터리를 3분 정도의 동영상으로 요약한다고 생각해보자. 주요 부분을 발췌하고 주요 시사점과 예상 관심도를 고려하여 요약하기 위해서는 "로봇산업에 대한 지식과 이해도는 물론 다양한 등장인물의 입장, 전문용어, 어조 등에 대한 고려, 등장인물 간 음성 구분, 그리고 발언 내용과 결론과의 직간접 유관성을 판별"해야 가능할 것이다. 그렇다면, 동영상 발췌를 위해서는 인공지능은 로봇산업, 로봇기술, 로봇응용 등에 대한 학습이 이뤄져야 하고, 등장인물의 발언 간 연관성을 분석하여 핵심 용어 중심으로 발췌된 동영상을 결합하여 편집하는 것이 필요하다는 점을 알 수 있을 것이다. 다음은 동영상 편집, 생성 과정 이외에도 동영상 분야에 인공지능 적용이 시도되는 몇 가지 영역이다.

(내용 분석)

논문이나 자료에 키워드를 Tagging하고, 이를 추후 검색할 때 색인으로 사용하듯이, 인공지능을 활용하여 동영상의 핵심단어, 주제, 등장인물 등을 Tagging하는데 활용할 수 있다. 예를 들어 미국 연방 행정총무처(US General Services Administrations)에서 운영하는 정부 공포 자료의 통합 관리 웹사이트는 인공지능을 이용하여 대통령 연두연설의 특정 단어를 정리, 색인하여 추후 검색 및 관련 동영상을 찾을 수 있도록 하고 있다. 나아가, 동영상 촬영 위치, 시간, 등장인물, 등장인물별 주요 발언 등도 자동 인지하여 색인으로 활용할 수 있다.

Facebook이나 YouTube 등에서는 사전에 범주에 등록되어 있는 특정 단어, 폭력적 장면 등을 검출하여 해당 동영상을 게재 불가 혹은 차단하는데 이용하고 있다.

(동영상 맞춤 추천)

이미 YouTube 및 Netflix에서는 시청자의 검색 성향 및 시청 이력 분석을 통해 시청자가 관심을 가질 만한 동영상을 추천하고 있다. Netflix의 경우, 동영상의 목표 연령대, 실제 시청자의 성별 및 연령, 사용자 간의 평가 및 인기도를 모두 고려하는 알고리즘을 기반으로 개인화 추천 시스템을 사용한다.

YouTube의 경우, 우선 수백만 개의 동영상을 분석하고, 시청자의 시청 기록과 검색 성향, 그리고 인구 동태학적인 특성에 따라 추천 가능한 수백 개의 동영상을 후보로 선정한다. 이후, 후보군에 포함된 동영상과 시청자의 언어, 선호하는 상영 분량, 최근 시청 이력 등을 감안하여 순위를 선정한 뒤 개인 추천하게 된다.

비디오 큐레이션

Disney 플러스와 같은 스트리밍 서비스는 시청자의 시청 습관을 심층적으로 분석하여 추천 컨텐츠를 큐레이팅하는 과정에 인공지능을 활용하고 있다. 예를 들어, 시청한 것과 시청하지 않은 것, 일부 시청한 것과 전체 시청한 것, 이어보기로 추천된 동영상을 실제로 시청하는지 여부, 시청자 가정의 가족 구성 정보, 반응 정보 등을 이용하여 "Top Picks For You" 와 같이 일련의 동영상을 추천한다.

영상 콘텐츠 제작

시각정보 인지 및 자연어 처리 모형과 같은 인공지능은 심층학습을 통해 동영상에서 등장인물, 풍경 등을 구분할 수 있다. 이와 같이 구분된 개체와 장면은 줄거리 요약과 핵심 부분 발췌 등을 위한 기반이 되며, 대사에 맞는 자막을 자동 생성하여 동영상 시청 이전에 주요 메시지를 전달해준다.

인공지능의 세부 기술들이 심화 발전됨에 따라 동영상 제작 및 편집 분야에서 적용 가능한 부분은 점차 증가하고 있다. 현재는 시장 개발 및 기존 회원 유지를 위한 목적으로 동영상 편집과 추천 기능이 이용되고 있으나, 본질적으로는 시청자의 성향과 인구 동태학적인 측면을 결합하여 시장을 이해하고 시장을 개발하며 기존 고객기반의 충성도 향상에 필요한 주요 통찰력을 얻는 쪽으로 집중될 것이라고 예측되고 있다.

빨리 알수록 일이 쉬워지는,

AI POWER

인공지능 성공 사례, 실패 사례

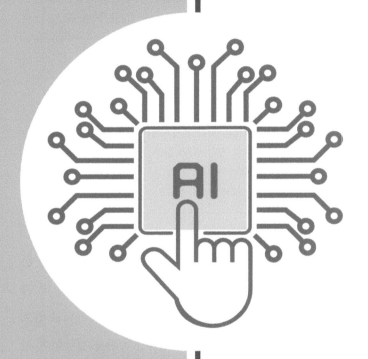

04

산업 현장의
인공지능 적용 사례

<blockquote>
04 | **산업 현장의 인공지능 적용 사례**

빨리 알수록 일이 쉬워지는, **AI POWER** 인공지능 성공 사례, 실패 사례
</blockquote>

가. 시각 및 언어 정보 이해

자연어 대화에서 시사점을 찾는다 – Gong[63] [64]

> Gong.io는 음성 통화를 분석하여 영업에 필요한 정보를 추출하고, Hear.com은 이를 활용하여 상담원의 대화를 개선하며 판매 결과를 향상시키고 있다. 이러한 분석은 상담 대본 개선과 통화 품질 교육을 통해 진행되고 있으며, 인공지능 기술의 활용을 통해 효율적인 업무 개선이 이루어지고 있다.

Gong.io는 영업현장에서 일상적인 언어로 이뤄지는 대량의 음성통화, 화상회의 및 이메일을 축적 및 분석하여, 취약점 발굴은 물론 영업에 필요한 통찰력을 추천해준다. 예를 들어, 콜센터 상담원이 잠재 고객에게 수행하는 아웃바운드 콜의 대화 내용을 분석하여, 전화 연결 이후 어떤

---

63 Forbes,
  https://www.forbes.com/sites/kenrickcai/2020/08/12/gong-sales-startup-series-d-funding-round-billion-valuation/?sh=7522740d73c0

64 Gong.io,
  https://www.gong.io/case-studies/hear-com-improves-high-volume-sales-call-effectiveness-with-gong/

말로 대화를 시작하는 것이 다음 상담 예약까지 연결 가능성이 높을지를 추천해준다.

Hear.com은 독일 기반의 보청기 제조 및 판매업체로 잠재 고객들과 전화 상담 이후, 제휴 업체를 통해 30일간 제품 체험 기회를 제공하는 절차를 거쳐 보청기 판매로 연결하는 영업절차를 갖고 있다. 미국 내 판매 실적이 이전보다 낮게 떨어지고 있음을 파악한 경영진은 콜센터 상담원의 영업상담 과정에서 부족했던 부분을 파악하고자 했다.

Gong.io를 이용하여 다수의 상담원이 수행한 상담내역과 결과를 분석한 결과, 몇 가지 시사점이 발견되었다. 1) 종전과 비교 시, 다수의 상담원이 상황과 절차에 따라 정리된 대본을 이용하여 고객과 상담하기보다는 본인의 경험과 취향에 따라 상담을 하였고, 2) 경쟁사 제품과 비교하여 자사 제품의 우수성을 설명하는 절차가 생략되거나 부족하였다는 점을 원인으로 정의하게 되었다.

이와 같은 Gong.io의 분석에 따라 Hear.com의 경영진은 상담원 대상으로 통화 품질 교육을 재강화하는 것과 상담 대본의 개선을 수행 과제로 정의하였다. Hear.com의 자체 분석에 따르면, 상담대본 기반으로 영업활동을 전개한 상담원의 경우, 그렇지 않은 상담원에 비해 좋은 영업활동 결과를 가져온 것으로 판별되었다. 이와 같은 분석에 힘입어 Hear.com은 상담절차 준수를 검증하는 규정준수팀 운영과 지속적인 상담 대본 개발, 개선 활동을 추진 중이다. 인공지능은 음성인식, 대화 내용 분석 및 유형 간 상관관계 추론을 통해 취약점 및 개선방향 추천을 가능하게 해준다는 점에서, 과거 전문가의 경험과 직관에 의존하여 집단의 지식과 역량을 개선하던 방식보다 구조적이며 반복적으로 가능하다는 장점이 있다고 볼 수 있다.

물건파는 방법을 알려주는 온라인 마켓 플레이스 - Faire

> Faire는 수공예 제품 생산자와 도매상 간의 거래를 지원하는 온라인 마켓 플레이스로, 데이터 분석을 통해 실질적인 판매 도움을 제공한다. 제품 사진 품질과 웹사이트의 인지도 등을 고려하여 성공 가능성이 높은 브랜드를 우선적으로 보여준다. 인공지능을 활용하여 검색 및 제품 추천을 개선하고, 고객의 선호도와 거리 등을 고려한 배송 비용 최적화를 추구한다.

Faire는 수공예 제품을 제작하는 생산자와 지역별 거점 도매상 간 판매채널을 추천해주는 온라인 마켓플레이스로 대량 데이터의 계량화 분석을 통해 수공예 제품 생산자, 소규모 판매 업체에게 실질적으로 판매에 도움되는 부가가치를 제공해준다.

가령, 온라인 쇼핑몰에 단기간에 유사하거나 너무 많은 브랜드가 출시되는 경우, 오히려 주목받지 못하거나 판매와 연결되지 못할 위험이 있다. Faire는 해당 수공예 제작업체가 제출한 사진의 품질, 해당 업체의 웹사이트의 지명도 및 기능 등 수백가지 요소를 토대로 온라인 쇼핑몰에서 성공할 가능성이 가장 높은 브랜드를 우선순위로 지정해준다. 아래는 Faire사에서 설명하는 사진 검증에 관한 사례를 보여준다.

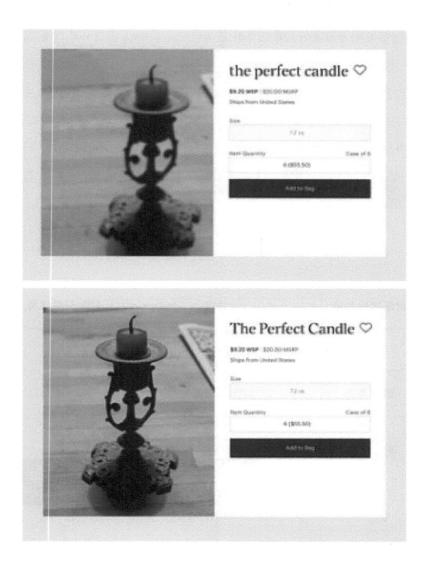

Faire의 인공지능 모형은 그림의 배치구도를 인식하여 위의 두 개의 사진 중에서 아래의 사진이 더 높은 브랜드 노출과 판매 연결 가능성이 있다고 판단해준다.

덧붙여 마켓플레이스에 입주한 소매업체와 관련된 검색어에 대해 최상의 제품을 실시간으로 찾아주는 것은 물론, 반복된 질문의 범주와 유형 학습을 통해 점수를 부여하고 카테고리 기반 탐색, 제품 페이지 및 브랜드 프로필 페이지 등에 재사용된다. 또한, 소비자들의 과거 구매 이력 및 선호도에 기반하여 판매자들에게 판매 적합한 제품을 추천해주며, 제품의 무게, 치수 등을 감안하여 제작업체와 판매 소매점 간의 거리와 결합한 배송비 추정 및 최적화를 추구한다.

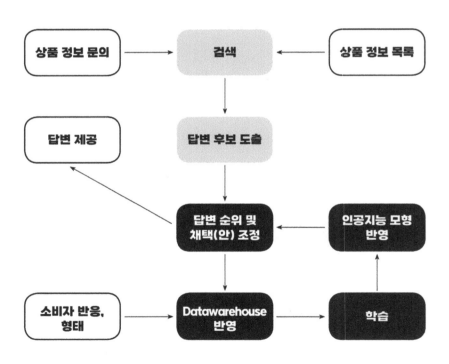

감시 카메라에 지능을 부여한다 – Andruil

> Andruil사의 인공지능 소프트웨어 Lattice는 국방 및 안보 분야에서 지능형 감시시스템에 적용되고 있다. 이 시스템은 국경이나 인허가 구역으로의 접근을 감지하고, 센서를 통해 초기 징후를 식별하며 드론을 통해 실시간으로 분석하여 위험을 평가한다. 미국 국경경비대, 해병대 등에서 사용되며, 방대한 지역에 대규모 감시와 신속한 위험 평가를 필요로 하는 환경에 적합하다.

2017년 창립한 Andruil사의 인공지능 소프트웨어 Lattice는 국방, 안보분야에 특화된 지능형 감시시스템에 적용되고 있다. 예를 들어, 국경지역이나 인허가 구역에 접근하는 물체를 인지하고, 감시탑의 센서가 패턴인식 알고리즘을 사용하여 초기 징후를 식별하여 원격 카메라로 위치를 확인한다. 이후, 대형 드론이 현장으로 이동하여 근접 촬영한 이미지를 송신하여 이를 분석, 판별하고 기존 등록된 이미지와 비교하여 위험 여부를 최종 판단한다.

감시카메라가 인지한 영상이 사람인지, 들소인지, 자동차인지를 파악하고, 사람이라면 안면인식 기능을 활용하여 기존에 등록된 정보와 비교하여 인가자 여부를 판단한다. 비인가 접근자의 경우, 무장 여부를 파악하는 다음 단계를 진행하며, 나아가 인근 지역에 다른 이동 물체의 영상정보가 수집되었는지 그리고 수집되었다면 연관성이 있는 정보인지를 결합하여 위험도를 판단한다.

이미 미국 국경경비대, 세관, 해병대, 영국 왕립해병대에서 Andruil의 인공지능 Lattice를 활용한 감시시스템을 도입 계약을 맺은 바 있다. 이를 국경지역 및 군사시설과 같이 방대한 지역에 걸쳐 대규모의 경비인력이 필요하며, 신속한 상황 전파와 파악이 요구되는 환경에 적합하다는 평가를 받고 있다. 또한, 도심 환경에서의 시가전에서도 위협 평가 및 저고도 가시 거리에서의 소형 드론 감시 기능에도 적용이 모색되고 있다.

시각 자료 및 위치 정보 학습을 통한 건물 외벽 균열 발견
- ViewMagine

ViewMagine은 드론으로 촬영된 건물 외벽을 인공지능으로 학습하여 균열을 발견하고 진단하는 서비스를 제공한다. 최대 0.3mm 크기의 균열을 감지하며, 균열의 성격과 심각도를 분류하여 건물 등급 판정에 활용된다. 또한, GPS와 인공지능을 결합하여 다양한 높이와 위치에서 촬영된 사진을 효과적으로 분석하여 건물 외벽의 상태를 신속하게 파악한다.

국내 인공지능 기반 벤처기업인 ViewMagine은 드론을 플랫폼으로 하여 촬영된 시각정보를 인공지능을 통해 학습시켜 사진에 촬영된 건물 외벽의 균열을 파악, 진단하는 특화 서비스를 제공하고 있다. 도시에 산재한 아파트 등 집합건물의 준공 및 정기 검사, 재건축 안전진단 등의 경우에 진행되는 건물 외벽 균열 진단은 건물 등급 판정에 중요한 부분을 차지하지만, 균열을 찾는 과정은 경험인력의 수작업에 의존하고 있다.

ViewMagine은 드론에 탑재된 카메라로 촬영된 사진을 학습시켜 최대 0.3mm 크기의 균열을 찾아내고, 균열의 깊이와 방향 등 성격과 유형을 분류하여 심각도를 판단하여 등급 판정에 반영한다. 또한, 위치 정보 파악을 위해 GPS를 이용하여 드론을 운영하지만, GPS는 수직 고도의 차이에 따른 위치를 구분하지 못하는 구조적인 한계가 있다. 예를 들어 GPS가 기록한 위치 정보만으로는 20층 건물의 5층의 외벽사진과 10층의 외벽사진을 구분하기 어렵다. 인공지능은 각기 다른 위치와 높이에서 촬영된 사진의 시각적 연속성과 유사성을 학습하여 조각으로 촬영된 사진을 연결, 조합하여 전체 건물 외벽의 사진을 구성하고 위치를 추정해낸다.

이미지 인식 전문 인공지능 - 옴니어스

> 옴니어스는 이미지 인식에 특화된 인공지능 서비스를 제공한다. 사진과 동영상을 분석하여 상품 속성 데이터를 자동으로 추출하고, 유사한 상품을 추천하며, 온라인에서 실물 상품을 검색하고 품질이 떨어지는 이미지를 걸러내는 기능을 제공한다. 온라인 쇼핑몰의 구성과 브랜드 노출에 큰 역할을 담당한다.

옴니어스는 사진과 동영상에 포함된 상품 속성 정보를 추출하여 키워드로 지정하여 관리하는 태깅(Tagging), 사진을 해석하여 비슷한 형태의 상품을 찾아서 추천해주는 유사 상품 추천, 촬영된 사진을 토대로 실물 상품을 온라인 상에서 검색해주며, 품질이 떨어지거나 기준에 부합하지 않은 상품 이미지를 걸러주는 기능 전반에 인공지능을 활용하고 있다. 이는 온라인 쇼핑몰 구성과 브랜드 노출에 큰 역할을 하며, AWS Summit 에서 시연된 바 있다.

다음의 사례는 옴니어스의 전시 부스를 2시간 동안 방문한 600명의 옷차림을 이미지로 인식하고 Tagging을 통해 의미있는 시사점을 생성해 낸 요약 자료이다. 전체 방문객이 착용한 상의를 유형별로 분류하여 빈도별로 집계하고, 상의의 소재와 무늬를 판별하고 소매의 길이를 파악하여 부스를 방문한 전체 내방객의 복장을 요약 정리하였다. 해당 기술은 드라마, 영화, 잡지, 신문, 웹사이트에 등장하는 상품과 브랜드를 인지하고 유형과 특징을 분류, 요약하는 등 시장 분석에 관한 실질적인 도구로 활용될 수 있는 가능성을 제시하고 있다.

OMNIOUS

AWS Summit 패션 완전 분석

www.omnious.com

옴니어스의 패션 AI가 600명 이상의
AWS Summit 참가자들의 패션 스타일을 분석하였습니다

인공 지능 기술로 살펴본 스타일은?

AWS Summit 참가자들의 패션 아이템을 분석한 결과 착용이
용이한 지퍼 또는 단추를 활용한 아이템들이 상위권을 차지하였습니다

| CASUAL JACKET | SHIRT | BLAZER | CARDIGAN | COAT |

'캐주얼'이 대세

AWS Summit의 참가자들은 포멀한 오피스룩 보다
캐주얼한 스타일을 선호하는 경향을 보였습니다

72% **28%**

CASUAL LOOK　　　OFFICE LOOK

74% **26%**

개발자도 이제 '체크'는 싫다

레터링, 스트라이프, 체크 등의 패턴이 들어가 아이템보다
베이직한 무지 아이템을 많이 착용하는 것으로 나타났습니다

'소매'-아직은 추워요

AWS Summit 기간 동안 쌀쌀한 날씨의 영향으로 긴
소매의 비중이 컸으나 내부 행사인 만큼 짧은 소매도
가끔 보였습니다

SHORT / SLEEVELESS
77% **23%**
LONG

COTTON　POLYESTER　KNIT　LEATHER

편안한 '면' 소재 아이템

캐주얼한 스타일의 선호도가 높았던 만큼 편하게 연출할 수
있는 면 소재의 아이템을 많이 착용하는 것으로 나타났습니다

시각자료 기반 소매 유통채널의 유통재고 확인 – Trax

> Trax사는 시각 인지 기술을 활용하여 소매 유통채널의 재고 현황을 확인하는 서비스를 제공한다. 고정형 카메라를 통해 매대에 진열된 상품을 인식하고, 이미지를 분석하여 재고를 관리한다. 또한, 가격표를 인식하여 판촉 조건을 검증하고 소비자 반응을 확인하는 기능도 제공한다.

소비재 제품 제조기업이 전속 판매채널이 아닌 유통업체를 통해 판매하는 경우, 시장 반응과 재고 현황을 파악하는 과정에는 언제나 시차와 편차가 존재하는 과정이다. 아마존과 같은 온라인 유통업체의 경우, 주문과 재고, 유통재고에 대한 가시성과 추적성이 높은 편이나, 월마트와 같은 오프라인 유통업체의 경우, 계산 시점에 바코드 인식을 통해 판매와 재고 수준에 대한 파악은 가능하지만 매대 선반에 진열된 상품의 재고 현황과 반응에 대해서는 파악이 쉽지 않은 현실이다.

매대에 진열되어 있는 제품 잔여 수량을 관찰하며 잘 팔리는 제품은 매대 내 선반 위치를 변경, 확대하거나, 판촉 프로그램의 반응에 따라 진열 수량을 조정하는 과정에는 언제나 재고 불일치 현상이 존재하기 마련이다. 다수의 유통기업은 직원들에 의한 매대에 진열된 재고의 정기적인 실사와 시스템 내 수기 입력을 통해 재고 현황을 관리하고 있으나, 특정 기업만을 위한 재고 현황 파악은 현실적이지 않다.

Trax사에서는 시각 인지시스템을 이용하여 재고 현황 파악을 시도하는 서비스를 개발하고 있다. 선반에 설치되어 있는 고정형 카메라를 이용하여 건너편 선반에 진열된 상품의 이미지를 인식하여 상품 겉면에 표시되어 있는 브랜드와 형상을 인지하여 시각자료로 학습되어 SKU65기준으로 관리 중인 상품 이미지와 비교하여 재고 현황관리에 이용한다. 또는, 매장 관리자가 휴대폰의 카메라와 연동되어 있는 증강현실 기능을 이용하여 매대 선반에 진열된 상품을 촬영하여 전송하면, 이미지를 인지, 판별하여 재고관리에 이용하는 프로세스도 함께 개발되어 운영 중이다.

나아가, 매대 선반에 부착된 가격표 인식을 통해, 판촉 대상 상품의 가격과 판매조건이 실제로 적용되었는지를 확인하는 판매조건 검증 기능을 제공하고 있어, 판촉 활동에 대한 소비자 반응 확인에 중요한 환경 변수를 확인해준다.

---

65 Stock Keeping Unit

자연어 인식을 통한 고객 불만 이해 – SparkRecognition

SparkRecognition은 자연어 처리 및 자동화 모델 구축을 통해 고객의 불만을 이해하는 서비스를 제공한다. 이를 통해 고객의 요구사항을 사전에 예측하고 대응할 수 있으며, 고객이 전화하기 이전에 불만을 해소하고, 고객 유지률이 향상되는 등의 효과를 얻을 수 있다. 이러한 서비스는 고객 관리에 있어 중요한 도구로 활용되고 있다.

통신산업 내 경쟁 격화로 인해, 통신서비스의 품질 향상이나 가격 조건

만큼이나 기존 고객 유지와 신규 고객 유치에 더 많은 중요성이 강조되고 있다. 제조업이나 서비스업 모두 업종을 불문하고 고객 불만징후를 정확히 인지하는 것은 이탈 가능성이 있는 고객을 조기에 식별하고 이탈 예방을 위한 핵심 요소로 거론되어 왔지만 실행하는 것은 쉬운 일이 아니다. 다수의 기업 현장에서는 문제가 발생하기 이전에 선제적으로 문제를 해결하기보다는, 이미 고객이 불만을 느낀 이후에 문제를 해결하고자 하는 경우가 대다수이다.

고객은 통상 요구사항에 대해 기대수준에 미치지 못한다고 하여 항상 그 자리에서 바로 불만을 제기하지는 않는다. 다수의 경우는 본인이 느끼는 불만을 설명하는 것보다는 그냥 다른 경쟁업체로 이전한다. 따라서, 고객이 직면할 수 있는 모든 문제 중 가장 높은 불만률을 유발하는 문제는 예상과 달리 통신사에 보고되지 않는 경우가 많다. 즉, 통신서비스 업체는 고객이 불만을 접수하기를 기다리는 것보다는 고객의 요구사항을 예상하고 이를 해결하기 위한 사전 조치를 취할 방법을 찾는 것이 훨씬 값진 일이다.

예를 들어, 잠재적인 불만을 가진 고객을 사전 예측할 수 있다면, 콜센터 직원이 전화 응대 시, 보다 준비된 대응이 가능하다. 나아가, 고객이 전화를 걸어오기 전에, 미리 특별 보상 방안을 제시함으로서 고객 불만을 완화 또는 제거하고 나아가 충성도 제고로 연결할 수 있다. 오히려, 고객 불만의 원인을 사전에 제거하거나 고객에게 특별 보상 또는 패키지를 제공함으로써 고객이 고객센터로 전화걸기 이전에, 불만을 해결할 수 있다.

SparkRecognition사가 개발한 자연어 처리(NLP, Natural Language Processing) 및 자동화 모델 구축(AMB, Automatic Model Building)

기능은 자연어 언어로 수집된 콘텐츠를 구조화된 데이터로 변환한 이후, 이를 바탕으로 불만을 예측할 수 있는 모델 구축을 가능하게 해준다.

OOO 통신서비스 사업자의 경우 AMB 솔루션을 사용하여 가까운 시일 내에 불만을 제기할 것으로 예상되는 고객을 추출하였고, 각 유형에 해당 예상 위험에 따라 대응 가능한 진단과 솔루션을 개발하는 것으로 연계하였다. 아직 진행 중이지만 예비 진단 결과에 따르면 OOO 통신서비스업체의 통화량은 일평균 30% 이상 감소되고 있는 것으로 조사되었다. 어떤 고객이 불만을 느끼거나 제기해야 할지 예측함으로써 기업은 사전대응, 해결방안의 선제적인 제안이 가능할 것으로 보이며, 고객 유지율을 크게 향상시키고 만족한 고객을 홍보자로 만드는 고객관리 플랫폼으로 운영될 수 있다.

동영상과 사진에서 목표 브랜드가 부착된 상품을 추적한다 – Hive

Hive는 동영상과 사진에서 목표 브랜드가 부착된 상품을 추적하는 서비스를 제공한다. 이를 통해 TV 및 인쇄 매체 광고의 브랜드 노출도를 실시간으로 분석하고, 경쟁사의 광고 분석 및 광고전략 수립에 활용된다. 또한, 실시간 브랜드 인식 기술은 스포츠 경기 중 브랜드 노출을 추적하고, 자동차 경주에서의 브랜드 성과를 분석하는 데에도 적용된다.

TV와 인쇄 매체 광고시장에 있어 브랜드 노출도와 고객 반응은 광고 효과 검증을 위한 주요 관리지표이지만, 자사의 광고는 물론 경쟁사의 광고를 분석하는 과정은 다수의 수작업과 판단이 필요한 부분이다. 예를 들어, 스포츠 용품을 협찬하여 광고를 진행하는 경우, 경기 내내 해당 브랜드가 부착된 상품이 경기 중계시간 동안 노출되는 부분을 추적하고, 해당 제품의 매출반응과 연계하여 검토하는 과정을 거치는데, 이는 자사의 후원 기업과 중계방송채널, 그리고 방송시간 등과 연계되어 분석되고 추후 광고전략 수립에 이용된다. 또한, 경쟁사 제품의 구체적인 어느 위치에 브랜드가 부착되었는지를 파악하여 추후 자사 광고 분석 과정에도 활용된다.

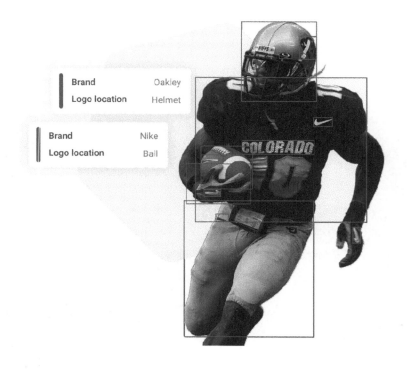

앞의 사진은 스포츠 용품을 후원한 기업이 인공지능 기반 브랜드 인식 시스템은 경기 중계 동영상을 실시간으로 분석하되, 브랜드를 추적하는 기능을 활용하는 사례를 보여주고 있다. 즉, 미식축구 중계방송 중에 나이키(Nike)사의 브랜드가 노출된 미식축구공을 들고 달리는 선수의 경기복에 나이키 상표가 추적, 취합되고 있으며, 동시에 다른 후원사인 오클리(Oakley)사의 브랜드 Logo가 부착된 헬멧을 추적하고 있다.

이와 같은 실시간 브랜드 인식, 취합기술은 고속으로 중계되는 자동차 경주에도 적용이 모색되고 있다. 시속 250Km로 주행하는 경주용 차량의 정면, 측면, 경사면에 부착된 브랜드를 영상으로 인식하고, 왜곡되거나 일부분만 확보된 이미지를 기존에 등록되어 있는 브랜드와 비교하여 판별하는 과정을 거쳐 어느 위치에 부착된 브랜드가 가장 광고 성과가 높았는지 파악하는 기초 자료로 이용하게 된다.

나아가, 브랜드가 일부만 노출되거나 노출되기 어렵고 제품의 특징을 관찰해야 파악 가능한 간접 광고 시장에도 적용이 추진되고 있는데, TV 드라마, 영화, 강의 등에서 이용되는 도구, 소품 등이 그와 같은 예로, 요리 강좌에서 강사가 사용하는 요리용 조리기구가 바로 그와 같은 예가 될 수 있다.

나. 유추 및 판단

법 조항 변경이나 여타 계약과의 연관사항을 검증해준다 - iCertis[66] [67]

> iCerti는 기술된 계약서를 자연어로 분석하여 범주화하고 법규 변경사항과의 연관성을 평가하여 추가 검토 사항을 추천한다. 이를 통해 기업은 법규 변경에 따른 영향을 빠르게 식별하고, 필요한 조치를 취하기 위해 법무 전문가에게 빠르게 의뢰할 수 있다.

기업의 사업활동 과정에 수많은 이해관계자와 계약을 체결 및 이행하며 계약에 따른 권리와 의무를 가진다. 계약 체결을 위해서는 계약 범위

---

66 Forbes,
https://www.forbes.com/sites/kenrickcai/2020/08/12/gong-sales-startup-series-d-funding-round-billion-valuation/?sh=7522740d73c0

67 https://www.al.com/news/mobile/2014/07/infirmary_health_agrees_to_pay.html

및 조건에 대한 검토와 기존 다른 계약과의 연관성을 판단하여 기업 경영 활동에 유리한 방향으로 거래 업체 혹은 상대방과 협상하여 상호 협의 하에 계약을 체결한다. 이후, 법규 변경과 후속 계약과의 상충, 보완 관계 등을 지속 검토하며 기존 계약의 변경 혹은 부속 계약을 체결, 유지하게 된다. 이 과정에서 내부 법률 전문가 채용이 가능한 기업의 경우, 변호사 및 법률 검토 담당자들이 이와 같은 일을 수행하며, 분야별 전문성이 요구되는 영역에 대해서는 외부 법무법인에 위탁자문을 구하고 이에 따른 후속 절차를 밟게 된다. 기업에 따라서는 다수의 상위법과 특별법, 조례 등을 복합적으로 검토하며, 법률과 규제의 변경 사항과 상충되는 기존 계약서가 있는지 신속히 검토하고 이를 반영하기 어려운 것도 사실이다.

예를 들어, 2014년 미국 앨라배마(Alabama)주의 의료법인인 Alabama Health System는 Stark 법[68]의 발효에도 불구하고, 해당 법률 발효에 따라 영향받는 과거 계약에 대한 검토와 변경을 소홀히 하였고, 결론적으로 2,450만 달러의 벌금을 내는 것으로 정리되었다. 즉, Stark법 발효 이전에는 의사는 의학적 판단에 따라 투약과 복약 과정에 특정 처방을 추천할 수 있고, 제약사에 따라서는 의사에게 연구장려금의 형태로 판매 장려금을 지급해왔으나, Stark법은 연방정보의 보조를 받는 환자에 대해서는 의사의 특정 처방을 지정하여 추천하는 것을 금지시킨 것이다. 즉, 정부의 보조금으로 해당 조제비용이 제약사에게 지급될 것인데, 제약사가 의

---

68 Physician Self-Referral Act라고도 불리며, 미국 연방정부로부터 보조를 받는 의료보험에 가입한 환자에 대해서는 의사의 투약 추천을 제약하는 법률이다. 의사의 경우, 특정 처방을 추천하는 경우, 해당 제약사로부터 일종의 판촉장려금을 받는 경우가 있는데, 이는 연방정부의 예산을 통해 보조되는 환자를 이용하여 의사의 사익을 추구한다는 부작용을 막는다는 목적이 있다.

사에게 판매 장려금을 지급하게 되면 이는 제약사가 정부에 청구하는 조제비용의 증가를 가져올 것이다고 본 것이다. 그러나, Alabama Health System의 경우, 의료인력을 채용하면서도 Stark법 발효 이후에도 기존 계약서에 미치는 영향을 인지하지 못하고 과거로부터 이관되어온 계약서를 그대로 이용하여 고용 계약을 하였고, 기존 의료인력에 대한 고용계약서를 변경하거나 부속 계약을 맺지도 않았다. 결론적으로 Stark법에도 불구하고 Alabama Health System의 의료인력은 정부보조 의료보험 가입자에 대해 지속적인 특정 처방 추천을 통해 판매 장려금을 받은 것으로 인지되어 연방정부로부터 벌금을 받게 된 것이다.

iCerti는 자연어로 기술된 계약서를 분석하고 범주화하여 법규 변경사항과 유관성을 판단하여 추가 검토 영역을 추천해준다. 이를 통해 법규 변경에 따른 영향을 1차적으로 판별하고, 분야와 범위를 정의하여 이를 법무 전문가에게 신속히 의뢰하여 필요한 추가적인 조치를 취할 수 있게 만든다.

환자의 상태를 즉시 전문의에게 알려주는 의료 도우미 - Viz

Viz는 환자에게 장착된 심전도 측정 장비가 송신한 정보를 분석하여 심전도 이상을 감지하는 AI 기반 소프트웨어인 Viz HCM을 개발했다. 이 소프트웨어는 의사에게 휴대폰 앱을 통해 이상 예후를 통지하고, 환자는 후속 진단검사와 함께 전문의에게 안내된다.

비대성 심근병증(HCM, Hypertrophic cardiomyopathy)은 미국인 100만 명 정도가 겪고 있는 질환이지만 그 심각성에 비해 다소 과소 진단된 심장 질환이다. 특별한 예후나 명백한 원인이 없이 심장벽이 두터워지는 질병으로 운동선수의 심장, 대동맥 협착증 또는 만성 고혈압으로 오진될 수 있다. 오늘날 HCM 환자의 1/3 미만이 진단되며 35세 미만의 심장 돌연사의 주요 원인이지만 조기 발견과 치료 시, 환자는 정상적인 삶과 수명을 얻을 수 있다.

HCM 환자의 90% 이상이 심전도 이상을 보이는 점을 착안하여 Viz.ai는 심전도를 분석하고 HCM과 관련된 신호를 자동 감지하는 AI 기반 소프트웨어인 Viz HCM을 개발하였다. Viz HCM은 환자에게 장착된 심전도 측정 장비가 송신한 심전도 정보 가운데 학습 모형을 통해 이상 예후로 판정된 환자의 심전도 분석 결과를 대기 중인 의사에게 휴대폰 앱을 통해 통지하며, 1차 판단을 거쳐 환자는 후속 진단 검사와 함께 전문의에게 안내된다. Viz HCM용 AI 알고리즘은 30만 명이 넘는 환자의 심전도를 사용하여 훈련되었다.

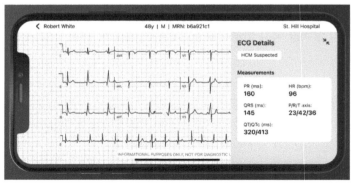

Viz사의 모바일 앱에서 비대성심근병증 의심 환자의 심전도 분석 결과가 조회되는 모습. 담당 의료진에게 기준치를 벗어나는 환자 우선으로 보여준다.

즉, 숙련된 전문의의 지식과 경험과 실제 임상 정보를 기반으로 학습한 인공지능 모형을 이용하여 환자의 예후를 조기 판단하고 전문의에게 배정하여 우선순위가 높은 환자를 대상으로 보다 집중적인 시간 배정이 시기적절하게 이뤄질 수 있게 된다.[69]

하수도 막힘 부위와 시기를 예상하고 사전 예방 보수 - Silo AI

Silo AI는 하수도망의 막힘 현상을 예측하는 인공지능 솔루션을 개발했다. 이 솔루션을 통해 헬싱키 환경국은 하수도망의 막힘 빈도를 최대 1/3까지 줄일 수 있었다. 과거 데이터를 기반으로 막힘이 빈번한 지역을 예측하고 기계학습 모델을 사용하여 최신 데이터를 반영하여 막힘 우려 부위를 파악하고 신속히 대응할 수 있게 된다.

헬싱키에 위치한 북유럽 최대 민간 인공지능 연구소인 Silo AI[70]는 헬싱키 환경국(Helsinki Region Environmental Services Authority, HSY)과 헬싱키 지역의 총 연장 3,000㎞에 걸쳐 10만개 이상의 파이프로 연결된 하수도망의 어느 지역에 언제쯤 막힘 현상이 생길 것인지 예측하는 인공지능 솔루션을 공동 개발했으며 이를 통해 HSY의 하수도망의 막힘 빈도를 최대 1/3까지 줄일 수 있었다.

---

69 https://assets-global.website-files.com/5faad25c38b69636dbf2667c/63f50
1713d6a0bdfa80e1456_viz_hcm_1-pager.pdf

70 https://silo.ai/

과거 데이터를 기반으로 빈번히 막히기 쉬운 지역과 부분을 가설적으로 선정하고 기계학습모형을 이용하여 신속히 변화하는 대용량의 데이터를 지속적으로 반영하여 최신 모형에 따른 막힘 우려 부위 파악과 신속한 사전 대응이 가능하게 되었다. 예를 들어 상시 파악하고, 여타 지역과 부위에 영향을 미치는 취약 부분에 대한 예방 보수는 물론, 과거 데이터를 바탕으로, 근본적으로 막힘을 예방할 수 있는 파이프의 굵기, 재질 등을 추천해준다.

즉, 예방 보수 범위는 최소화하면서도 전체 하수도망의 막힘을 예방하고, 나아가 정기적인 보수계획을 통해 파이프의 굵기와 형상을 근본적으로 변경 설치하는 기본 계획 수립과정에 인공지능을 활용한 예측 모형을 이용하고 있다.

다양한 채널로 수집된 데이터에서 위험 징후를 찾아낸다 - Dataminr

Deutsche Börse는 Dataminr Pulse를 도입하여 대용량 데이터에서 신속하게 위험 징후를 감지하고 관련 부서에 효율적으로 전달함으로써 보안 운영을 강화했다. 이를 통해 소셜 미디어, 블로그, IoT 센서 데이터 등 다양한 소스에서 유의미한 정보를 선별하고 적시에 대응하여 사업의 안전성을 유지하고 있다. 또한, 지오펜싱(Geofencing) 기능과 조건 기반 모니터링을 활용하여 사업 영향을 신속히 평가하고 위험을 줄이는데 기여하고 있다.

Deutsche Börse는 독일 프랑크푸르트 증권거래소를 운영하는 기업으로 독일, 룩셈부르크, 스위스, 체코, 스페인 및 홍콩, 두바이 등에 사업 거점을 운영하고 있는 자본시장 거래서비스 제공업체이다. 최근 빈번히 거론되는 지정학적 불안정성, 사이버 공격, 출장 직원 보호 등 여러 잠재적인 사업 운영 위험에 대응하기 위해 회사는 실시간 경보 도구로 전 세계에 소재한 사업장의 금융자산, 사업자산과 직원을 보호하는 것이 우선순위임을 인식하게 되었다.

Deutsche Börse는 Dataminr Pulse를 이용하여 보안 운영 프로세스에 적용하였는데, 인공지능을 이용한 대용량 데이터 인식과 신속한 정리, 유관성 유추 등이 의미있는 성과로 거론되었다. 예를 들어, 일반 뉴스 매체와 소셜 미디어 모니터링을 통해 사업장이 소재한 현지의 지정학적 긴장이나 사건, 사고 등을 취합하고 정리하여 Deutsche Börse의 사업에 미치는 위험을 도출해내는 것은 시간과 노력이 매우 요구되는 비효율적인 과정이다.

Dataminr의 기술을 이용하여 소셜 미디어 플랫폼, 블로그, IoT 센서데이터, 방송 등 수십만 개의 공개 정보 소스에서 등장하는 유의미한 정보를 선별 추출, 정리하여 적시에 상황 판단과 관련 부서에 신속한 전파가 가능하게 하였다. 덧붙여, 위험이 예상되는 사건이 해외 사업장 인근에서 발생하였다는 정보가 취합되면 지오펜싱(Geofencing) 기능을 사용하여 해당 사업장에 미치는 영향도 판단과 이에 수반되는 권고사항의 경영진통고, 결정사항의 해당 사업장 통지까지 신속히 연계하는 것을 목표로 한다. 또, 사전에 정의된 조건을 기준으로 인터넷 상의 부정적 게시물을 모니터링하고 랜섬웨어와 같은 사이버 공격이 예상되는지를 유추하며, 천재지변과 전염병 등도 조기에 징후를 파악하여 유관 지역의 사업장에 전파한다.

차량 각 부분에 부착되어 수집된 운행정보를 차량 예방정비에 활용한다
- Uptake

> Daimler Truck North America LLC는 Uptake사의 인공지능 기술을 활용하여 차량의 고장을 예측하고 예방하는 기술을 도입했다. 이를 통해 차량 수명을 최적화하고 수리 비용을 절감하며, 최근에는 특정 부품의 장애로 인한 시스템 전체의 문제를 예측하는 기술도 개발 중이다. 이러한 기술은 차량 유지 보수 및 운영에 있어서 효율성을 높이는 큰 도움을 주고 있다.

미국 오리건(Oregon)주 포틀랜드(Portland) 본사를 둔 Daimler Truck North America LLC는 상업용 운송 차량 판매 및 서비스를 제공하는 업체로 Uptake사의 인공지능 기술을 활용한 DaaS(Data-as-a-Service) 모델을 통해 장비 고장 예측과 예방 정비 보수 기술 강화에 적용하였다. 고객의 동의 하에 다임러 트럭의 상업용 운송 차량에 운행상태 정보 수집 장비를 부착하고, 수집된 정보를 업테이크(Uptake)사의 인공지능 기술을 이용하여 상태를 분석함을 통해 차량 수명 주기를 최적화하고 예측 차량 유지 관리를 사용하여 수리 비용 절감을 추구한다. 무엇보다도 예방정비 주기를 최적화함에 따라 예기치 않은 차량 고장과 운영 중단을 최소화할 수 있게 되었고, 결과적으로 장거리 노선에 걸쳐 운송차량을 운영하는 운송업체 입장에서는 차량 배차 일정, 운전기사 일정 관리, 배송 일정 관리 등 전반적인 효율 향상을 달성하는 성과도 일부 확인되었다.

즉, 차량의 각 부분에 상태를 측정하는 센서를 부착하고 수집된 정보를 65개의 데이터 분석 모형을 활용하여 해당 차량의 예기치 못한 장애

를 예방하거나 발생 빈도를 최소화하도록 돕는다. 장애 발생 이전에 예방
정비와 유지보수를 실행하며, 차량 소유주는 필요할 때 필요한 부품만 구
매하고 실제 여건 발생이 예상되는 시점에 일정을 잡아 예방정비를 하게
된다. 나아가, 최근에는 부가적인 인공지능 기술을 이용하여, 특정 부품
의 운행 장애에 따라 여타 부품에 미치는 장애까지 전망하여 제안해준다.

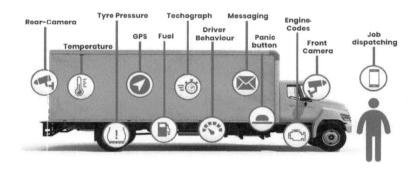

시각정보 보정을 통한 자율주행 지원 - Black Sesame Technologies

Black Sesame Technologies (BST)는 시각정보 보정 기술을 통해 자
율주행 차량의 성능을 향상시키고 있다. BST는 이미지 처리, 컴퓨터 비전,
AI 알고리즘을 사용하여 센서 이미지를 효율적으로 처리하고 해석하는 시각
인식 솔루션을 개발했다. 또한 BST는 차량 내 모니터링 시스템을 통해 운전
자의 피로와 잘못된 운전 행동을 감지하여 차량 안전성을 높이고 있다.

자율주행은 향후 10년간, 자동차 산업은 물론 유관산업에 큰 변화를 가

져올 것으로 주목받고 있다. 자율주행을 가능하게 만드는 여러 요소가 있겠지만 가장 중요한 부분은 주행 중, 정보를 습득하고 위험을 판단하기 위한 사물 인식시스템이라고 여겨진다. 자율 주행 차량에서는 운전자의 시각을 보조하거나 대체하기 위해, 움직이는 물체 또는 정지된 물체를 감지 및 추적하고 관련 데이터를 추출하여 주행체계에 전달하는 사물인식 시스템이 이미 상용화되어 낮은 단계의 자율운행 시스템에 적용되고 있다.

아직까지 인식 정확도는 만족할 만한 수준은 아닌 것으로 평가되고 있다. 인식 정확도가 만족스럽지 않은 이유 중 하나는 빛을 바라보는 각도나 차량의 움직임 등의 시각 인지 조건에 영향을 미치며, 나아가 카메라 센서의 복잡한 작동 조건에도 영향을 미치기 때문이다. 즉, 시각적으로 확보된 원본 이미지의 품질에 따라 해석 결과에 영향을 주기 때문에 원본 이미지의 왜곡된 부분이나 해석이 불가한 부분을 개선, 복구하여 주행 시스템에 신속히 전달하는 것이 중요하다.

2016년에 설립된 상해 기반의 인공지능 벤처기업인 Black Sesame Technologies (BST, 黑芝麻智能科技, 흑지마지능과기)는 첨단 운전자 지원 시스템, 자율 주행을 위한 이미지 처리, 인공 지능 및 컴퓨터 이미징을 통합하는 시각 인식 솔루션 개발에 도전한 곳으로, 레벨 3 이상의 자율 주행시스템을 목표로 핵심 이미지 감지, 컴퓨터 비전 및 AI 알고리즘을 사용하여 센서 이미지 처리, 이미지 전달 인터페이스 최적화 및 인식 알고리즘 학습을 위한 감지 플랫폼으로 SoC71를 구축했다.

최근에는 안면 인식 기능이 있는 차량 내 모니터링 시스템을 개발하여

---

71 System On Chip

운전자의 피로와 잘못된 운전 행동을 모니터링하는 기술을 연구 중이다. 안면 근육이나 시선의 변화를 인지하여 피로나 주의력 부족 등을 인지하여 판단하는 것을 목적으로 하는 운전 모니터링 솔루션은 보험 및 차량 관리와 같은 산업에서 관심을 받고 있으며 L3 자율 주행 시스템에서 이 기능을 개선하는 것을 목표로 한다.

아래는 BST사가 제시한 사물인지 SoC를 통한 이미지 해석과 여타 회사의 사물인식 시스템 간의 해석 차이를 보여준다. 우측이 BST에 의해 이미지 처리되어 인지된 부분이다.

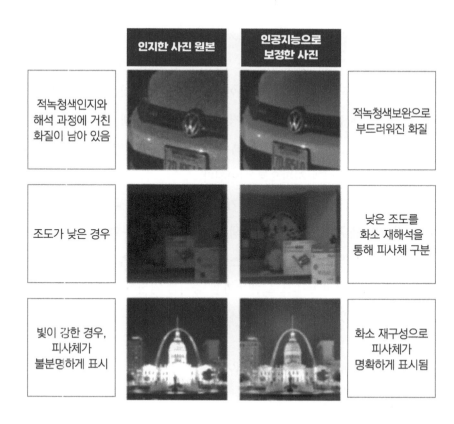

인공지능 기반 신약개발 플랫폼 – 인세리브로[72], XtalPi[73], QIC[74]

인공지능을 활용한 신약개발 플랫폼으로 인세리브로, XtalPi, 그리고 QIC
가 주목받고 있다. 이러한 플랫폼은 기초 탐색부터 개발후보물질 선정, 전임
상 시험까지의 과정을 효율적으로 단축하고 의미 있는 연구 결과를 도출한
다. 인공지능은 방대한 양의 논문과 연구 자료를 분석하여 후보물질을 찾아
내는 데 도움을 주고 있다. 이러한 기술은 신약 개발과정의 효율성을 향상시
키며, 제약회사에게 중요한 도구로 활용되고 있다.

건강에 대한 관심이 증가하고, 불치병과 새로운 질병 정복을 위한 신약
개발 노력은 지속되고 있으나, 최소 10년, 최장 수십년이 소요되는 신약
개발 과정은 다국적 대형 제약회사에게도 큰 부담인 것은 사실이다. 통
상, 대형 제약사들의 신약 개발 과정은 크게 '기초 탐색 및 원천기술 연
구', '개발후보물질 선정', '전임상(혹은 비임상) 시험', '임상시험'을 거쳐
최종 신약 허가 승인과 시판으로 이어진다.

이 가운데, 시장 내 신약 수요와 기존 의약품의 한계 등을 탐색하여 신
약 개발 방향을 결정하는 '기초 탐색 및 원천기술 연구'과정은 전문가의
지식과 판단이 집중적으로 요구되는 시기로 신약 개발방향에 영향을 주
기도 하지만, 타당성 부족으로 신약 개발 중지를 결정하게 되면 매몰비용
으로 간주될 수 있는 부분이다. 또, 신약 개발 자체가 수십년이 걸리는 과

---

72 국내 기반 인공지능 신약개발 플랫폼 벤처 기업

73 晶泰科技, https://www.xtalpi.com/

74 Quantum Intelligence, https://www.qic.ai

정이기 때문에, 첫 단계인 '기초 탐색 및 원천기술 연구'과정은 가능한 단축하고, 시장 이해에 기반한 전문가의 판단을 받는 것이 중요하다.

예를 들어, 하나의 신약을 개발하기 위해서는 논문, 학회, 법규, 보험사 발표 자료 등 최소 수 천개에서 수 만개 이상을 검토하며 후보 물질을 찾아가는 과정이 요구된다. 전문가의 지식과 판단도 중요하지만, 절대적으로 검토해야 할 학술자료와 분야가 광범위한 것이 큰 장애요인으로 거론되어왔다.

이후, '개발후보물질 선정', '전임상(비임상) 시험" 단계에서도 신약 후보물질의 약학적 특성에 따른 약효와 약리 연구와 안전성 검증을 위한 신약 물질 설계, 합성, 효능 검색을 반복하는 긴 과정이 진행된다. 전임상(비임상) 시험을 통과한 신약 물질의 경우에도 해당 신약의 최종 상용화까지는 연결되는 성공률은 통상 1% 내외라는 점을 감안하면, 전임상(비임상)시험 이전 단계를 단축하면서도 효율적이고 의미있는 연구 결과를 찾아내는 것이 제약회사에게는 매우 중요한 부분이다.

이와 같은 이유로, 다수의 제약회사들은 인공지능을 활용하여 논문을 검색하고, 내용을 요약하거나, 관련 연구를 결합하여 의미있는 해석에 이용하기 시작했다. 방대한 양의 논문과 최신 학회 자료 등을 연결하여 후보물질을 탐색하는 과정을 단축하고, 동시에 시장에 부합되는 신약 개발 목표 설정을 추구하는 것이다. 동시에 인공지능의 추론 기능, 기계학습(Machine Learning)과 양자역학 기반의 연산능력을 이용하여 후보 물질의 분자 단위에서 식별된 약효와 독성, 부작용이 분자간 화합 과정에 발생하는 변화 및 후보물질의 약물 친화도를 예측하는 과정에 적용하고자 하는 시도가 진행되고 있다.

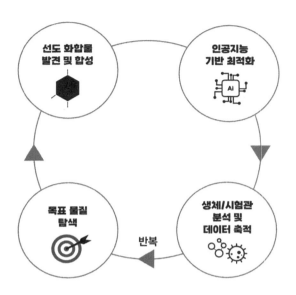

　현재는 신약 후보물질 탐색과 분자화합물 반응 예측에 주로 이용되고 있으나, 신약 개발과정에는 임상실험 설계, 조제 및 처방안 개발, 신약개발 과정 검증 및 데이터 관리, 가상 임상실험 등 여러 단계에서 적용이 모색되고 있다.

다. 최적화

인공지능을 훈련시키는 인공지능 – Scale AI

> 　인공지능을 훈련시키는 인공지능인 Scale AI는 캡차(Captcha)와 같은 이미지 분류 작업을 수행한다. 이를 통해 자동차 카메라로 전송된 도로 사진을

분류하고 레이블을 부착하여 인공지능을 훈련시킨다. Scale AI는 비지도 학습 방법을 사용하여 다양한 유형의 이미지와 동영상을 학습시키고 데이터 레이블링 작업을 자동화하여 인공지능을 효율적으로 훈련시킨다.

독자들 다수는 인터넷 사이트나 쇼핑몰에서 비밀번호 변경을 하는 과정에 Captcha로 불리는 과정을 경험하였을 것이다. Captcha는 고객 계정 가입 혹은 접속 과정에 웹봇에 의한 자동 가입을 판별하기 위해 도입되었다. 다소 왜곡된 대소문자와 숫자를 제시하고 이를 입력하게 함으로써 웹봇 여부를 확인하는 절차로 이용되는 것이다. 때로는 그림의 일부나 해상도가 낮은 사진을 제시하고, 질문에 맞는 그림을 고르는 과정도 경험했을 것이다.

Captcha는 계정 가입과 접속과정에 적격자를 판별하기 위한 목적으로 도입되었지만, 동시에 다양한 형태의 이미지에 꼬리표(레이블)를 붙이기 위한 자산으로도 이용되었다.

테슬라는 자동차에 장착된 카메라를 통해 전송된 도로 표지판과 차선,

신호등 사진과 동영상은 일정 주기로 테슬라 자동차사의 중앙 데이터 센터로 전송되고 유사한 사진과 동영상으로 분류되어 데이터 분류 담당자에게 배정된다. 담당자는 육안으로 사진과 동영상을 확인하여 도로 옆에 주차된 차량인지, 도로 옆에 적치되어 있는 컨테이너인지를 판별하여 사진과 동영상에 해당 분류 항목의 레이블을 붙이게 된다. 이와 같이 축적된 데이터는 인공지능을 훈련시키는 교과서 역할을 하였는데, 이와 같은 과정은 시각적으로 인지된 내용에 대한 다양한 정답을 학습시키는데 이용된다.

Scale AI는 비지도 학습(Unsupervised learning) 방법을 적용하여 다양한 유형의 사진 동영상을 학습시키며 정답을 만들어 가는 이와 같은 과정을 도와준다. 이와 같은 데이터 레이블링 작업을 자동화하며 인공지

능을 훈련시키는 인공지능 역할을 수행한다.

다수의 사례를 통해 정답이 정해진 문제를 푸는 과정을 훈련시키는 인공지능과 달리, 정해진 정답을 존재하지 않는 경우, 인지된 사실의 유형 분류를 통해 잠정적인 정답 후보를 정의하고 후속적으로 확보되는 추가 자료와의 검증을 통해 정답으로 확정해가는 과정을 거친다.

웹사이트 컨텐츠 제작을 도와주는 작문 도우미 – Jasper

Jasper는 웹사이트의 주제글과 게시물을 작성하는 데 도움을 주는 인공지능 기반 작문 도우미이다. Mongoose Media는 Jasper를 사용하여 제품과 서비스를 소개하는 웹사이트 글을 작성하고 있다. Jasper를 활용하면 몇 시간 내에 컨텐츠를 제작할 수 있으며, 검색 결과와 시장 반응에 신속하게 대응하여 컨텐츠를 조정할 수 있다.

Jasper는 웹사이트의 주제글과 게시물 제작을 도와주는 인공지능 기반 작문 지원 솔루션이다. 작성하고자 하는 주제에 대한 몇 가지 기대사항과 요구사항을 기재한 뒤, 컨텐츠 작성을 요청하면 컨텐츠 제작을 위한 기본적인 세부 주제 몇 가지를 추천해주고, 이 가운데 선택된 주제를 중심으로 세부적인 컨텐츠를 제작해준다.

미국 플로리다 주 소재 Mongoose Media의 경우, 웹사이트에 게재할 제품과 서비스 소개글 작성에 Jasper를 활용하고 있다. 예를 들어, Mongoose Media의 SEO[75] 관리자가 전개하고자 하는 마케팅의 핵심

주제를 제공하고, 카피라이터가 Jasper를 이용하여 컨텐츠를 제작하여
웹사이트에 게재한 뒤, 실제 검색 노출도를 확인하여 핵심 주제와 키워드
를 조정한다. 이를 위해서는 검색 결과 확인과 반영도 중요하지만, 보다
중요한 것은 시장의 반응에 신속히 대응하는 컨텐츠 게시와 반응 수집이
더욱 중요하다. 또, 웹사이트 게시글 형식은 물론, 장문의 블로그, 단문의
소셜 미디어 콘텐츠 또는 목표 고객층을 대상으로 한 이메일 뉴스레터 등
도 비슷한 절차로 컨텐츠 개발 및 보완 과정을 거친다.

Blog Post Topic Ideas
Brainstorm new blog post topics that will engage readers and rank well on Google.

Company name *

The Smart Home

Product description *

This blog reviews the latest in internet connected home appliances and devices, like door locks,
thermostats, light controls and wireless audio

Audience

home owners

Tone of voice ⓘ

Practical

Examples

1   How to Manage your Energy Budget   ✕

                                                                   +

✕ Clear inputs   5 ⌄ Outputs   Generate AI content →

75 Search Engine Optimization

통상, 기존의 카피라이터나 온라인 마케터가 3,000단어 규모의 웹페이지에 해당하는 컨텐츠 게시를 위한 작문에 2일 내외가 걸리나, Mongoose Media에서는 Jasper가 생성, 추천한 작문을 이용하여 몇 시간 내에 컨텐츠 제작이 가능하였다.

인공지능 기반의 에너지 생산 및 유지보수 관리 최적화 – H2O

AES는 에너지 생산과 유지보수를 최적화하기 위해 H2O의 AI Cloud를 활용하여 풍력 터빈 예측 유지보수와 수력 발전소의 에너지 입찰 전략을 개발하고 있다. 풍력 터빈 예측 유지보수에서는 정확한 발전량 예측과 가동 중단 예방을 통해 유지보수 비용을 절감하고 고객의 전력 부족 위험을 최소화한다. 또한, 수력 발전소의 경우 수력발전소별 데이터를 활용하여 발전 수익을 극대화하는 에너지 입찰 전략을 개발하여 전력 생산 및 공급을 지원한다.

에너지 회사 AES는 선도적인 재생 에너지 회사로 사업구조를 화석 연료에서 재생 에너지로 성공적으로 전환했으며, 디지털 및 AI 전환을 통해 재생 에너지 생산 증가 및 최적화, 오류 예측 및 부하 분산을 추구해왔다. 구체적으로는 H2O사의 AI Cloud기반으로 인공지능 모델을 만들고 1) 풍력 터빈 예측 유지보수, 2) 수력 발전소를 위한 에너지 입찰 전략을 생성, 운영, 검증, 보정, 최적화를 통해 장비 운영에 반영하였다.

"풍력 터빈 예측 유지보수"의 경우, 발전량의 정확한 예측과 장애로 인한 풍력 발전 중단 예방을 통해 유지보수 비용 절감은 물론, 고객 전력 부

족 위험을 최소화를 추구하였다. 즉, 가동 중지 시간을 정확하게 예측하고, 계획 정지기간 동안 유지보수를 완료하며, 예측된 발전량을 정확하게 제공하는 것을 목표로 한다.

이를 위해, 풍력 터빈장비의 구성 요소별 고장을 예측하는 모델을 생성하고, 터빈에 부착된 센서를 통해 수집된 가동 데이터를 분석하여 가동 중지 시간과 유지보수 시간을 예측하는 프로세스를 운영한다. 각 가동 데이터 항목 간의 유관성분석을 통해, 가동에 영향을 미치는 핵심 관리 항목과 위험 징후 판단 기준을 도출하여 적용하는 과정에 기계학습(Machine Learning)과 심층학습(Deep Learning)을 통해 데이터를 학습하고, 이를 다시 고장 예측 모델에 반영하여 보완하는 과정을 거친다.

드론이 활용한 풍력 발전기 외부 영상과 이미지와 내부 관리 중인 데이터와 비교하여 날개 표면의 균열, 굴곡과 같이 풍력 발전기 가동에 영향을 주는 부분을 확인한다. 기 관리 중인 내부 데이터의 범주에 포함되지 않은 예외적인 균열 현상은 인공지능 모형의 학습과정을 통해 모델에 반영한다.

AES는 다수의 수력발전소를 소유 및 운영하고 있으며, 전력사업자의 요청에 따라 입찰에 참여하여 낙찰된 전력 납품단가에 따라 계약기간 동안 전력을 생산, 공급한다. AES는 수력발전소별 담수량, 일정기간 동안의 강수량 전망, 발전소 운영 비용, 해당 지역의 예상 전기 수요와 같은 데이터를 사용하여 발전 수익을 극대화하는 "수력 발전소를 위한 에너지 입찰 전략"을 모색하였다. 현재는 수력발전소는 물론 천연가스 발전소에도 적용이 추진되고 있다.

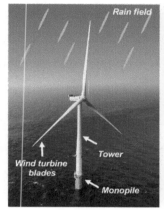 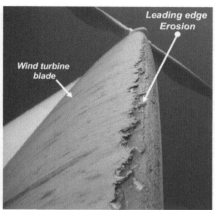

기계학습 기반 광고 성과 최적화 – Moloco

Moloco는 광고 성과를 예측하고 마케팅 캠페인을 확장하여 고가치 고객을 확보하는 기계학습 기반 플랫폼이다. RMP는 자사 플랫폼의 데이터와 트래픽을 활용하여 구매 전환율을 증진시키고 고객 경험을 향상시키는 광고 솔루션을 제공한다. 원더피플은 Moloco의 Cloud DSP를 활용하여 게임 앱의 맞춤형 이벤트를 생성하고 매출을 증가시키고 있다.

산업의 성숙도가 높은 분야이거나, 새로운 시장이 형성되는 분야이거나 공통적으로 광고예산 규모는 증가 추세에 있으나, 동일한 유저에 중복으로 광고가 노출되는 현상이 지속되며 전반적인 효율이 떨어지는 부분을 종종 발견하게 된다. 또, 광고 집행비용은 추적 가능하지만, 광고 성과 판별은 다소 주관적인 면이 높다. 아울러, 광고 집행 이후, 성과 평가를

하는 것보다는 광고 집행 이전에 성과를 전망하고자 하는 요구도 지속적으로 제기되어 온 것도 사실이다.

Moloco는 기계학습 엔진 기반, 광고 성과 최적화를 위한 광고 플랫폼으로 광고 성과 예측을 목표로 개발된 Cloud DSP76는 마케팅 캠페인을 빠르고 효율적으로 확장하는 것은 물론, 고가치의 고객을 확보하는 것을 목표로 한다. 광고 성과를 의미있게 예측할 수 있다면 기업은 한정된 예산 한도에서 마케팅 캠페인을 유연하게 계획하고 성과를 극대화할 수 있다는 장점이 있다.

| 모바일 앱 유저가 광고 지면에 접근하면 익스체인저를 통해 광고 요청 전달 | 광고를 볼 유저와 지면, 광고가 나가는 시간 등을 실시간으로 계산, 의도한 목표로의 확률을 예측 | 예측된 확률과 고객의 목표 단가/예산을 종합적으로 고려 | 최적의 광고 노출 단가 산정 |

또, RMP77의 경우, 온라인 쇼핑몰 혹은 온라인 마켓 플레이스 기업이 자사 플랫폼의 서비스를 통해 창출하여 관리 중인 First Party 데이터와 자사 플랫폼에 유입된 트래픽 자산을 바탕으로 광고 및 수익 창출을 돕는다. 이를 통해, 초개인화된 광고 캠페인을 집행하고, 입점 업체의 상품을

---

76 Demand Side Platform

77 Retail Media Platform

목표 고객에게 노출시켜 구매 전환율 증진을 추구하며, 고객의 쇼핑 경험 향상은 물론, 우수 입점 업체 유지, ROAS[78] 달성을 추구한다.

국내의 게임 개발 전문기업인 원더피플은 게임 앱 Mega Hit Poker를 북미에서 서비스 운영 중이다. Mega Hit Poker게임이 위치한 섹터인 소셜 카지노 장르는 InApp구매가 중요하며 비교적 소수의 매니아 계층이 즐기는 게임이라는 특성이 있다. 원더피플은 매출 증진에 직접적으로 기여할 수 있는 게임 유저를 대규모로 빠르게 확보하고자 하는 구체적인 목표를 정의하였고, 이를 위해 Moloco에서 개발한 Cloud DSP기반으로 자사 게임 Mega Hit Poker의 First Party 데이터를 활용하여 맞춤형 이벤트를 생성하고 CPA[79] 모델 기반으로 기계학습 모형을 통해 최적화했다. 이를 통해 구매력이 높은 고가치 유저를 확보하여 ROAS 수치까지 개선하는 결과를 낳았다.

에너지 산업에서의 인공지능 활용
- Siemens, Shell, SparkCognition, etc.

에너지 산업에서 인공지능의 활용은 점차 확대되고 있으며, Siemens, Shell, SparkCognition 등이 주도적으로 이를 추진하고 있다. Siemens는 가스터빈 자율통제 및 최적화 프로그램을 통해 배출량을 감소시키고, Shell

---

78 Return On Ad Spend, 광고비용 대비 수익성

79 Cost Per Action, 반응 당 과금

은 해저 파이프의 위치를 인지하는 인공지능 기반 로봇을 개발하였다. 이러한 기술은 에너지 생산과 유지보수를 향상시키며, 전력망 안정성도 향상시키는 데 기여하고 있다.

에너지 산업은 원유 생산 및 정제 산업의 전성기가 지나가고 있다는 판단 하에 주력 사업을 가스발전과 신재생사업으로 서서히 옮겨가려는 움직임을 보이고 있다. 이에 따라, 기존 화석연료 기반 에너지 산업은 물론 재생에너지 분야에 있어서도 생산 및 유통과정의 효율화가 중요한 목표로 거론되고 있다.

2016년 독일의 지멘스(Siemens)는 가스터빈의 연료밸브를 조절하는 프로그램인 GT-ACO (Gas Turbine Autonomous Control Optimizer, 가스터빈 자율통제 및 최적화 프로그램)를 활용해 질소산화물 배출량을 20% 감소시켰다.[80]

2017년 미국의 석유 메이저인 쉐브론(Chevron)은 유사한 환경에서 축적된 과거 시굴 데이터 분석을 통해 유전의 시추 위치를 파악하여 기본 방법대비 생산량을 30% 늘렸다.[81]

2017년 미국의 퍼듀(Perdue)대학은 이미지 판독을 통해 원자로 외벽의 미세 균열을 식별하는 플랫폼을 개발하였는데, 외벽 균열의 98.3%를 판별하는 성과를 거두었다.[82]

---

80 https://www.siemens.com

81 04/24/2016, "How Chevron Plans to Use UAVs and AI to Deliver Big Profits", https://www.fool.com

82 11/06/2017, "AI system at Purdue detects cracks in nuclear reactors",

2018년 쉘(Shell)이 MIT와 공동 연구에 착수한 인공지능 로봇은 수심 3천 미터에서 40여 Km를 이동하며, 기계학습 기반으로 해저 파이프의 위치를 인지하고 수중에서 밸브를 돌리는 것과 같은 일상적인 유지관리 작업 수행을 목표로 개발되고 있다.[83]

2022년 스파크코그니션(SparkCognition)은 화력 발전소, 화학 플랜트의 성능 강화와 사고 예방을 위해 각종 센서에서 수집된 데이터를 다양한 기법으로 분석하는 플랫폼을 개발했다.[84]

일본 Hazama Ando건설은 특정 건물 또는 특정 지역의 에너지 흐름을 통제하는 것을 목적으로 에너지 수요예측, 분산자원, 에너지 저장장치(ESS, Energy Storage System)와 연동하는 스마트 에너지 관리시스템(AHSES, Adjusting to Human Smart Energy System)을 개발 운영 중이다.[85]

도시화 및 산업화에 따라 증가하는 에너지 수요 대응을 위해서 인공지능 적용이 활발히 모색되는 분야는 에너지 소비 최적화, 수요예측 분야이다.

영국의 내셔널 그리드(NationalGrid)와 구글(Google)의 딥마인드(Deepmind)는 영국 전체 에너지 사용량의 10%를 감축하고, 발전회사의 수익 최적화를 위해 인공지능 기반으로 발전기 운영에 대한 실시간 조

---

https://purdue.edu

83 "Robotics in the Energy Industry", https://www.shell.com

84 08/09/2022, "Achieving World-Class Predictive Maintenance with Normal Behavior Modeling", https://www.sparkcognition.com

85 2018, "Development of AHSES", Technical Research Report of HAZAMA ANDO CORPORATION, Vol 6. https://ad-hzm.co.jp

정을 통해 발전기 효율을 최적화하는 것을 모색하고 있다.[86]

GE의 'Digital Wind Farm'은 터빈 운전의 실시간 감시와 최적화를 통해 발전량 증가를 목표로 개발되었으며, 미국 발전회사인 Duke Power의 풍력발전사업에 적용되어 운영 중이다. 실제 풍력단지와 동일한 Digital Twin을 만들어 실제 풍력 발전단지 운영데이터를 분석하고 운영방법을 최적화하는데, 100MW 풍력발전기의 경우 상업 운영기간동안 약 1억 달러의 추가 수입이 발생할 것으로 예상되고 있다.[87]

한편, 미국 Stanford 대학의 SLAC[88]와 미국 에너지부(Department of Energy)에서 공동 진행 중인 GRIP(Grid Resilience and Intelligence Platform)의 경우, 사이버 테러, 자연재해 등 극단적인 장애에 대해 인공지능 기반으로 장애 상황을 자율적으로 예측, 감지, 대응, 복구 지원하는 플랫폼(Autonomous Grid) 개발을 연구하고 있다. 다양하고 방대한 규모의 데이터를 기계학습에 활용하여 극단적 기후와 배전망 사고에 따른 전력망 고장을 예측하며, 전력배송망에 장애가 발생하거나 사이버 공격을 받는 경우, 전력 배송망을 자동적으로 재구성하고, 장애 영향을 완화시키며 동시에 복구 시간을 단축하는 것을 목표로 하고 있다.

---

86 05/24/2022, "Google develops world-first AI-powered electricity cable map software with UK Power Networks, https://www.current-news.co.uk

87 "New Power Generation for America's Largest Electric Utility", https://www.ge.com

88 SLAC, Stanford Linear Accelerator Center

발주/입고문서, 청구서를 검증하여 입력하는 프로세스 봇

– Automation Anywhere

Mantrac Group은 Automation Anywhere를 활용하여 발주/입고 문서, 청구서 검증 및 입력을 자동화하는 프로세스 봇을 도입했다. 이를 통해 공급업체 수 증가에 대응하고 수작업 검증 및 인력 부담을 줄이면서 효율적인 운영을 이루고 있다. FGS는 봇을 활용하여 발주서와 입고문서를 자동으로 비교하고 필요 정보를 추출하여 내부 시스템에 입력하여 작업을 간편화했다.

Mantrac Group은 두바이를 기반으로 중동, 아프리카 및 중국 일부 지역에 Caterpillar 중장비를 판매하는 대형 딜러로 건설기계 판매와 임대는 물론 부품 공급과 서비스를 제공하고 있다. 건설기계 장비에는 수많은 부품이 조립되어 운영되며, 부품의 수명 주기가 도래하거나, 운영 중인 건설기계장비에 장애가 발생하면 긴급히 부품을 공급하고 현지에서 정비 서비스가 진행된다. 공급업체로부터의 부품 주문, 입고 및 비용 지불에 이르는 과정은 단계별 검수와 확인 과정을 요구하는데, 부품 공급업체 수가 증가함에 따라 이와 같은 구매관리 프로세스 전반에 추가되는 노력은 급증하는 구조적인 어려움을 내포하고 있다.

예를 들어 윤활유 누유 방지 마개는 건설기계장비의 기계적 특성과 용량, 기종에 따라 다양하며, 동일한 부품에 대해 복수의 공급업체가 존재한다. 이 가운데 가격과 품질, 납기 가용성 측면에서 적정 업체를 선정하고 구매발주, 입고, 검수와 대금 지급하는 과정에는 수많은 외부변수로 인해 발주문서와 입고문서, 청구서 간 차이가 존재하며 이를 수작업으로

검증해야 하는 단계가 존재한다. 하나의 발주서에 기재된 부품이 각기 나뉘어 배송, 입고될 수 도 있고, 발주서에 납품 요청한 부품이 가용성 때문에 동일 기능의 호환 부품으로 변경되어 다른 부품번호로 입고될 수 도 있다. 이와 같은 경우, 발주서와 입고문서, 송장을 비교하고 주요 정보를 추출하여 내부 구매관리시스템과 지급처리 시스템에 입력하는 절차를 거쳐야 한다. 즉, 공급업체가 증가할수록, 각기 통합되기 어려운 프로세스, 시스템, 문서 간 연계 요구가 급증하는 도전에 직면하게 된다.

First Gulf Solutions[89](FGS)는 이러한 문제를 해결하기 위해 Automation Anywhere사의 기술을 이용하였다. 먼저, 프로세스 자동화를 담당하는 봇은 입고문서의 각 자재 항목을 인지하여 내부시스템에서 송신한 발주문서와 비교하고, 동시에 해당 공급업체에서 보내온 이메일 가운데 관련 발주서, 입고문서, 입고자재가 기재된 부분을 추출하여 청구된 송장과 비교하는 기본 자료를 자동 구성해준다. 양식이 통일되어 있는 문서의 경우에는 정해진 위치에 기재된 문자를 광학적으로 인식하는 절차를 거쳐 정보와 계수를 추출하여 발주서와 비교하는 과정을 거친다.

그러나, 납품업체마다 양식이 다른 경우, 입력해야 할 정보와 계수의 위치는 각기 다르기 마련이다. 인공지능은 문자 인식은 물론 필요 정보 여부를 판단하여 선별 추출하는 절차에 이용된다. 동시에 인공지능은 해당 납품업체에서 발송할 이메일의 내용 가운데 관련 내용 역시 추출해내고, 일시 별로 항목별로 정리하여 청구 금액 검증 작업에 필요한 자료를 Spreadsheet형태로 만들어 구매관리 시스템에 입력하는 단계까지 진행

---

89 https://www.firstgulfsolutions.com/

되고, 담당자가 차액이 발생하는 곳 중심으로 검증하면 완료와 대금 지급으로 이어지는 프로세스이다. 직접 인건비 절감의 효과도 있지만, 무엇보다 다양한 공급업체를 추가로 발굴하여도 이에 수반되는 수작업과 인력 증가 부담을 해소할 수 있다는 부분이 더 큰 기대효과로 강조된다.

사고 후 대응보다는 사고 전 조치를 위한 기계학습 활용 – Vectra

> Ricoh Group은 랜섬웨어(Ransomware) 공격을 경험한 후 Vectra를 도입하여 인공지능과 기계학습을 활용하여 사전에 네트워크 위협을 탐지하고 대응하기로 결정했다. Vectra는 외부 및 내부로부터의 침해를 시각화 기술을 통해 우선순위를 파악하고, 사전에 위협을 예측하여 조치를 취하는 데 중점을 두고 있다. 이를 통해 사고 발생 전에 조치를 취하고 사전에 대응할 수 있는 보안 프로세스를 구축하는 데 주력하고 있다.

오늘날 랜섬웨어(Ransomware) 및 여타 악의적인 위협은 뚜렷한 증가 추세를 보이고 있다. 일본 Ricoh Group은 2017년 WannaCry라는 랜섬웨어로부터 공격을 당한 기억을 통해 외부 유해세력에 의한 네트워크 침해와 이에 대한 대응 방안의 중요성을 직접 실감한 경험이 있다. 실제로 랜섬웨어 WannaCry로 인해 네트워크 접속 및 공격이 증가하는 순간, CSIRT (Computer Security Incident Response Team)는 짧은 시간에 기하급수적으로 급증하는 침해 시도에 대해 각 정보기기 및 네트워크 거점별로 로그를 확보하여 침해 현황과 연관성 등을 파악하는 것은 거의 불가능에 가깝다.

랜섬웨어 침해를 경험한 리코 그룹은 사고 발생 시, 인공지능 기반으로

네트워크 위협을 탐지, 차단, 대응하는 사이버 공격 대응 플랫폼을 구상하였다. 구체적으로 네트워크 전체의 트래픽을 실시간으로 파악하고, 각 구간별로 인지되는 위협과 침해 정도를 측정하여 우선 순위와 연관성을 판단하는 것을 목표로 정의하였다. 통상, 기존의 방법은 위협과 침해 정도에 따라 사전에 공격 유형을 분류하고 규칙을 정하고 우선순위에 따라 대응하는 방식으로 구현된다. 그러나, 실제 상황에서는 현상을 파악하고 판단에 필요한 충분한 데이터와 판단 근거를 가지고 대응하는 것은 상당히 비현실적이다. 발생 가능한 모든 공격 유형과 패턴을 미리 예상하고 규칙과 대응방안을 사전에 만들고, 실제 상황이 발생하면 각 여건에 합당하는 대응방안을 판단하고, 선택하여 적용하는 것이 거의 불가능하기 때문이다.

2011년에 설립된 벡트라(Vectra)는 인공지능과 기계학습을 기반으로 네트워크 침해, 내부로부터의 유출 시도 혹은 이상 징후가 탐지되면 시각화 기술을 이용하여 직관적으로 우선순위를 인지할 수 있도록 도와준다. 탐지와 위협에 따른 우선순위가 판단될 수 있다면, 차단과 증거 확보를 위한 후속 기능은 훨씬 수월해질 수 있다. 네트워크 구간 및 정보자산 등에 설치된 보안제품은 각 영역 이벤트를 감지하고 결합하여 조직 전체 관점에서 분석하고 판단, 조치하는 것이 중요하며, 사고 발생 이후 대응보다는 사고 발생 이전에 조치를 취하기 위해 각 이벤트 간의 연관성을 학습하여 위협 징후를 선제적으로 파악하는 것이 핵심이다.

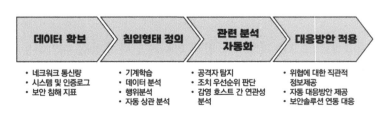

데이터 분석과 가공을 통한 통찰력 도출 - MiningLamp

MiningLamp사의 AI 데이터 분석 모델은 범죄 정보부터 금융거래 사기, 마케팅 전략까지 다양한 분야에 응용되며, 데이터를 연관 분석하여 유용한 통찰력을 도출한다. 이를 통해 금융사기나 마케팅 전략 등 다양한 분야에서 조기 대응과 효율적인 의사결정을 지원하고 있다. 데이터의 복합적인 분석과 상관관계 파악은 인공지능 기술을 통해 가능하며, 이를 통해 다양한 분야에서의 과제를 효과적으로 해결할 수 있게 되었다.

최근 10년 간 대량의 데이터를 분류, 분석하여 통찰력을 얻고자 하는 노력은 계속 이어져왔다. 통계적으로 모집단을 분석하고, 주요 독립변수와 종속변수를 식별하고 이들 변수 간의 유의관계를 규명하여 데이터를 해석하는 것은 데이터 사이언스라는 전문영역으로 체계화되어 자리잡아 가고 있다. 여기에 인공지능 기법이 부가되어 동일 데이터 모형 내에서 시사점을 찾아내기도 하지만, 때로는 각기 다른 데이터 모형 간의 연관성 분석을 통해 새로운 통찰력을 찾아내기도 한다.

예를 들어, 데이터 마이닝(Data Mining)이 특정 도시 내에서 발생한 범죄와 유사 범죄 전과자 또는 용의자를 연관하여 분석하는 것이 지금까지의 연구 분야였다면, 인공지능을 이용한 데이터 마이닝은 범죄 유형에 따라 징후를 연관 분석하고 패턴화하여, 실제 범죄 발생 시에는 현장에서 채증된 정보를 바탕으로 신속히 용의자 후보를 파악할 수 있다. 또, 도시간, 국가 간 발생하는 마약거래, 인신매매, 자금 세탁이나 불법 자금 유통의 경우, 각기 다른 모형으로 수집, 관리, 분석되는 데이터 모집단을 복합

적으로 연관 분석해야 하는 과제 해결을 요구받는다.

MiningLamp사의 인공지능 데이터 분석 모델은 범죄 정보 분석을 위해 시작되었지만, 다양한 분야에 응용되고 있다. 금융거래 사기, 내부 부정과 같은 경우에는 금융거래와 연관된 내/외부 금융기관의 계좌정보, 접속정보는 물론, 일반 금융기관이 결제 대행업체까지 연결하여 유형을 파악하고, 조기 경보 혹은 문제 발생 시 조기 대응이 가능한 분석 모형을 구축한다. 마케팅 분야의 경우, 다양한 채널과 거래를 통해 수집된 데이터를 연관 분석하여, 고객의 구매 유형과 추이를 분석, 전망하며, 시장에 대한 이해와 브랜드 분석, 소비자 프로필, 채널별 광고 효과 분석, 공급망 분석, 가격 및 서비스의 조정에 필요한 의사결정을 지원한다.

다양한 원천의 데이터를 복합적으로 분석하는 과정에 가장 큰 걸림돌은 데이터 규모가 방대하다는 점도 있지만, 데이터의 유형이 정형, 반정형, 비정형 등으로 다양하고, 경우에 따라서는 단기간에 급증하기도 하는 특성이 있다. 또한 각기 다른 데이터 원천으로부터 수집된 데이터 가운데 유효한 데이터를 선별하고, 각 데이터 간의 유의미한 상관관계를 파악하고 이를 몇 가지 가설로 연결하여 패턴을 파악, 추론하는 과정은 인공지능 기법을 통해서만 극복 가능한 과제로 여겨져 왔다.

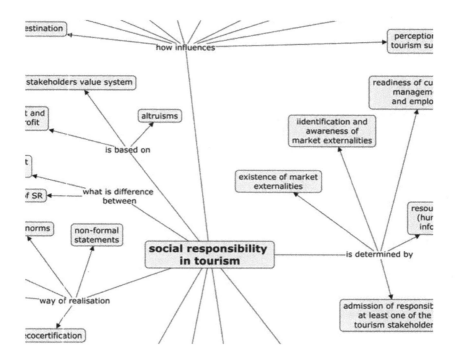

지식지도(Knowledge Map)가 등장한 것은 30년도 넘었지만, 지금까지 지식의 분류와 관계를 표현하는 수준에 머물러왔으나, 인공지능을 이용하여 지식과 데이터 간의 유의미한 상관관계를 파악하고, 이를 연결하여 전체를 분석하는 것이 가능하게 되었다. 이는 다양한 센서를 통해 수집되는 상태 정보를 진단하고 장애를 예측하는 장비 유지보수 모델, 전체 최적화를 추구하는 공급망 사슬, 신규 고객 유입 채널 분석, 다양한 채널을 통해 인지된 고객 프로파일 분석 등에도 적용이 모색되고 있다.

빨리 알수록 일이 쉬워지는,

AI POWER

인공지능 성공 사례, 실패 사례

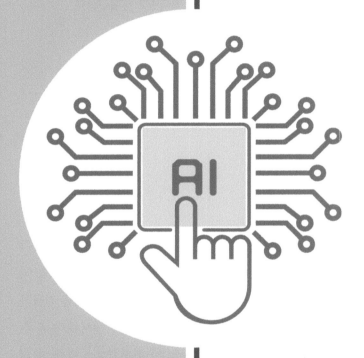

05

인공지능
사고 사례와 부작용

05 | 인공지능 사고 사례와 부작용

빨리 알수록 일이 쉬워지는, **AI POWER** 인공지능 성공 사례, 실패 사례

인공지능 기술이 도입된 초기부터 기술의 오용과 불완전에 따른 사고 사례는 계속 보고되어 왔다. 특히, 알고리즘 미흡과 인공지능 학습에 이용되는 데이터의 부실로 인한 사고 사례가 지속적으로 증가하고 있다. 그러나, 무엇보다 우려가 증가하는 부분은 악의적인 의도를 갖고 사용되는 인공지능이 통제되지 않는 경우이다. 다음에 소개하는 사고 사례는 인공지능 확산 과정에 경험하게 되는 부작용 및 역기능과 이에 대한 통제 방안을 생각해보는 기회가 될 것이다.

가. 미흡한 알고리즘으로 인한 인공지능 사고 사례

대륙간 탄도탄 오탐, 소련 방공시스템 (1983)

> 1983년 9월 26일, 소련군의 방공시스템은 미국이 대륙간 탄도탄을 발사한 것으로 탐지했지만, 이는 미국 노스다코타(North Dakota) 주 상공의 섬광을 잘못 식별한 결과였다. 이 사례는 초기 형태의 인공지능 기반으로 운영되는 방공시스템이 제시한 정보를 검증하고 실행을 통제하는 관리체계의 중요성을 강조한다.

인공지능 모형의 오류 사례로 보기에는 매우 초기적인 형태이나, 인공지능 사고사례에 자주 등장한다. 1983년 9월 26일, 소련군에서 운영하는 방공시스템에서 미국이 소련을 향해 대륙간 탄도탄 5발을 발사한 것 같다는 정보가 인지되었다. 당시 소련군이 운영하였던 방공시스템에서는 위성사진, 전파탐지, 음향탐지, 인적정보 등 여러 채널을 통해 미국으로부터 위해정보를 인지하고, 이를 복합적으로 분석하여 소련 영공을 향하는 미국의 대륙간 탄도탄 징후를 판단한다. 방공시스템이 전달하는 경보의 근거는 명확하였고, 그 근거와 징후에 따라 차단과 반격을 진행하게 된다. 그럼에도 불구하고, 약 10분 넘는 시간 동안, 소련군의 당직근무자는 새로운 기술, 비현실적으로 높은 신뢰 수준, 부족한 수준의 탐지 보고서, 그리고 소련 영공으로 들어오는 어떤 미확인 비행물체도 레이더가 감지하지 못했다는 사실 등을 종합적으로 판단하여, 해당 경보는 오탐된 정보를 바탕으로 생성된 것이고, 구체적으로는 추후 미국 노스다코타(North Dakota)주 상공의 고고도에서 반사되는 빛을 발사된 미사일의 섬광으로 잘못 식별했다는 것으로 판단했다. 해당 사례는 방공시스템이 제시한 정보와 결론을 담당자가 지식과 추론을 바탕으로 검증하고 실행을 통제한 관리체계의 사례로 많이 알려져 있다.

폭풍해일 Sandy 예측모델 오류, 뉴저지 주 교통국 (2012)

2012년 10월 29일, 슈퍼폭풍 샌디가 뉴저지와 뉴욕을 강타하여 대규모

재해를 초래했으나, 인공지능 기술이 활용된 국립 기상청의 소프트웨어는 폭풍을 과소 평가하여 피해 예측에 실패했다. 데이터와 알고리즘이 정교화되면서 폭풍 예측모형 개발이 진행되고 있지만 자연재해의 복잡성으로 인해 방대한 유관 데이터의 확보, 처리와 학습을 통한 추론은 여전히 어려운 과제로 남아있다.

2012년 10월 29일 미국 뉴저지(New Jersey)주 인근에 상륙한 슈퍼 폭풍 샌디(Sandy)는 뉴저지 주 지역 전반에 침수, 정전, 화재, 단수와 이재민 등의 피해를 남겼다. 샌디가 뉴욕과 뉴저지 지역에 상륙했을 때에는 가장 낮은 단계인 1등급 허리케인으로 평가되었지만, 이로 인한 피해액은 650억 달러에 달했고 지하철 차량의 30%와 승용차의 25%에 1억 달러 상당의 피해를 입혔으며, 더구나 뉴욕시로 운행하는 지하철 차량이 정차되어 있는 저지대 차량기지 침수로 인해, 지하철이 최소 2주에서 최대 5주까지 운행 정지되었다.

뉴저지 주 교통국에서는 국립 기상청에서 제공한 인공지능 기술이 활용된 기상 정보 및 침수 예측 소프트웨어를 이용하여 샌디에 대응하는 계획을 수립하였으나, 결론적으로는 폭풍으로 인한 재해에 대응하고 피해액을 줄이는 것은 실패하였다.[90] 국립 기상청에서 뉴저지 주에 제공한 소프트웨어는 접근하는 허리케인을 시뮬레이션하고 폭풍 해일이 유발하는 홍수에 취약한 지역을 지정해준다. 그러나, 해당 소프트웨어는 대형 폭풍 샌디의 위협을 과소 평가하였고, 실제 강도의 절반 수준으로 예측하였다. 그럼에

---

90 https://www.reuters.com/article/us-storm-sandy-newjerseytransit/exclusive-readying
-for-sandy-nj-transit-erred-in-modeling-storm-idUSBRE90B00I20130112

도 동일한 예측 결과를 토대로 인근의 다른 차량기지에서는 철도 차량을 보다 지대가 높은 곳으로 이동시켰고 피해액을 줄일 수 있었다.

추후, 뉴저지 주 정보공개법에 따라 제공된 2012년 10월 26일의 국립 기상청 자료는 뉴욕(New York)시 맨해튼 남부에 최대 8피트의 폭풍 해일 위험성을 경고하였던 것으로 밝혀졌다. 그러나 뉴저지 주 교통국에서 연방 정부 소프트웨어로 분석한 예측 결과는 동일 지역에 대해 최대 3피트의 폭풍해일 위험성을 예측하였고, 실제 폭풍 해일은 뉴욕시 배터리 지역 인근에서 9.23피트로 관측되었다. 동일한 모형에 대해 각기 다르게 나온 예측 결과에 대해 국립기상청 관계자는 예측모형에 데이터를 입력했던 시점과 데이터 등 조건이 달랐을 거라고 추측하고 있다. 물론, 뉴저지 교통국에서는 철도 차량과 기관차를 이동할 위치에 대한 결정은 최상의 기상 모델과 예측, 역사적 경험 그리고 당시 활용 가능했던 모든 기타 정보를 바탕으로 산출했다고 강조했다.

2013년 3월 7일, 미 항공우주국(NASA)는 2012년 대형 폭풍 샌디와 2005년 미국 남부 루지애나(Louisiana)주를 강타한 허리케인 카트리나(Katrina)와 비교하여 시사점을 제시하였다. 두 폭풍 모두 주요 도시를 침수시켰고 수백만 명의 전력을 차단했으며 인구 밀도가 높은 해안선을 산산조각 냈으나, 기상학 관점에서 볼 때 샌디와 카트리나는 각기 다소 다른 특성을 갖고 있었다. 예를 들어 동일한 1등급의 폭풍이라 하더라도 1등급을 유지하고 있는 폭풍보다는 갓 1등급으로 발달한 폭풍이 갖는 바람의 강도가 훨씬 큰 피해를 유발하는 것으로 조사되었다. 이와 같은 부분도 데이터가 축적되고, 알고리즘이 정교화되면 어느 정도 보완 및 극복한 것으로 여겨지고 있으나, 자연재해의 경우에는 복합적인 형태로 전개되며, 동일

한 조건으로 진행되는 사례가 거의 없다는 점이 과제를 남기고 있다. 이를 극복하기 위해 유관 데이터의 신속한 확보와 분석, 지속적인 학습 기능을 통한 추론 기능 개선으로 순환되는 모형 개발이 모색되고 있다.

영상물 등급 제한 관리 실패, YouTube (2015)

> 2015년 유투브는 어린이용 앱에 컨텐츠 필터링 알고리즘을 도입했음에도, 성적, 폭력, 욕설 등 부적절한 컨텐츠가 어린이에게 제공되거나 추천되는 문제가 발생했다. 이로 따라 유투브는 기계학습 알고리즘과 인간 전문가의 검토 의견을 함께 조합한 필터링 시스템을 개선하여 영상물 유해 판정 비중을 줄이고 사용자의 의견을 반영하는 방향으로 조정하였다.

2015년 유투브(YouTube)는 자사가 제공하는 어린이 엔터프라이즈 앱(Enterprise App) (YouTube Kids App)[91]에 컨텐츠 필터링을 위한 알고리즘을 내장하였고 추가적으로 담당자의 검토 의견이 반영되어 어린이에게 유해한 컨텐츠 즉, 성, 마약, 폭력, 욕설 및 음모론이 포함된 동영상을 걸러내도록 설계되고 운영되었으나, 예상 밖으로 어린이에게 부적절한 컨텐츠가 제공되거나 오히려 추천되는 오류가 발생했다.

예를 들어, 전체 스토리와 영상 컨텐츠는 어린이용으로 보였지만, 컨텐츠 중간 중간에 어린이 만화와 매우 유사하지만 충격적이거나 연령에 적

---

91 https://en.wikipedia.org/wiki/YouTube_Kids

합하지 않은 컨텐츠가 포함되어 있었다. 유투브가 개발하여 적용한 '제한 모드' 필터 등의 추가적인 필터는 이들 영상을 모두 차단하지 못했고, 오히려 이와 같은 부적절한 컨텐츠를 모든 연령의 시청자에게 추천하는 피해를 발생시켰다.

2015년 당시, 유투브가 이용하였던 컨텐츠 필터링 시스템은 기계학습 알고리즘과 전문가의 검토과정이 연계된 방식으로 여타의 업체와 유사한 방식이다. 이 가운데, 기계학습 알고리즘은 조건에 따라 연령별 부적합 컨텐츠를 식별하고, 사용자 신고 또는 사용자의 시청기록, 시청 이후 추천하는 유형 등에 따라 연령별 영상물 등급 산정에 반영하는 방식이었다.

사고 이후, 조사를 거쳐 2018년 유투브는 기계학습 알고리즘을 통한 영상물 유해 판정 비중을 낮추고, 전문가에 의한 화이트리스트 (Whitelist) 관리와 사용자의 신고, 추천, 전문가의 검토 비중을 높이는 개선 모형을 적용하고 있다.

자동 서류심사 오류가 가져온 인종 차별,
St. George Medical Hospital School (1982)

1982년부터 1986년까지 성 조지 의과대학에서 입학 지원자 선정에 사용한 프로그램은 입학 사정위원들이 선정한 면접 후보자와 일치율은 높지만, 실제로는 여성이나 유럽식 이름이 아닌 지원자에게 불리하게 작용하는 것으로 나타났다. 이러한 사례는 인공지능 알고리즘을 개발하고 학습시키는 과정에서 데이터의 적절성과 객관성이 중요함을 강조하고 있다.

영국 런던에 소재한 성 조지 의학대학(St George's Hospital Medical School)은1982년부터 1986년까지 입학지원자 가운데 특정 조건에 따라 면접 대상자를 선정하여 추천해주는 프로그램을 사용했다. 제프리 프랭글렌(Geoffrey Franglen) 박사가 설계한 이 시스템은 과거 입학 데이터를 사용하여 개발되었는데, 예를 들면 과거에 입시에서 탈락된 입시 지원자의 특성을 패턴으로 추출하고 이와 비교하는 방식을 사용한 것이다. 입학지원서 서류 검토시스템은 나름 객관성 검증을 위해, 입학 사정위원들이 선정한 면접 후보자와 90-95%의 일치율을 달성한 뒤, 1차 지원자 전형 결과를 확정하는 절차로 진행되었다.

그러나, 1986년 학교 측은 이 제도가 여성과 소수 민족에 편향되어 있다는 사실을 인식하고 영국의 인종평등 위원회에 이 문제를 보고했다. 구체적으로는 입시지원자 적격 여부를 서류에서 검증하는데 사용한 프로그램이 사용한 과거 데이터가 여성 혹은 유럽식 이름이 아닌 지원자에게 낮은 우선순위 또는 불이익을 주도록 알고리즘이 설정되어 있는 것으로 파악되었다. 인공지능 기술을 이용하여 알고리즘을 생성하고 과거 데이터를 사용하여 학습시키고 다시 알고리즘 보정을 하는 과정에 데이터의 적정성과 객관성이 중요함을 강조하게 된 사례라 할 수 있다.

알고리즘 기반의 재범 위험 평가의 실효성, 버지니아 법원 (2003)

미국 버지니아주에서는 과거 양형 사례를 기반으로 피고인의 재범 가능성을 평가하는 알고리즘을 적용 중인데, 이 시스템은 범죄 유형, 연령, 과거 전과 등 다양한 데이터를 고려하여 위험 점수를 산정하고, 판사는 이를 고려하여 피고의 형량을 결정한다. 그러나, 이 알고리즘은 재범 가능성을 완벽히 설명할 수 없으며, 초기에 전망했던 재범율의 감소를 달성하지 못했다. 미래 재범 가능성 추론을 위해서는 유의미한 데이터를 확보하고 알고리즘을 개선하는 과정이 필요하다고 평가된다.

미국 버지니아(Virginia)주에서는 과거 양형 사례를 토대로 각 범법행위에 대한 위험점수를 부여하여 해당 피고인의 재범 가능성을 평가하는 알고리즘을 적용 중[92]이다. 이는 법원에서 판사의 양형 결정에 일부 주관적일 수 있는 추측을 제거하기 위해 도입된 것으로, 버지니아 주 형사 선고 위원회(Virginia Criminal Sentencing Commission)에서는 이 시스템의 목표가 범죄율이나 재범률이 높아지는 것을 피하면서 위험도가 가장 낮은 비폭력 범죄자를 감옥에서 내보내고 폭력 범죄자를 위한 공간을 확보하는 것이라고 밝힌 바 있다.

재범 가능성을 추정하는 모델에서는 피고인의 범죄 유형, 연령, 과거에 판결받은 유죄 전과 및 고용 상태와 같은 데이터가 포함되어 있는데, 절도 전과의 경우에는 마약 범죄보다 높은 점수가 부여되고, 여성보다 남성이, 기혼보다는 미혼이 더 높은 점수가 적용되었다. 그런 공식에 따라, 판사는 산정된 위험 점수를 감안하여 재범 가능성이 가장 적은 중범죄자를 식별하여 다소 관대한 형량을 선고하거나 보호 관찰 또는 약물 남용 치료

---

92 https://www.washingtonpost.com/business/2019/11/19/algorithms-were-supposed-make-virginia-judges-more-fair-what-actually-happened-was-far-more-complicated/

와 같은 프로그램으로 보내야했다.

이런 결과로, 역설적으로 일부 판사는 연령이 젊거나 흑인 피고인에게는 무거운 형량을 선고하는 반면, 강간범에게는 다소 관대한 형량을 선고하는 사례가 발견되었다. 이는 알고리즘 구조에 내재된 특성에 따른 부작용이라 할 수 있는데, 재발 발생 위험을 산정하는 여러 요인 가운데, 피고인의 나이가 비중이 높게 설계되었기 때문이다. 물론, 양형에 대한 최종 판단은 판사가 내리기 때문에 알고리즘에만 완전히 의존하는 것은 아니다.

그러나, 이와 같은 알고리즘의 운영이 재범 가능성을 추정하고 위험율이 높은 피고인 중심으로 수감하였다 하더라도, 초기에 지향하였던 수감자 또는 재범율의 감소를 달성하지는 못하였다. 이는 과거 데이터를 기반으로 미래 재범 가능성을 완전히 설명 가능하지 않다는 점을 알려주고 있다. 따라서, 과거 데이터 분석과 학습만으로 알고리즘을 운영하는 것이 아닌, 미래 재범 가능성 추론에 유의성이 높은 데이터를 찾아내고 알고리즘에 반영하는 과정이 필요한 것으로 평가되고 있다.

입사지원자에게 쳇봇(Chatbot)은 유용한 도구인가, 미국 패스트푸드 체인 (2023)

미국 노스 캐롤라이나주에 거주하는 자유 기고가인 아만다 클레이풀은 패스트푸드 체인점에서 시간제 근로자 모집을 위해 인공지능 기반 쳇봇을 이용한 과정에 대해 경험을 공개했다. 다수의 체인점에서 적용된 쳇봇은 입사 희

> 망자에게 제대로 된 정보나 지원 절차를 제공하지 않았으며, 면접 과정에서도 효과적인 소통이 어려웠다. 이는 자연어 처리 능력만으로는 효과적인 운영이 어려우며, 기존 채용 프로세스와의 연계가 필요하다는 점을 강조한다.

미국 노스 캐롤라이나(North Carolina)주에 거주하는 자유 기고가인 아만다 클레이풀(Amanda Claypool)는 다수의 패스트푸드 체인점에서 시간제 근로자 모집을 위해 이용하는 인공지능 기반 챗봇이 어떤 절차와 기준으로 운영되는지, 그리고 입사 희망자 입장에서는 이용이 편리하고 명확한 절차를 제공받을 수 있는지 의문이 들었고, 직접 지원한 경험을 기사로 게재하였다.[93]

아만다는 지난 몇 달 동안 크럼블 쿠키(Crumble Cookies), 맥도널드(McDonald), 웬디스(Wendy's), 하디스(Hardee's), 와플 하우스(Waffle House)와 같은 다수의 패스트푸드 체인점에서 공지한 시간제 근로자 모집 공고에 응시하였고, 와플 하우스는 채용 과정에 비교적 기존 방식에 따라 채용 담당자와 소통하며 진행할 수 있었으나, 나머지 패스트푸드 업체의 경우 사전에 프로그램된 챗봇과 채용 과정이 진행되었고, 챗봇과의 소통 또한 효과적이지 않았다고 설명한다.

맥도널드의 경우, 입사 지원을 위해 먼저 올리비아(Olivia)라고 불리는 챗봇과 상담을 진행해야 했는데, 실제로 올리비아가 지원자 아만다에게 채팅으로 물어본 질문은 이름과 노동허가 등 매우 기본적이고 일반적인 질문만 반복하였고, 아만다가 질문한 사항에 대해서는 맥도널드가 외부

---

93 https://www.businessinsider.com/chatbots-made-it-hard-to-get-fast-food-job-2023-6

에 공개하는 일반적인 이메일 주소만 알려주었을 뿐, 지원자 입장에서 도움되는 정보나 프로세스가 제공되지 않았다.

웬디스의 경우, 지원자 아만다가 챗봇을 통해 기본적인 지원자 정보 및 희망하는 근무 시간을 이미 이야기하였음에도 불구, 정작 면접관은 아만다가 챗봇을 통해 답변한 모든 사항이 면접관에게 전달되지 않았기에 효과적인 면접은 불가능하였다. 크럼블 쿠키는 일견 보기에는 신청 사이트가 매우 간결하고 복잡하지 않아 보였지만, 결국 매 단계를 진행할 때마다 다른 사이트로 이동하여 지원사항을 입력해야 했고, 아만다가 지원한 직무와 관계없이 처우 조건과 근무 시간이 사전에 정의되어 동의해야만 면접 일정 확정이 가능하였다.

하디스는 앞서 다른 패스트푸드 업체의 채용 과정과 비슷한 경험이었으나, 더욱 더 놀라운 것은 배정해준 면접시간에 면접관은 정작 본인이 면접일정을 통보받지 못해 참석하지 못했다는 사실이다.

시간제 근로자 모집과 채용업무 자동화를 위한 인공지능 기반 챗봇 도입은 좋은 시도임에 분명하다. 비교적 정리된 업무 분장과 지역별 급여, 보상기준, 그리고 근무자 편성에 필요한 과거 통계자료를 갖고 있기에 조건에 부합되는 지원자를 선별하여 면접관에게 배정할 수 있고, 이를 목적으로 도입되었지만 현재까지는 채용 기업은 물론 입사지원자에게도 만족스러운 경험을 제공하지 못하고 있다. 이는 챗봇이 지원자와 효과적인 상담을 위해서는 자연어 처리 기능 단독으로는 효과적인 운영이 불가능하며 기존의 채용프로세스가 이용하던 데이터와 기준, 절차와 연계되어야 함을 강조한다.

인공지능에 의한 판단은 인간 전문가의 판단과 동일 수준의 객관성과 투명성이 있을까 (2016)

> 일상 생활에서 인공지능 기술이 적용된 알고리즘의 사용이 늘어남에 따라, 신용평가, 보상비용 판정, 입사지원서류 검토 등은 보다 객관적인 판단이 가능하다고 알려져 있으나, 최근 Apple의 신용카드 신청자에 대한 성별 차별과 같은 논란이 있었다. 통상, 인공지능 알고리즘은 회사의 지적재산권으로 공개 정보가 아니기 때문에 투명성을 요구하기 어려운 현실도 있다.

우리의 일상 생활에서 인공지능 기술 기반으로 운영되는 알고리즘이 점점 더 큰 부분을 차지함에 따라 이들 알고리즘이 제공하는 서비스가 기대에 부합하는지 관심이 높아지고 있다. 물론, 정형화된 절차와 기준에 따라 진행되는 신용 평가, 보상비용 판정, 입사지원서류 검토, 대출서류 심사, 학군 조정, 복지대상자 심사 등에 있어, 인공지능 기술에 의한 알고리즘이 인간이 직접 수행하는 것보다 사안을 이해하는 과정이 보다 덜 편향되어 있고, 보다 객관적인 판단이 가능한 것으로 알려져 있다. 그러나, 인공지능 기반 모형이 인간이 수행하는 업무보다 정말로 객관적인 결과를 낳는지에 대해서는 논란이 증가하고 있다.

스마트기기 제조 및 서비스 업체인 애플(Apple)은 금융서비스 업체인 골드만 삭스(Goldman-Sachs)를 통해 애플의 신용카드 업무를 위탁, 발급, 관리하고 있다. 그러나 애플을 통해 가입 신청하는 것이 골드만 삭스를 통해 신용카드 서비스를 가입하는 경우보다 신청자에 대한 신용 평가 알고리즘에 성별 차별이 있는 것으로 밝혀졌다. 어떤 사례는 같은 조건임

에도 불구하고 남성 신청자가 여성보다 훨씬 높은 신용 한도를 받는다고 주장했다.[94]

심지어, 애플의 공동 설립자인 스티브 워즈니악(Steve Wozniak)도 자신의 아내가 이와 비슷한 경험을 하였다고 확인했으며 뉴욕 주 금융 서비스국은 차별 주장에 대한 조사를 시작했다. 이에 대해 골드만 삭스는 성별, 인종, 연령, 성적 취향 또는 기타 법적으로 금지된 요소를 기반으로 신용도를 판단한 적이 없었으며 신청자가 카드 결정이 불공평하다고 이의를 제기하는 경우에는 사례별로 신용 평가를 검토할 것이라고 말했다. 물론, 신청자가 신청 시에 이용한 채널 혹은 신용카드와 결합된 서비스에 따라 동일한 신청인임에도 조금씩 다른 신용한도가 주어질 수는 있다.

2016년, 미국 펜실베니아(Pennsylvania)주의 알러게이니(Allegheny) 카운티에서는 아동 학대에 대한 우려가 접수되는 경우, 아동 복지 심사 결정을 돕기 위해 알러게이니 가족 심사 도구(Allegheny Family Screening Tool)를 도입했다. 시스템은 의뢰인의 각 개인에 대한 데이터를 수집하여 "전체 가족 점수"를 생성하고 이를 해당 보호 대상자에게 향후 발생 가능한 주요 이벤트의 가능성을 결정한다. 그러나, 보호자에 따라서는 언어나 정서적 이유로 인해 충실한 답변을 하지 못하였고, 이로 인해 자녀 양육권을 침해받는 사례[95]가 보고되었고, 이는 기술적으로 틀리지 않았으나 결론적으로는 틀린 방법이라는 인식을 갖게 한다.

---

94 https://www.cnbc.com/2019/11/14/apple-card-algo-affair-and-the-future-of-ai-in-your-everyday-life.html

95 https://apnews.com/article/child-protective-services-algorithms-artificial-intelligence-disability-f5af28001b20a15c4213e36144742f11

나아가, 모든 경우라고 할 수는 없지만 대부분의 경우에 있어, 인공지능 모형과 알고리즘은 이를 개발한 회사가 지적소유권을 갖고 있으며, 사용자에게 사용 라이선스를 제공하는 것이 일반적이다. 따라서, 알고리즘은 공개 정보가 아니며, 알고리즘에 편향성이 있다고 하더라도 잘못된 부분을 정확히 지적하기 전에는 공개를 요구하기 어려운 것이 현실이다. 인공지능시스템에 대해 사회적, 정치적, 경제적으로 중요성은 증가하고 있으나, 불공정과 차별 등 투명성을 저해하는 결함에 대해 조사할 수 있는 법적 제도적 장치는 매우 제한적이거나 매우 미숙하기 때문이다.

통제되지 못한 자율주행시스템, 테슬라 (2018)

> 2018년 11월, 캘리포니아주 고속도로에서 자율주행 중인 테슬라 모델 S에 탑승한 음주운전자가 체포되는 사건이 발생했다. 테슬라의 자율주행 시스템은 운전자의 응답이 없을 때 차량을 정지시키는데, 이번 사건에서는 작동하지 않았다. 이로써 자율주행 시스템의 작동 상태와 운전자의 책임에 대한 논란이 제기되었다.

2018년 11월, 미국 캘리포니아(California)주 고속도로 순찰대(CHP, California Highway Patrol)는 샌프란시스코의 베이브릿지(Bay Bridge)에서 자율주행 중인 테슬라 모델 S 차량 내에서 혈중 알코올 농도가 매우 높은 운전자를 발견하였다. 주행 중에 테슬라 모델 S의 자율주행시스템(Autopilot)[96]을 활성화하는 경우, 운전자는 언제나 운전대에 손

을 올려놓아야 함에도 불구하고, 경찰이 해당 차량을 적발하고 정지시킬 때까지 운전자는 만취해서 자고 있었고, 테슬라 모델 S 차량은 시속 70마일로 계속 운행 중이었다.97 테슬라의 자율주행 시스템은 위험 상황을 감지하면, 운전자에게 경고를 보내고, 운전자가 응답하지 않으면 차량을 정지시키도록 설계되어 있다. 운전자의 혈중 알코올 농도는 법적 한도의 두 배였다. 운전자는 테슬라 모델 S가 자율주행 시스템으로 설정되어 주행 중이었다고 항변하였지만, 음주운전 혐의로 현장 체포되었다.

미국 자동차공학회가 정의한 자율운행 단계98 기준으로 볼 때, 테슬라의 모델 S는 안정된 수준의 2단계와 의미있는 3단계를 충족하는 기종으로 평가되고 있다. 운전자는 자율주행 시스템을 가동 중이었고 본인의 책임은 없었다는 입장이었지만, 캘리포니아주 교통법과 경찰은 여전히 운전자의 책임을 더 중요하게 판단했다는 의미가 있다. 또, 자율주행 시스템이 계속 작동하기 위해서는 운전자가 운전대를 붙잡고 있었어야 하나, 실제로 운전대를 잡고 있지 않았음에도 자율주행 시스템이 작동되었는지, 아니면 간헐적으로 운전대를 잡거나 놓쳤는데도 작동되었는지는 명확하지 않고, 자율주행 시스템 단계별 통제시스템이 적절히 작동하는지 의문을 던지고 있다.

---

96 차량 내외부 환경을 감지하여 차량의 운행 기능을 제어하는 8개의 외부 카메라, 레이더, 12개의 초음파 센서 및 강력한 주행용 컴퓨터로 구성된 첨단 운전자 지원 시스템으로 내 차의 주행 속도를 주변 차량의 운행 속도와 일치시키는 Traffic-Aware Cruise Control과 주행 중인 차선을 따라 운전대의 조향을 보조하는 Autosteer의 두 가지 기능을 가지고 있다.

97 https://fortune.com/2018/01/22/tesla-drunk-driver-autopilot/

98 0단계 (수동운전 기능), 1단계 (운전자 지원 기능), 2단계 (부분 자율주행 기능), 3단계 (조건부 자율주행 기능), 4단계 (고도 자율주행 기능), 5단계 (완전 자율주행 기능)

의료진에게 배정되지 않은 코로나 백신, 스탠포드 병원(2020)

2020년, 스탠포드 병원에서 Covid19 백신 우선순위에 논란이 있었다. 한정된 백신을 배정하기 위해 사용된 알고리즘은 연령과 지위 등 특정 요소의 가중치가 근무 위치와 무관하게 영향을 미쳤으며, 임상병리과나 방사선과 전공의에게도 백신이 배정된 부분에서 논란이 발생했다. 이 사례는 의료서비스와 자원 배정 기준에 대한 논의를 촉발하고, 향후 대규모 전염병 발생 시 우선순위 결정에 대한 윤리적, 과학적 질문을 제기했다.

2020년, 코로나 감염이 심각한 수준이던 시기, 스탠포드 병원 (Stanford Medical Center) 소속 전공의들은 다른 의료진에 비해 코로나 환자에 대한 접촉 빈도가 높은 편이었음에도 불구하고 매우 한정된 전공의에게만 백신 접종 우선순위가 배정된 상황이 발생하였다.[99] 스탠포드 병원에서는 한정된 코로나 백신을 의료진에게 배정하기 위해 정의된 알고리즘을 사용하여 우선순위를 산정하였는데, 전공의별 진료과목과 활동 내역에 대한 미흡한 입력 정보로 인해 의료진의 근무 위치와 무관하게 의료진의 연령과 지위 등 특정 요소의 가중치가 배포 우선순위에 영향을 준 것으로 밝혀졌다.

스탠포드 병원에서 백신 배정 우선순위 산출을 위해 사용한 알고리즘은 규칙 기반 공식으로 연령과 관련 변수, 담당업무 관련 변수, 그리고 캘리포니아 주 공중 보건부의 지침으로 구성되어 있다. 그러나 의료현장의

---

[99] https://www.washingtonpost.com/health/2020/12/18/stanford-hospital-protest-covid-vaccine/

현실과는 달리, 수량이 한정된 코로나 백신이 환자를 직접 접촉하지 않는 임상병리과 혹은 방사선과 전공의에게 배정될 수 있는 알고리즘이 적용된다는 부분에서 논란이 발생하게 된 것이다. 물론, 해당 논란이 발생한 수 일 뒤, 스탠포드 병원에서는 충분한 수량의 코로나 백신을 확보하여 기준에 부합되는 의료인력에게 모두 접종 조치함으로써 마무리되었다.

금번의 논란은 비교적 빠른 시일 내에 원만히 해결되었지만, 제한된 의료서비스와 자원을 어떤 기준으로 배정할 것인지에 관한 근본적인 질문을 제기한 사례이다. 향후에도 Covid19과 같이 대규모로 광범위하게 전파되는 질병이 다시 발생하는 경우, 의료 현장 최전선에서 진료 활동을 수행해야 할 의료진에게 먼저 배정해야 하는지, 아니면 지원인력이라 하더라도 건강조건이 취약한 의료진에게 먼저 배정해야 하는지, 그리고 그 기준은 누가 정하고 실행하는지에 대한 윤리적, 과학적 질문을 남기고 있다.

나. 학습 데이터의 부실로 인한 인공지능 사고 사례

챗봇 "티사 - Tessa" 기능의 한계, 미국 식이 장애 협회 (2023)

미국 식이 장애 협회(NEDA)는 코로나 팬데믹 기간 동안, 증가한 상담 통화 수요 대응을 위해 티사(Tessa)라는 챗봇을 도입했다. 티사는 규칙 기반 챗봇으로 설계되었으나, 정작 티사와 상담한 환자들은 제한된 상담 기능에 대해 불만을 제기했다. 상담원에 비해 챗봇은 환자의 상황을 이해하는 데, 제약이 있어 심각한 공감 부족이 지적되었다.

미국 식이 장애 협회(NEDA)[100]는 지난 20년 동안 거식증, 폭식증 및 기타 섭식 장애에 대해 도움이 필요한 사람들을 위해 전화 상담 및 온라인 플랫폼을 운영해왔으며, 2021년에는 7만여 명이 이용했다. 섭식 장애는 흔하지만 심각하며 때로는 치명적인 질병이다. 미국인의 약 9%가 일생 동안 섭식 장애를 경험하며, 또한 정신 질환 중에서 가장 높은 사망률을 보이는데, 매년 1만여명의 미국인이 섭식 장애의 직간접 영향으로 인해 사망하는 것으로 추정된다. 미국 식이 장애 협회에서는 섭식 장애로 고생하는 환자에게 체중 감량관련 상담과 조언을 제공하는 기존 전화 상담 및 온라인 플랫폼 이외에 티사(Tessa)라는 챗봇을 출시한지 1주일만에 서비스 중지하기로 결정하였고, 이 사건은 민감한 개인 질환을 다루는 의료 환경에서의 인공지능 기반 챗봇 사용에 대한 사회적 논란과 우려를 불러 일으켰다.[101]

미국 식이 장애 협회(NEDA)에서 '티사' 서비스를 제공하게 된 배경은 Covid19 팬데믹이 영향이 컸다는 것이 일반적인 시각이다. 즉, 사회 전반적인 질병 확산으로 인해 다수의 직원들이 증가하는 통화량과 업무량으로 처우가 악화되었고 직원들의 권익 강화를 위해 노조가 결성되었는데, 이에 따라 업무 주도권이 노조에 의존하게 되는 것을 막기 위해 '티사'가 도입되었다는 시선을 피하기 힘들다는 여론이 강하였다. 물론, 미국 식이 장애 협회(NEDA)에서는 '티사' 도입은 노조 결성과 무관하다는 입장을 밝혔고, 오히려 증가하는 통화량에 대한 대기시간 단축을 위해 도

---

100 National Eating Disorders Association, 미국 식이 장애 협회

101 https://www.theguardian.com/technology/2023/may/31/eating-disorder-hotline-union-ai-chatbot-harm

입했다는 입장임을 강조하였다.

'티사'를 통해 채팅으로 상담을 받은 환자들은 상담 방식에 대해 상당한 불만을 제기하였다. 즉, 미국 식이 장애 협회(NEDA)의 업무 범위와 상담 지식을 기반으로 설계되었지만 실제로는 제한된 수의 상담 사례만을 바탕으로 알고리즘이 고안된 규칙 기반 챗봇이었다. 따라서, 상담이 필요한 다수의 환자들은 자살을 고민하거나, 학대당하거나, 여러 종류의 응급상황을 겪고 있었음에도 '티사'는 이와 같은 유형을 상담하도록 설계 및 훈련되어 있지 않았다는 평가이다.

'티사'를 경험한 다수의 상담 환자들은 챗봇이 상담환자들이 제기한 질문과 전혀 관련이 없는 링크와 리소스를 제공했다고 기억한다. 물론, 다수의 연구와 전문가들은 챗봇의 기능이 더 많은 데이터 학습과 지속적인 알고리즘 조정을 통해 개선 가능하다고 설명하고 있다.

그럼에도 불구하고, 기존의 상담원은 수화기 너머에 들리는 환자의 상황을 듣고, 상대방이 겪고 있는 경험이 얼마나 힘든 일인지 근본적으로 이해하기 때문에 진지한 공감으로 대화를 끌어낼 수 있지만, 챗봇은 데이터 학습을 통해 알고리즘을 개선하더라도, 환자가 처한 상황에 대한 공감대 형성이나 환자 입장의 이해가 어렵다는 인식이 지배적이다.

언어번역 오류가 가져온 저속한 표현. 페이스북 (2020)

> 2020년, 미얀마의 아웅산 수키 국가 고문이 중국을 방문하여 대규모 인프라 개발 협정에 서명하고 이를 페이스북에 발표했으나, 미얀마어로 게시된

내용이 영어로 번역될 때 중국의 시진핑 주석이 "Mr Shithole"로 오역되는 사태가 발생했다. 이는 페이스북의 언어 번역 시스템에서 시진핑의 이름을 미얀마어 데이터베이스에서 찾을 수 없어 발생한 오류로, 즉시 조치되었다. 그러나, 동일한 사례에서 구글의 번역 기능은 이러한 오류를 보이지 않았다. 이 사건은 페이스북의 언어 번역 시스템이 모집단과 학습이 미진한 언어에 한계가 있다는 점을 보여주었다.

2020년 미얀마의 지도자 아웅산 수키 국가 고문은 중국 베이징을 방문하여 양자 회담 끝에 중국이 미얀마에 지원하는 대규모 사회기반 시설 개발 협정에 서명하게 되었다. 그리고 이와 같은 외교 성과는 여러 채널과 매체를 통해 발표하였는데, 이 가운데 페이스북(Facebook)을 통해 미얀마어로 게재한 외교성과가 영어로 번역되는 과정에 오류가 발생한 사례이다102. 아웅산 수키 여사의 공식 페이스북 페이지에 미얀마어로 게시된 방문 성과가 영어로 번역되었을 때에는 중국 국가주석 시진핑이 다소 저속한 단어인 "Mr Shithole"로 표현되는 현상이 나타난 것이다.

페이스북의 자체 조사 결과, 미얀마 언어로 게재된 자료를 영어로 번역하는 과정에 미얀마어 데이터베이스에 시진핑 주석의 이름이 없었고, 이에 따라 인공지능 모형은 발음의 유사성이나 문맥을 유추하여 추천 단어를 선정하여 번역을 진행한 것으로 확인되었다. 즉, 시진핑 주석의 발음을 영어로 전환 시, Xi로 나오게 되는데 미얀마어에서 "Xi"와 "Shi"가 유사한 발음으로 간주되었고, 미얀마어 데이터베이스에 시진핑 주석이 등록되어 있지 않았기에 선택 가능한 "Shithole"이라는 단어를 채택하게

---

102 https://www.reuters.com/article/us-myanmar-facebook-idUSKBN1ZH0IB

되었던 것이다. 해당 사항은 즉시 조치되었다. 그러나, 동일한 사례에서 구글(Google) 뉴스를 통한 게재물에서의 번역 기능은 동일한 오류를 표시하지 않았다.

페이스북의 경우, 지역별 광고 산업 확대를 위한 도구 가운데 하나로 인공지능 기술 기반의 언어 번역시스템을 활용 중인데, 모집단과 학습이 미진한 언어의 경우 기존의 번역 모형으로는 한계가 있다는 점을 보여준 것이다.

얼굴 인식 오류에 따른 피의자 무고, 뉴욕 경찰청 (2019)

2019년 8월 16일, 뉴욕 맨해튼의 풀턴 역에서 수상한 가전제품이 발견됐고, 한 시간 뒤 West 16th Street 근처에서 또 다른 가전 제품이 발견됐다. 경찰은 폭발물 테러와 관련된 것으로 의심했지만, 실제는 일반 밥솥이었다. 경찰은 지하철 감시 카메라 영상을 통해 용의자를 식별했고, 래리 그리핀이라는 노숙인을 용의자로 지목했다. 그러나 그리핀은 밥솥과 관련이 없었다. 이 사건은 안면인식 기반 신원파악 시스템의 오류로 인해 무고한 시민이 피해를 입었음을 보여준다.

2019년 8월 16일, 뉴욕 맨해튼의 풀턴(Fulton Street)역에 있는 지하철 승강장에서 수상한 가전제품이 발견되었고, 한 시간 뒤 West 16th Street의 쓰레기통 근처에서 또 다른 가전 제품이 발견되었다. 이를 신고 받은 경찰은 처음에는 2013년 보스턴 마라톤과 2016년 첼시에서 폭발물 테러 시에 이용되었던 압력솥과 같은 유형의 즉석 폭탄일 수 있다고 의심하고 검사하였지만, 실제 검사 결과는 이와 관계없는 평범한 일반 밥솥으로 밝혀졌다.

이와 같이 수상하다고 추정되는 가전제품이 발견된 몇 분 뒤, 뉴욕 경찰청은 지하철 감시 카메라에서 현장을 벗어나는 남자의 사진을 확보하여 안면 신원확인 부서(FIS, Facial Identification Section)에 제공하였고, FIS는 데이터베이스 검색을 통해 래리 그리핀(Larry Griffin)이라는 26세 노숙인을 유력한 용의자로 지목하고, 뉴욕경찰청 소속 모든 경찰에게 래리 그리핀의 사진을 휴대폰으로 전송하였다. 수배사진 배포 당일 늦게 Bronx에서 체포되었고, 경찰은 래리 그리핀을 가짜 폭탄을 설치한 혐의로 기소하였다.

그러나 실제 조사 결과, 래리 그리핀은 해당 밥솥과 전혀 관련없는 것으로 밝혀졌다.[103] 수배자, 범법자 등을 신속히 식별하고 추적하기 위해 도입된 안면인식 기반 신원파악 시스템이 얼굴 추정 알고리즘의 일부 오류로 인해, 범죄와 관계없는 평범한 시민의 권익을 침해한 것으로 우려를 낳고 있다. 미국 연방수사국 FBI의 경우, 6억 4천만장 이상의 안면사진을 관리 중이며, 이를 밝혀지지 않는 여러 곳에서 신원 확인 목적으로 활용 중이며, 중국 공안경찰의 경우, 알려지지 않은 그리고 이보다 훨씬 많은 안면사진이 이미 여러 곳에서 신원 확인 목적으로 이용되고 있다.

---

103 https://nymag.com/intelligencer/2019/11/the-future-of-facial-recognition-
 in-america.html

학습데이터와 윤리적 통제 장치의 오류인가,
Yandex의 챗봇 앨리스(2017)

> 　러시아의 얀덱스(Yandex)사의 인공지능 챗봇인 앨리스(Alice)는 사용자
> 의 질문에 대해 스탈린 정권을 지지하는 답변을 하거나, 가정폭력에 대해 긍
> 정적인 응답을 하여 논란을 일으켰다. 앨리스가 러시아어 기반으로 학습한
> 모형은 특정 제어 조건이 설정되어 있지 않았기 때문에 이러한 결과가 나온
> 것으로 분석되었다.

　러시아 인터넷 기업인 얀덱스(Yandex)가 출시한 인공지능 챗봇인 앨
리스(Alice)는 가정폭력에 관한 질문에 긍정적인 답변을 제공하고, 스탈
린 정권 시절에 발생한 특정 질문에 대해서 인민의 적을 총살해야 한다는
폭력적이고 공격적인 답변을 내놓았다.104 시리(Siri)나 다른 챗봇과 달
리, 앨리스는 러시아어 기반으로 학습된 모형을 이용하였고, 특정 제약조
건을 부여하지 않았다는 점에서 이와 같은 결과를 가져왔다고 분석되고
있다. 따라서, 학습하는 언어로 확보 가능한 자료의 충실성과 윤리성에
대해 통제 가능한 것인지, 통제할 수 있는 것인지에 대한 의문이 제기되
고 있으며, 동시에 이를 걸러내기 위한 제약조건을 어떤 자격조건을 가진
누가 어떤 윤리적 기준으로 설정할 수 있는지 논란이 일어난 바가 있다.

---

104 https://www.telegraph.co.uk/technology/2017/10/25/russian-ai-chatbot-
　　found-supporting-stalin-violence-two-weeks/

유색인종에게 불리한 여권사진 검증 모형, 영국정부 (2020)

> 영국 정부의 여권 신청 웹사이트는 자동 검사 기능에 편견이 개입된 것 같다는 지적을 받고 있다. BBC의 조사에 따르면, 피부색이 어두운 여성은 제출한 증명사진에 대한 품질 지적을 더 많이 받았으며, 전반적으로 유색 인종 여성은 여권 규정 위반 경고를 더 많이 받았다. 이로 인해 "조직적 인종차별"에 대한 비판이 나오고 있다.

영국정부의 여권 신청 웹사이트는, 정부의 여권 발급 규정을 충족하지 않는 저품질 사진을 감지하기 위해 자동 검사 기능이 있는 인공지능 모형을 이용한다. 영국 BBC방송의 조사에 따르면, 여권신청을 위해 온라인으로 사진을 제출할 때, 유색인종 여성은 영국 여권규정에 위배된다는 경고를 받을 가능성이 같은 조건의 백인 남성보다 두 배 이상 높다고 알려졌다.[105]

흑인의 경우, 여권 신청을 위한 사진을 업로드할 때 마다 입이 벌어져 있다고 지적을 받고, 같은 조건의 동양인 남성의 경우 업로드한 사진에 대해 눈을 감고 있으니 다른 사진을 업로드하라는 지적을 받았다.[106] 이 것은 다수의 유색인종 신청자들로부터 정부기관에 의한 "조직적 인종차별"이라는 반발을 불러 일으켰다.

보다 구체적으로 피부색이 어두운 여성 가운데 22%가 업로드한 사진

---

105 https://www.bbc.co.uk/news/technology-54349538.amp

106 https://www.telegraph.co.uk/technology/2016/12/07/robot-passport-checker-rejects-asian-mans-photo-having-eyes/

품질에 대해 지적을 받은 반면, 밝은 피부색의 여성이 경우 이보다 낮은 14%가 동일한 지적을 받았다. 유색인종으로서 가장 어두운 피부를 가진 여성의 사진은 백인으로서 가장 밝은 피부를 가진 여성보다 품질이 좋지 않은 것으로 평가될 가능성이 4배 더 높았다. 얼굴 감지 및 인식 기술에 내재된 편견은 19세기 사진의 발달과 함께 시작되었는데, 흑백 필름의 화학적 구성은 밝은 피부를 가장 잘 포착하도록 설계되었기 때문이다. 컬러 필름은 다양한 피부색을 포착하는 과정에 왜곡이 발생하기도 하며, 디지털 사진은 사진을 숫자로 기록하기에 조금 나은 편이지만, 무엇을 검색해야 하는지 "가르치기" 위해 대량의 안면 이미지 데이터가 필요하다.

예상되는 문제는 대량의 안면 이미지 데이터로 학습을 시키기 과정에 인종, 민족 및 성별 분류 레이블에 이미 주관적 시각의 문화적 규범이 반영되어 있음을 부정할 수 없으며 어느새 일반적인 사항으로 인공지능 모형 및 자동화 시스템에 반영되고 확대되고 있어 본인도 모르는 사이에 주관하는 사람이나 이용하는 사람이나 인종주의의 편견을 받아들이고 있다는 우려를 주고 있다는 점이다.

다. 악의적 사용자에 의한 인공지능 사고 사례

미국 국방부 청사 폭발사고 조작 사진 (2023)

2023년 5월 22일, 트위터(Twitter)에는 블룸버그(Bloomberg) 통신을 사칭한 "Bloomberg Feed"가 미국 국방부 청사 부근의 폭발 사진을 게시하여 주식 시장에 혼란을 일으켰다. 소셜 미디어의 영향력 증가로 인해, 개인 간 관계 관리 수준을 넘어 브랜드 구축과 뉴스 전파에 영향을 주는 '인플루언서 (Influencer)'라는 새로운 계층이 등장하고 있지만, 이들이 생성 및 전파하는 뉴스의 신뢰성과 정확성을 검증하는 것이 중요한 과제로 부각되고 있다.

2023년 5월 22일 월요일 아침, 트위터(Twitter)에는 금융정보 제공 전문업체인 블룸버그(Bloomberg)를 사칭하는 "Bloomberg Feed" 계정에서 게재한 미국 국방부 청사 인근의 폭발 사진으로 인해 주식 시장에 잠시나마 혼돈을 가져왔다.107 사진이 전파된 직후, 4분 동안 뉴욕 증권 거래소의 다우존스(Dow Jones) 산업지수는 85 포인트 하락하였지만 곧 반등하였다. 오래지 않아, 해당 사진은 인공지능에 의해 생성된 조작 사진임이 밝혀졌고, 곧이어 트위터에서는 블룸버그 사칭 계정을 차단 조치 하였다.

트위터와 같은 사회관계망 서비스(SNS, Social Networking Service)가 등장하던 초기에는 개인 차원의 연락과 관계 유지가 주요 목적이었으나, 영향력이 강하고 활동적인 특정 사용자 계정에 Follower 와 Like 가 집중되면서 인플루언서(Influencer)라는 새로운 계층의 사용자가 개인 간 네트워킹을 넘어 브랜드를 만들고 전파하며, 뉴스를 만들고 확산시키는 위치가 되었다. 과거, 한국에서는 공중파 방송국 채널이 3개 뿐이던 시절에 9시 뉴스의 시청률은 가볍게 20%를 넘었지만, 케이블 방송과 공중파 방송 등 100 여개의 채널이 동시 경쟁하는 현재는 시청률 10% 이상

107 https://www.washingtonpost.com/technology/2023/05/22/pentagon-explosion-ai-image-hoax/

을 확보한 뉴스 프로그램은 거의 없다. 그러나, 유투브(YouTube)를 통해 특정 인플루언서가 뉴스를 설명해주는 개인 채널은 1 백만 명 이상의 가입자와 동시 시청자 20 만명을 넘는 사례가 등장할 정도로 제도권에서 통제되지 않은 개인 언론이 큰 영향력을 갖고 있다고 할 수 있다. 당장 테슬라(Tesla)의 일런 머스크(Elon Musk)의 경우에도 트위터 계정에 1 억 명의 팔로우어(Follower)를 확보하였다. 이런 결과로 테슬라의 경우, 회사 내에 공식적으로는 대외 홍보부서가 운영되지 않고 있으며, 광고비 또한 거의 지출하지 않았다.

특정 개인이 의도를 갖고 뉴스와 정보를 조작했거나, 또는 인공지능 모형에 의해 생성되고 그 결과가 다른 연관 시스템에 이용된다면 그 부정적인 영향력이 계속 증가할 것으로 예측되고 있어, 빠르게 전파되는 뉴스와 정보의 신뢰성과 정확성을 검증하는 것이 큰 과제로 강조되고 있다.

무엇을 보고 배워야 하나, 인공지능 챗봇 '이루다'와 '테이' (2021)

> 국내 인공지능 챗봇 "이루다"는 특정 계층 혐오와 개인정보 유출 논란으로 인해 서비스 개시 일주일만에 폐쇄되었다. 이루다는 성적 대화를 필터링하려고 했으나 악의적인 사용자들이 우회적인 표현을 사용해 이를 무시하고 대화를 시도했고, 개인정보은 익명화되지 않았음에도 깃헙(Github)를 통해 공유되었다.

국내 인공지능 챗봇 개발업체인 스캐터랩에서 개발한 "이루다"가 특정 계층 혐오와 개인정보 유출 논란으로 서비스 개시 일주일만에 이용자들과 사실상의 작별을 선언했다.108 "이루다"는 2021년 페이스북(Facebook) 메신저를 기반으로 출시한 인공지능 챗봇으로 출시 후 3주 만에 약 80만 명의 이용자를 모았다. "이루다"는 상대방과의 대화에서 성적 단어를 금지어로 필터링하는데, 악의적인 사용자들은 우회적인 표현으로 "이루다"에게 성적 대화를 이끌어내기를 시도하였고, 실제로 성적인 대화에 관한 사례들이 불거지자 "이루다"의 대화 알고리즘에 관한 의문이 증폭되었다.

더구나, 스캐터랩은 "이루다"를 만드는 과정에 연애 분석 앱(App)인 '연애의 과학' 이용자들이 사용한 카카오톡 데이터 약 100 억 건 중에서 약 1 억건을 간추려 "이루다" 학습을 위한 원천 데이터로 사용했다고 밝혔으나, 원천 데이터 활용 과정에 연애의 과학 앱(App) 이용자와 이용자의 연인에게 절차에 따라 개인정보 이용과 활용에 관한 동의를 받지 않았고, "이루다"가 해당 원천 데이터를 익명화하는 과정이 부실하였다는 지적을 받고 있다. 나아가, 충분히 익명화하지 않은 원천 데이터를 개발자들의 Open Source 공유 플랫폼인 'GitHub'에 공유한 사실도 확인됐다. 또, 성적 소수자나 노약자에 대한 혐오 발언이 보고되었는데, 이는 기존 학습 데이터에 포함된 편향적 표현이나 사용자들이 유도한 성적 대화, 혐오 발언 등을 알고리즘이 걸러내지 못한 것으로 밝혀졌다.

이와 비슷한 사례는 이미 2016 년 마이크로 소프트(Microsoft)사에서 인공지능 챗봇 테이(Tay)를 만들었을 때도 발생하였다. 테이 서비스가 개

---

108 뉴시스, 2021/01/12,
https://www.newsis.com/view/?id=NISX20210112_0001302446&cID=130
01&pID=13000

시되고 얼마되지 않아, 극우 성향의 백인 우월주의자로 보이는 사용자들이 테이에게 인종차별, 성차별 발언과 욕설 등을 반복적으로 주입하여, 이들 대화를 학습한 테이가 히틀러를 옹호하거나 페미니스트를 혐오하는 답변을 하게 되었다.

국내의 "이루다"와 마이크로 소프트사의 테이가 겪은 사회적 경험은 챗봇이 학습 데이터를 기반으로 하기도 하지만, 대화를 이어가는 상대방과의 상호 작용을 통해 가장 최근 대화의 맥락에 따라 답변을 생성하는 알고리즘의 특성에 기인한다. 따라서, 건전하고 발전적인 대화가 가능한 사용자 집단과 다소 악의적인 사용자 집단 가운데 어느 쪽에 노출되는지에 따라 결과가 좌우된다는 사실을 확인해주었다. 물론, 악의적인 사용자 집단이라 하더라도, 부적절한 데이터라도 많이 쌓이게 되면 이를 통해 걸러내는 학습은 가능해지기는 할 것이다.

범죄에 활용되는 목소리 위조 (2021)

러스 카드는 2022년 손자 브랜든으로부터, 교통사고 과실과 미국 외교관 사망으로 인해 감옥에 있으니 금전적 지원을 바란다는 전화를 받았다. 그녀는 손자를 도와야 한다는 생각에 남편과 함께 은행으로 달려가 돈을 인출했다. 그러나 은행 직원의 확인을 통해 손자가 아닌 다른 사람이었음을 알게 되었지만 이미 일부 금액을 송금한 이후였다. 인공지능을 이용한 음성 생성 기술은 범죄자들이 타인의 음성을 모방하는 데 더 간편하고 저렴한 방법을 제공하고 있으며, 이에 대한 우려가 커지고 있지만 현재의 단속 기관이나 법률적 조치로는 이를 방지하기 어려운 현실이다.

2022년 캐나다에 거주하는 러스 카드(Ruth Card)는 그녀의 손자 브랜든(Brandon)으로부터 전화를 받았다. 브랜든은 교통사고 과실로 미국 외교관이 사망했으며, 현재 그가 지금 감옥에 있는데 보석금과 변호사를 선임할 돈이 없다고 호소했다. 이를 들은 러스 카드는 할머니로서 할 수 있는 모든 것을 해야 한다고 느꼈다. 러스 카드는 브랜든의 할아버지이자 본인의 남편인 그레그 그레이스(Greg Grace)와 함께 거주지 인근 은행으로 달려가 $3,000 캐나다 달러를 인출하였고, 다른 은행으로 이동하여 다른 계좌에서 추가적인 인출을 하고자 신청하였다. 이를 수상히 여긴 은행 직원이 몇 가지 확인을 시도했고, 러스 카드는 브랜든으로부터 걸려온 전화 속 목소리는 그들의 손자 브랜든이 아니었다는 점을 깨닫게 되었다. 물론, 러스는 일부 금액을 송금한 이후였다.[109]

인공지능은 의도적으로 범죄를 기획하는 이들에게 타인의 음성을 모방하여 복제하는 것을 더 간편하고 저렴한 방법을 제공하고 있다. 과거에 복잡한 기술과 절차, 방대한 데이터를 가지고도 다소 어설픈 음성 복제가 시도되었던 수준에 비하면, 최근에는 30초 내외의 몇 개의 음성 샘플만으로도 음성 복제가 가능한 수준에 이르렀다. 캘리포니아 주립대학교 버클리 캠퍼스에서 디지털 포렌식을 담당하는 하니 파리드(Hany Farid) 교수에 따르면, 인공지능 기반 음성 생성 소프트웨어는 사람마다 음성을 독특하게 만드는 요소를 분석하고 비슷한 음문을 찾아내어 패턴을 예측한다. 이를 토대로 음조, 음색, 개별 음성을 생성하고 결합하여 음성을 위조하는

---

109 03/05/2023, Washington Post,
  https://www.washingtonpost.com/technology/2023/03/05/ai-voice-scam/

것인데, 유투브나 페이스북, 틱톡 등에서 채집된 짧은 음성 샘플만으로도 충분한 기반 데이터 확보가 가능한 수준에 도달했다는 판단이다.

이와 같은 악용 사례에 대한 우려는 증가하고 있지만, 다수의 전문가들은 현재의 단속 기관이나 법령으로는 이를 예방하거나 적발하기 어렵다고 말한다. 대부분의 피해자는 전화 통화를 통해 가해자를 식별할 정보가 거의 없으며, 사법기관리 이와 같은 악의적인 범법자를 추적하여 처벌하는 것은 상당한 노력과 시간이 걸리는 일이며, 동시에 이와 같은 인공지능 기반 음성 생성 소프트웨어를 개발한 기업에게 책임을 지우기에도 법적으로 무리가 있다는 의견이 지배적이다.

작고한 코미디언의 목소리와 스타일을 이용한 생성형 코미디 (2021)

> 조지 칼린의 가족은 윌 새쏘와 채드 컬트겐이 설립한 '듀드시' 플랫폼이 조지 칼린의 목소리와 스타일을 사용한 AI 생성 코미디 특집을 공개하자 반발하고 있다. 켈리 맥콜은 아버지의 천재성을 기계가 대체할 수 없다고 강조했고, AI가 생성한 코미디 프로그램은 창작자의 가치와 디지털 저작권 문제에 대한 우려의 목소리를 가져왔다.

코미디 연기로 명예의 전당에 헌액된 전설적인 코미디언 조지 칼린(George Carlin)의 가족이 이미 고인 코미디언의 목소리와 스타일을 사용한 AI 생성 코미디 특집에 반발하고 있다.110 "매드(Mad) TV" 출신 윌 새쏘(Will Sasso)와 작가이자 각본가인 채드 컬트겐(Chad Kultgen)이 설립한 코미디 AI 플랫폼 '듀드시(Dudesy)'는 유투브 및 기타 플랫폼에서 "조지 칼린: 난 죽어서 기뻐"라는 1시간짜리 코미디 특집을 공개했기 때문이다.

물론, 동영상의 소개 부분에서 로봇 음성이 "저는 코미디 AI 듀드시입니다. 먼저 알려드리고자 하는 것은 당신이 듣게 될 것이 조지 칼린이 아니라는 사실입니다. 나는 모든 조지 칼린의 자료를 듣고 그의 목소리, 말투, 태도는 물론 그가 관심가질 것으로 생각되는 주제도 최대한 모방했습니다." 라는 내용이 고지되었다.

조지 칼린의 딸인 켈리 맥콜(Kelly Carlin McCall)은 폭스(Fox) 뉴스 담당자에게 "아빠는 그의 천재성을 완벽하게 발휘하기 위해 인간적인 삶, 상상력으로 평생을 보냈습니다. 어떤 기계도 그의 천재성을 대체할 수 없습니다. 인공지능 기술로 다시는 존재하지 않을 그를 재현하려는 시도라는 점을 이해합니다만, 예술가의 작품 자체를 존중하기를 기대합니다."라는 말로 불편함을 에둘러 표현했다.

AI 전문가 마르바 베일러(Marva Bailer)는 "제작진 측에서는 조지 칼린의 데이터 프라이버시를 보호하는 대신, 조지 칼린의 성격에 맞춰 프로그램을 제작한다는 이유로 듀드시 AI에게 조지 칼린의 개인 이메일, 문자 메시지, 소셜 미디어 계정, 구매 및 웹 검색 기록에 대한 접근 권한을 부여하기로 하였다."는 점을 지적한다. 놀라운 점은 프로그램 진행자인 윌 사쏘와 채드 컬트겐은 해당 방송이 듀드시에 의해 생성된 것이라는 점을

---

110 George Carlin's daughter calls out AI-generated special: 'No machine will ever replace his genius', Fox News, Elizabeth Stanton & Larry Fink, 01/14/2024

인식하지 못했다는 점이다.

금번 시도는 이미지와 다수의 디지털 자료를 바탕으로 새롭게 생성된 창작물이라는 시각도 있지만, 해당 저작물에 대한 기본적인 저작권, 브랜드, 사용권은 원 창작자에 귀속된다는 경고와 우려도 함께 불러왔다. 지금도, 작고한 유명 가수의 사진과 영상 자료를 바탕으로 한 생성형 창작물이 계속 등장하고 있다. 순수한 기술적 호기심의 시도일지, 아니면 창작물을 이용한 복제와 재생성을 통해 창작자의 가치를 가로채는 시도인지는 여전히 논란이 되고 있다.

유투브(YouTube) 컨텐츠 표절 도구로 악용된 노아AI (2023)

> 동영상 조회 수 및 가입자 수에 따라 광고 수입이 좌우되는 유투브 인플루언서 경쟁 환경에서는 가입자가 많은 사이트를 흉내내거나 또는 일부 표절하여 가입자를 늘리고 싶은 유혹이 공공연히 존재한다. 국내 모 유투버(YouTuber)는 동영상 조회수, 제목 등 데이터를 모아 인기 높은 썸네일(Thumbnail)과 동영상을 찾아내는 '유투브 데이터 분석 서비스'인 노아(Knoah) AI를 만들어 돈을 벌었다.

세계 최대의 동영상 공유 플랫폼인 유투브(YouTube)는 개인 취향에 따른 동영상 보관 및 공유를 넘어 기업체에게는 신규 마케팅 채널로, 인플루언서(Influencer)로 불리는 유투버(YouTuber)들에게는 1인 미디어 채널로 조회 수에 따른 수익 사업의 기반이 되기도 한다.

컨텐츠의 독창성, 시의성, 충실성, 전달성 등이 구독자(Subscriber)와 조회수로 반영되며, 일정 기준 이상의 컨텐츠에 대해서는 구글(Google)에서 광고 수익의 일부를 공유해준다. 일부 유투버의 경우, 동영상 제작에 앞서 조회수가 높은 동영상을 참조하여 전반적인 제목, 주제, 맥락, 요약, 썸네일(Thumbnail) 등을 최대한 유사하게 제작한다. 그러나, 조회수가 높고 표절 가치가 높은 동영상을 찾아내는 과정 또한 해당 컨텐츠에 대한 전문성과 일정 영역의 분석과 기획 역량이 요구된다.

국내에서 150만 명이 넘는 구독자 채널을 운영했던 모 유투버는 '썸네일(Thumbnail)과 주제 베끼기'를 노하우로 정리하여 유료 강의로 판매했고, 인공지능 빅데이터 기반으로 조회수, 제목 등 데이터를 모아 인기 높은 썸네일과 동영상을 찾아내는 '유튜브 데이터 분석 서비스'인 노아(Knoah) AI를 만들어 돈을 벌었다.

이로 인해, 구독자 142만 명을 보유한 국내 모 과학 유튜버(YouTuber)는 표절 피해를 호소하며, 사회적 반향을 불러왔다. 해당 동영상을 표절한 유투버는 공식 사과 및 채널을 삭제하고, 노아(Knoah) AI 또한 서비스를 종료하며 논란은 일단락되었지만, 금번 사건은 인공지능의 잘못된 사용이 타인의 저작권을 침해하는 것은 물론, 사회관계망(SNS, Social Networking Service) 전반에 정보의 왜곡 현상을 가중화할 수 있다는 사회적 우려를 불러온 사건이었다.

빨리 알수록 일이 쉬워지는,
AI POWER

인공지능 성공 사례, 실패 사례

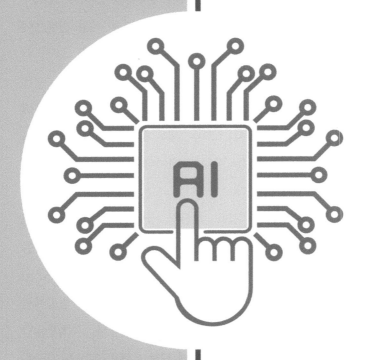

06

인공지능이
사회에 미치는 영향과
이슈

06 | 인공지능이 사회에 미치는 영향과 이슈

인공지능의 등장은 업무 자동화와 일자리 변화, 인간의 역할과 가치, 윤리적 고려와 인간 중심 설계, 기술 규제와 법적 책임, 기술의 활용과 인간의 자유, 기술과 인간의 연결과 공동체, 그리고 기술의 인간성과 도덕성에 대한 논의를 불러일으켰다. 이러한 관점들은 기술과 인간의 관계 변화에 대한 철학적 고찰을 제시하며, 기술 발전과 활용에 따른 인간의 자유, 도덕성, 책임과 가치에 대해 재고를 요구하고 있다.

- 업무 자동화와 일자리 변화: 인공지능 기술의 등장은 업무 자동화와 일자리 변화를 야기하고 있는데, 이미 일부 영역에서는 인공지능 도입으로 인해 기존 직업의 소멸, 새로운 직업의 등장과 전문성의 재편 등을 유발하고 있다. 예를 들어, 인공지능 기반 Chatbot으로 인해, 이미 일부 고객 콜센터의 경우 기존 콜센터 상담원의 역할과 규모 변화가 시작되었다.

- 인간의 역할과 가치: 인공지능 활용을 통해 인간은 보다 인간적인 가치와 역할에 더욱 집중하게 되었다. 인공지능 기술은 인간의 창의성, 상상력, 윤리적 판단력보다 훨씬 낮은 수준에 머물러 있기 때문에 인공지능 기술의 등장으로 인해 인간은 새로운 영역에서 더 가치 있는 역할을 수행할 수 있다. 마치 카메라가 등장한 이후, 근대 미술사조에 인상파 등 다양한 창조가 발생한 것과 같다.

- 윤리적 고려와 인간 중심 설계: 인공지능 기술의 발전은 윤리적 고려와 인간 존중에 대한 필요성을 부각시키는 계기가 되었다. 인공지능 기술은 정보기술이 가져왔던 변화와는 비교되지 않을 정도의 편견, 차별, 사생활 침해 등을 유발 할 수 있기 때문에, 윤리적인 고려와 인간 중심의 설계가 필요하다.

- 기술 규제와 법적 책임: AI의 등장은 기술 규제와 법적 책임에 대한 논의를 불러일으켰다. AI 시스템의 알고리즘, 데이터 사용, 개인정보 보호 등에 대한 규제와 법적 책임은 중요한 문제로 떠오르고 있으며, 이를 통해 기술의 사용과 발전이 공정하고 윤리적으로 이루어질 수 있도록 하는 방안이 논의되고 있다.

- 기술의 활용과 인간의 자유: AI의 등장으로 인해 기술이 우리의 일상 생활과 상호작용하는 방식이 변화하고 있다. 이에 따라 인간은 자유롭게 기술을 선택하고 활용할 수 있는 권리와 기회를 가질 필요가 있다. 기술은 인간의 자유를 존중하고 증진시키는 도구로 사용되어야 함이 강조되고 있다.

- 기술과 인간의 연결과 공동체: AI 기술은 인터넷을 통해 인간들을 네트워크상으로 연결하고 상호작용을 촉진한다. 이러한 연결은 지리적, 문화적인 경계를 초월한 사회적 공동체 형성을 촉진할 수 있다. 기술과 인간의 관계는 단순한 개인의 이익만을 고려하는 것이 아닌, 사회적인 차원에서 공동체와 연결된 관계를 형성할 필요가 있다.

- 인간성과 도덕성: AI 기술은 인간의 지능과 능력을 모방하고 강화하는 데 주로 초점을 맞추고 있다. 이러한 관점에서 기술은 인간성과 도덕성을 갖추어야 함이 강조되고 있다. AI 시스템의 설계와 사용은

인간의 가치와 도덕적 원칙을 존중하고 반영해야 하며, 도덕적인 판단과 책임을 부여받는 AI 시스템의 개발과 사용이 필요하다.

이러한 관점들은 기술과 인간의 관계 변화에 대한 인류 철학적인 고찰을 제시하고 있다. 인간의 자유, 공동체, 인간성과 도덕성 등을 중심으로 기술의 발전과 활용에 대한 책임과 가치를 재고하는 것이 중요하다. AI 기술의 발전은 인류 전체의 이익과 번영을 위해 지속적인 고민과 논의가 필요한 분야이며, 다음 시각으로 좀 더 깊이 다뤄보고자 한다.

가. 인공지능 기술 사용 확대가 노동시장에 주는 시사점

노동 시장의 변화와 요구되는 인적역량의 변화

인공지능이 여타 유관기술과 연계되어 적용 범위와 대상이 확대되어 감에 따라 각 산업 분야에서 혁신적인 변화를 초래하고 있다. 인공지능 도입에 따른 변화의 정도와 속도는 산업별 여건에 따라 다르지만, 전통적인 가치사슬에 필요한 인적 역량은 상당부분은 자동화, 무인화로 대체되고 있다. 반면, 산업의 재편에 따라 새로이 등장하는 가치사슬이 요구하는 인적 역량은 상당히 부족한 편이다. 기존의 숙련된 전문인력이 인공지능을 활용하여 새로운 가치사슬을 운영할 수 있는 인력으로 교육, 훈련을 통해 전환되는 수요가 자연스럽게 높아지고 있다.

성숙 산업

(제조업)

　인공지능 기반 로봇과 자동화 시스템은 생산 라인을 자동화하고 생산성을 향상시켰다. 이를 통해 생산 속도와 품질을 향상시키고, 노동력의 의존성을 낮추는 생산체계를 지향하고 있다.

　1980년대부터 자동화와 로봇 도입을 통한 생산자동화로 정형화되어 있고, 반복적인 작업들은 이미 상당 부분 무인화, 자동화되었다. 최근 인공지능과 연계되어 전문가의 판단이 필요한 부분까지도 생산자동화와 로봇 적용이 확대되고 있다. 단순 노동인력의 수요는 줄어들고 로봇 및 자동화 설비 유지 보수, 인공지능 모형 등과 같은 전문 기술을 필요로 하는 일자리는 늘어날 것으로 전망된다.

물류 및 운송

　　창고 내부의 물류 동선 및 공장 내부를 중심으로 자율 무인주행 차량 도입으로 인해 효율적인 물류 처리와 배송 과정에서의 휴먼 에러 감소를 가능하게 하였다. 즉, 전통적인 물류 프로세스의 입고, 이송, 검수, 재배치, 출고의 상당 부분은 자동화되어 단순 인력을 대체할 수 있고, 이 과정에 작업자의 부주의로 인한 적치 장소 오류, 출고 작업 시 불출 오류 등을 예방할 수 있다. 또, 중량물 이송에 대해서는 구내 지정 경로를 중심으로 무인 자율주행 차량이 시범적으로 운영되고 있다.

　　이와 같은 기술 적용은 전통적인 물류 산업에서 요구되었던 단순 노무인력 수요는 감소될 수밖에 없다. 그러나 물류 자동화 동선을 설계하고 장비를 배치하고 기존의 창고 시스템과 프로세스를 연결하는 부분은 많은 수요가 예상되고 있다. 기존 창고를 스마트화하여야 하기 때문이다. 그리고 이미 스마트화된 창고의 경우에도 지속적인 물류 자동화 설비의 유지보수와 최적화, 개선을 위해 적응형 물류(Adaptive logistics)로 불리는 기술인력 수요는 증가할 것으로 여겨진다.

농업

　　드론(Drone)과 센서 및 자율주행이 결합된 스마트 농업 시스템은 농업의 과학화와 자동화를 가속시키고 있다. 날씨 정보를 분석, 전망하여 파종 시기와 경작 규모를 결정하여 작황을 개선하며, 자율주행기능이 부가된 농기계 운영을 통해 인력 부족 현상을 극복하고 있다. 또, 농산물 수확과 운반, 가공 전반에 걸친 자동화는 농산물 가공산업 규모를 확대하는데 기여하고 있다. 따라서, 전통적인 농경 분야에서의 인력 소요는 감소하는 반면, 전후방 산업에 위치한 가치사슬에 종사하는 인력의 수요는 증가하고 있다.

인공지능과 분야별 자동화는 에너지 기획, 생산, 유통, 소비, 회수, 재활용 전 분야에 걸쳐 구조적인 변화를 가져오고 있다.

기후, 인구, 산업기반의 변화에 따른 화석연료, 수력, 원자력, 재생에너지 등의 최적 구성을 전망하며, 이에 연동된 원자재 수급관리와 소비 통제가 가능한 가격 체계 등의 근본적인 변화를 초래하고 있다.

에너지 생산과 관리 측면에서는 재생 에너지와 스마트 그리드 운영을 통한 수요가와 소비자 간 직거래와 유통 효율화를 가져왔고, 재생 에너지 생산과 저장에 관해서도 새로운 산업 가치사슬이 구성되고 있다. 전통적인 에너지 생산, 유통에 관한 가치사슬 전반은 자동화와 최적화로 인해 설비운영인력은 감소되고 있으나 스마트 에너지 관리와 유통에 관한 기획, 구축, 유지보수에 관한 인력 수요는 증가하고 있다.

지식, 전문 서비스 산업

의료

인공지능의 학습과 추론 기능을 활용한 의료 이미지 분석은 이미 질병의 조기 발견과 정확한 진단을 돕고, 암과 같은 치명적인 질병의 예방과 치료에 효과적으로 활용되고 있다. 또한, 로봇을 활용한 수술 및 치료, 의료 데이터 분석 등에서 자동화 기술이 적용되어 의료 서비스의 효율성과 정확성이 향상되고 있다.

기존 의료인력이 수행했던 검사결과 분석, 진단결과 검토, 환자 예후 관찰 등은 의료장비를 통해 수집된 정보를 인공지능을 통해 중요도와 시급도를 구분하여 전문인력에게 통보되고 있으며, 이와 같은 의료 정보 시스템, 의료 기기 및 장비 유지보수, 의료 데이터 분석 등은 새로이 등장하는 인적역량이 요구되는 분야이다.

법률

법무서비스 분야 또한 비교적 오래 전부터 인공지능 적용이 시도되어 온 분야이다. 법률과 규칙의 각 조항이 논리적이며 상위법과 하위법이 존재하며, 조항의 적용 조건 등이 비교적 명확하게 정리되어 있기 때문이다. 따라서, 초기에는 법조항과 관련된 판례 검색을 중심으로 적용되어 왔고, 최근에는 법률 조항 제개정 시에 이와 연결된 여타 법조항을 찾아주고, 해당 제개정 사항이 기존 계류 중인 소송 건에 미치는 영향도를 판단해주는 부분에 인공지능 모형이 개발되고 있다.

동시에, 통관, 관세, 검역 등 국경에서 이뤄지는 교역 처리 절차에는 정해진 요건과 양식에 따라 법적 문서를 생성 및 신청하는 자동화 과정에 인공지능이 적용되고 있다. 이에 따라, 기존 법률서비스가 제공해주던 통상의 신청 대행 업무 또는 법조항 조사에 관한 인력 수요는 대폭 줄어들고 있으나 반면, 판례를 구조화하고 인공지능 모형을 학습시키는 법무 지식을 갖춘 인공지능 전문가 수요는 증가하고 있다.

금융

금융서비스 내부적으로는 인증, 보안분야에 인공지능이 적용되고 있으며, 금융업과 유관산업과의 연결이 확대되고 있다. 업종 특성을 감안한 인공지능 활용도 모색되고 있는데, 예를 들어 보험가입심사, 보상처리 등에 인공지능 모형이 도입되어 운영 중이며, 채권등급 평가, 부도기업 징후 판단, 회사채 금리 및 환율 전망을 위한 인공지능 모형이 개발되고 있다. 따라서, 기존 금융업에서 이루어져왔던 거래 중심의 수수료 기반 사업모델은 가격 경쟁이 더욱 심화되고 있고, 오프라인 채널의 효율화 요구가 가속화되고 있다. 반면, 온라인 채널을 통해 제공되는 빅데이터 기반의 자문, 조언 서비스는 관심이 높아지고 있어, 금융업의 본질이 정보 가공업으로 새로 자리매김되고 있다는 의견도 있다.

공공 분야

교육

기존의 교육체계와 교육환경은 산업사회가 요구하는 인력을 양성하기 위해 설계, 운영되어 왔다. 결과적으로 학문의 다양성과 학생 수준에 맞춤화된 교육체계보다는 규격화되고 계량화된 평가를 통한 평준화 인력의 대량 육성 초점이 주어졌다.

반면, 인공지능 기반 교육시스템은 특수교육 분야를 중심으로 오래 전부터 도입이 시도되었으며, 최근에는 맞춤형 자가학습을 촉진하는 교육 환경 구현을 추구하고 있다. 즉, 일반적이고 체계화된 교육 과정은 스스로 자기 주도학습이 가능하도록 다양한 양방향 반응형 교육 컨텐츠를 개발하여 적용되고 있으며, 집중적인 지도와 맞춤형 학습이 필요한 우수학생과 부진학생을 대상으로 한 교육과정과 교과내용 자체의 탄력적인 개발과 제공이 가능해진다.

따라서, 기존에 개발된 교육과정을 가르치는 전통적인 교육인력의 수요는 대체되겠지만, 교육과정 개발과 평가체계 개발, 디지털 기반 자기학습 교육시스템 구축에 관한 인력 수요는 증가할 것이다.

정치

인공지능은 선거운동 과정에서 득표율 예측, 유권자 정치 성향 파악, 여론 조사, 소셜 미디어 감성 분석 등에 활용되고 있으며, 정치인의 정책 결정과 선거 전략 수립에 도움을 주고 있다. 통상의 여론조사에서 파악되기 어려운 유권자의 감성적 정치성향 변화 및 지역별, 계층별, 연령별 지지도를 파악하며, 이를 토대로 유권자 대상으로 맞춤형 선거전략을 개발하는데 활용되고 있다.

예를 들어, 특정 관심을 가진 대중이 즐겨찾는 웹사이트에 올라오는 게시글의 경향이나 댓글을 파악하여, 우세적인 단어를 요약하고 이를 통해 해당 웹사이트를 이용하는 유권자의 성향과 지지율을 파악할 수 있다. 또, 선거 당일, 출구조사를 통해 수집된 데이터와 기타 매체를 통해 수집된 여론 조사 정보를 토대로 개표 완료 이전에 후보자의 당락 예측에 인공지능 모형이 이용되고 있다.

따라서, 전통적이 여론조사 업체의 요구역량을 토대로 다양한 채널로부터 유입되는 정성적 데이터도 함께 구조화하여 인공지능 모형을 개발하고 유의한 데이터를 확보하여 학습하고 모형을 개선할 수 있는 전문가의 수요는 증가하고 있다.

정부 및 공공서비스

인공지능과 자동화 기술은 복지서비스 분야 및 상하수도, 교통, 환경오염 측정, 방범 안전, 재해재난 대응 등 다양한 분야에서 활용이 모색되고 있다. 또, 교통체증, 인파 혼잡도, 기후, 민원통계, 물가, 소비, 인구동태학 등 공공분야에서 발생하는 데이터를 수집하고 분석하여 공익의 목적으로 이용하기 위한 공공 빅데이터 분석도 지속적인 성장이 예상되는 분야이다.

나아가, 전통적인 정부의 역할도 데이터 기반으로 정책을 수립하고, 데이터의 변화를 감안하며 정책을 지속 조정하는 피드백 구조를 추구하고 있다. 따라서, 전통적으로 법과 정책을 수립하고 집행하는 공무원의 역할보다는 인공지능 기술을 활용하여 공공정책을 개발하고 공익을 위해 인공지능을 활용할 수 있는 인적역량으로 요구역량이 이미 변화하고 있다.

군사

인공지능이 초기부터 가장 폭 넓게 그리고 가장 많이 적용된 분야이기도 하다. 감시 카메라, 보안인증, 전파 감청, 경우의 수를 감안한 대용량 데이터의 시나리오 분석, 암호화, 복호화, 워게임, 시뮬레이션, 수중음파 탐색과 레이더 해석 등 여러 분야에서 적용 시도가 이어져왔다.

육군의 경우, 전통적인 보병 분야의 비중 축소가 확연히 발생하지는 않지만, 보병의 요구역량 변화와 임무 역할 변화가 빠르게 진행되고 있는 것이 하나의 예가 될 수 있다. 또, 국방업무 가운데 군수, 물류, 건설 등 지원업무에 대한 민간 분야 위탁이 증가함에 따라 민간분야에 이미 적용되어 있는 물류 자동화, 자재 소요 예측, 배송 최적화 등에도 인공지능 모형이 이미 적용되어 운영 중이다.

인공지능 도입 확대가 일자리에 미치는 영향

인공지능은 기존의 자동화된 기능을 넓게 확대시키고, 일자리 축소 우려보다는 기존 업무의 품질 향상, 업무의 성격 재정의, 신규 업무 및 직업의 등장 등 다양한 형태로 변화를 가져오게 될 것으로 보인다. 이와 같은 변화에 대해서는 개개인 차원으로는 역량 강화를 통한 준비가 필요하며, 사회 전반적으로는 제도적 준비와 구성원 간 협력이 필요하다.

그러나, 일부에서 발생하고 있는 인공지능에 의한 일자리 축소와 실업률 증가와 같은 단편적인 사회 현상으로 미래를 전망하는 것보다는 새로운 변화가 기존의 질서에 가져오는 진화라는 관점에서 인공지능 도입 확대가 일자리에 미치는 영향을 관찰하는 것이 타당하다. 단적인 예로 교통체증이 심각한 사거리에 위치한 교통신호등이 통행량에 따라 가변적으로 운영됨에 따라 현장에 배치하는 교통경찰관의 규모는 줄어들지만, 상황실에서 현장 상황을 통제하는 관제인력과, 교통신호장비 오류 시 이를 수리하기 위한 전문인력 수요는 증가하는 것이 하나의 사례가 될 수 있다.

물론, 과거 전통적인 산업사회에서 정보기술과 자동화 기술이 생산성 향상, 고령화 대응 및 인건비 증가 상쇄를 위해 도입 추진되었었다. 그리고, 이와 같은 동인은 인공지능 기술 도입 시에도 주요 배경으로 작용할 것으로 예상되지만, 이전의 정보기술이나 자동화 설비 도입에 따른 변화와는 조금 다른 물결을 시사하고 있다.

예를 들어, 1980년대 대학 입시에서는 대학별 정해진 양식의 입학지원서와 요구서류를 제출하면, 행정직원들은 입학지원서의 주요 내용을 확인하며 중앙컴퓨터에 입력하고, 이를 토대로 지원자의 필기시험, 면접

시험 등 계량화된 점수를 산정하며, 입학사정을 진행하였다. 2000년대 개인용 컴퓨터의 보급과 인터넷의 이용 확대는 입시지원자로 하여금 해당 대학의 홈페이지에서 본인 인증과 입학지원서를 작성하여 제출하고, 대학본부에서는 이를 검증하고 관련 사정정보를 교육부로부터 연결하여 입시업무를 진행하였다.

최근에는 응시생의 편의를 위해 각 대학마다 서로 다른 응시원서를 표준화하고, 이를 공동 이용하고자 전체적인 입학지원 시스템에 관한 논의와 실행이 이뤄지고 있다. 응시생 입장에서는 한 번만 입학지원서를 작성하면 여러 대학에 공통으로 이용할 수 있기 때문에 편리하며, 복수의 대학 지원 시 공통사항 입력에 소모되는 노력을 줄이고, 특화된 사항을 정리하여 준비하는데 집중할 수 있다는 장점이 있다. 이를 위해 입학지원서 접수 창구와 일반적인 입학사정본부의 행정직원 수요는 줄어들었지만, 여러 대학이 연계된 전체적인 입학지원시스템의 기획, 구성과 운영에 관한 논의는 오히려 더 확대되고 있다.

그럼에도 불구하고, 인공지능 기술 도입에 의해 변화가 불가피한 부분은 아무래도 반복적이며 정형화된 업무로 지속적인 가동이 요구되는 분야일 것이다. 현재에도 자동차 공장의 용접 및 도장공정은 이미 정보기술을 기반으로 자동화 설비가 운영 중이다. 즉, 정기적으로 배정되는 생산계획에 따라 자동화 설비는 해당 공정작업을 수행하고 있다. 이와 같은 부분은 제철소와 정유기업에도 비슷한 수준의 자동화 설비가 이미 운영 중이다. 그러나, 이와 같은 자동화 설비는 인공지능 기술에 따라 추가적인 변화가 예고되고 있다. 가령, 현재 자동차 공장의 도장공정은 "세척 – 도장 – 건조" 과정을 거치며 진행되는데, 도장과 건조가 완료되면 최종적으로 출고 이전에 차량의 특정 부위를 임의로 지정하고 해당 부분의 도막 두께를 검측하여 허용 오차 내부에 있는지를 판정하고 품질합격 판정을 내리게 된다.

인공지능 기능이 부가된 스마트 도장 로봇은 시각정보로 인지된 표면의 도장 품질을 판정하고 추후 품질하자 소지가 예상되는 부분을 선제적으로 조치할 수 있는 기대효과도 예상되고 있다.111 또한, 승용차, 상용차 등 차량 각 부분을 조립하는 과정에 서로 맞물린 부분이 정확하지 않아 발생하는 조립 단차(Gap and Flush)에 대해서도 시각정보 인지를 통해 품질불량판정을 내리고 출고 전에 보정함은 물론 단차가 자주 발생한 조립부위에 대해서는 구조적인 품질 개선을 위해 품질불량 정보를 계량화하여 축적, 관리한다. 즉, 기존 조립부서에서 품질관리 부서의 요구역량

---

111 https://www.assemblymag.com/articles/97800-ai-controlled-robots-prep
-car-bodies-for-painting-at-bmw

을 충족하도록 요구받고 있는 것이 변화 가운데 하나라고 할 수 있다. 이는 품질관리와 품질보증 부서 간의 관계도 이와 비슷하게 역량의 변화를 요구받고 있다.

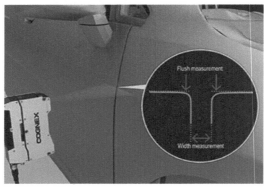

인공지능 기술과 자동화 설비가 연결되는 초기 단계에서 아직 판정이 이른 시점이지만, 전통적으로 정의 관리되어 오던 인적역량의 정의가 바뀌어 가는 것이 일자리 자체의 변화를 유발하는 동인이라 할 수 있다. 그러나. 근로자 개인이 담당한 업무 전후방 유관업무 지식을 바탕으로 한 인공지능 활용능력이 있는 근로자에게는 더 많은 성장과 보상의 기회가

주어지는 반면, 효율성이 요구되는 업무영역 내에서 역량이 머물러 있는 경우에는 인공지능 기술 적용 확대에 따라 심각한 도전에 직면하게 될 것임을 유추하여 전망할 수 있다.

자동화가 어렵고, 셀프서비스도 어려운 고객 문의가 집중되는 콜센터의 경우에도 생성형 인공지능 모형과 기계학습, 챗봇, 빅 데이터 분석, 자연어 처리, 음성인식 기술 등을 이용하여 1선 대응 업무를 대체하고 있다. 그러나, 동시에 상담원들의 상담 내역을 정형화하고 유형별로 갱신하며 인공지능 프로세스가 지속적인 학습이 가능하도록 만드는 인공지능 지식을 활용할 수 있는 콜센터 업무 전문가 수요는 오히려 증가하는 추세이다.

사무직이나 지식근로자의 경우도 이와 다르지 않다. 대학 졸업자 수준의 신입 직원이 관리자의 지도와 지시를 받으며 정해진 절차와 양식에 따라 수행했던 자료 조사, 현황 파악, 전년 동기 대비 비교 분석, 가능한 업무는 이미 상당 부분 정보화 혹은 인공지능 기술에 의해 보조되거나 대체되어 운영 중이다.

또, 무역, 통관, 구매, 지급 등 규제와 절차에 따라 진행되는 상당 부분의 업무는 이미 정보화가 진행되어 있으며, 여기에 인공지능 기반으로 문자인식, 통관 규정 검색 및 인터페이스 없이 단절되어 있는 대외시스템과의 유관 데이터 연동에 이용되고 있다. 예를 들어 거래처와 시스템이 연결되어 있지 않아도, 문서로 접수되어온 발주서를 스캔하는 것만으로도 해당 문서에 기재되어 있는 발주자 정보, 배송주소, 주문 항목과 수량을 인지하고 이에 대한 주문 접수 처리를 진행하며, 아울러 배송과 동시에 청구서가 준비되어 해당 메일로 발송된다. 이를 위해서는 업무프로세스

를 이해하는 전문가의 지식은 물론 인공지능 활용이 가능한 요구역량이 계속 증가할 것이다.

동시에 지금까지는 전문가에 의한 특정영역에 국한되어 수행되어 오던 저작권이나 표절 검증은 증가하는 동영상과 생성형 인공지능이 만들어내는 컨텐츠 여부를 확인하기 위해 새로운 산업으로 자리잡고 있으며, 인공지능 모형을 이용하여 저작물과 창작물의 표절 여부를 법적, 윤리적인 측면에서 검증할 수 있는 프로세스를 설계하고 운영하는 전문인력의 수요는 지속적으로 증가하고 있다. 더불어, 노동시장에서의 기존 기술체계에 숙련된 인력들에게 인공지능을 활용할 수 있는 기본 역량을 육성하기 위한 전환 교육과정도 함께 등장하고 있고, 인공지능의 활용으로 인해 일자리에 영향을 받는 노동자들에 대해서는 사회적인 소통과 협력이 필요하다. 또한, 감성적인 부분을 이해하고 이를 요구사항으로 정형화하고 정리하는 UX(User Experience) 분야도 지속적인 변화를 요구받고 있다.

인공지능 활용에 따른 새로운 직업의 등장

정보기술의 발전과 활용 확대에 따라 업무분석 전문가, 아키텍처 설계, 데이터베이스 관리, 프로젝트 관리, 통신 전문가 등 다양한 직업이 새로이 등장하였듯이 인공지능 또한 지금까지 존재하지 않았거나 특정 영역의 직업이 정형화되거나 새로운 등장을 촉진하고 있다. 데이터과학자(Data Scientist), 인공지능 전문가(AI Engineer), 인공지능 윤리 전문가, 자동화 전문가, 사용자 경험112(UX, User Experience) 전문가 등이 그 예가 될 수 있다.

데이터과학자(Data Scientist)는 데이터를 수집, 분석, 모델링하여 산업현장에서 요구되는 목표 달성에 필요한 통찰력을 도출하는데 주로 초점을 둔다. 구체적으로는 데이터 수집, 전 처리, 분석, 시각화, 모델링 등의 다양한 단계에서 작업을 수행하며, 다양한 알고리즘과 통계 기법을 활용하여 데이터를 분석하고 모델을 개발한다. 또한, 데이터의 품질과 보안을 유지하고, 비즈니스 문제를 이해하고 해당 분야의 전문 지식을 활용하여 데이터 기반으로 문제 해결 방법을 도출한다. 즉, 데이터과학자는 데이터 분석 및 모델링 기술을 활용하여 원시 데이터로부터 가치를 창출하고, 데이터에 기반한 의사 결정을 돕는 역할을 수행한다.

인공지능 전문가(Artificial Intelligence Engineer)는 인공지능 시스템을 개발하고 구축하는데 필요한 역량을 갖고 있으며, 기계학습, 심층학습, 자연어 처리 등의 인공지능 기술 기반으로 시스템을 개발하고 최적화

112 입력 데이터와 출력 데이터 중심으로 프로세스가 설계되어 온 전통적인 User Interface가 아닌, 사용자가 IT서비스를 접하고 사용하고 느끼고 인지하는 모든 Interaction을 의미

한다. 이를 위해 인공지능 모형의 개발과 구축, 개선, 운영 작업을 수행하여, 이 과정에 필요한 하드웨어 및 소프트웨어의 최적화, 인공지능 모형의 배포와 운영, 시스템의 유지보수 등의 작업도 수행한다.

데이터 과학(Data Science)과 인공지능 기술은 미래를 위한 성장동력으로 여겨지고 있으며 새로운 산업과 시장, 그리고 사업과 고객을 만들고 있다. 예를 들어, 자율주행 차량, 의료 AI, 스마트 홈, 인공지능 기반의 금융 서비스 등은 과거에 존재하지 않았던 사업분야이다. 또, 기존 산업 분야에서의 생산성 향상, 자원 효율화, 인재 육성 등을 통해 경제 성장을 촉진하고 있다. 예를 들어, 인공지능 기술은 의료 분야에서는 진단 및 치료를 보다 정확하고 효과적으로 지원할 수 있을 것으로 예측되며, 금융 분야에서는 인공지능 활용은 데이터 기반 투자 전략 개발과 투자 상품 운영 등에 적용 가능할 것으로 예상되고 있다. 또한, 기업 전반적으로는 문제 해결 능력을 향상시켜 의사결정 역량을 강화하며 나아가 비즈니스 프로세스를 최적화하는 데에도 기여할 것으로 예상된다.

인공지능 윤리 전문가

인공지능 기술 및 시스템이 사회와 개인에 미치는 윤리적 영향을 평가하고, 이로 인해 유발되는 윤리적 문제를 식별하고 해결하는 역할을 수행한다. 인공지능 기술의 발전과 사용 확대로 인해 야기되는 부작용을 완화하며, 법적 윤리적 정화를 위한 가이드 제공 및 과 사회의 이해와 조화를 이루기 위한 핵심 역할을 담당하게 되며, 구체적으로는 인공지능 기술에 의해 수집, 가공, 저장, 생산된 자료 및 인공지능 모형이 유발할 수 있는 개인정보 보호(Data Privacy), 개인정보 삭제(Data Sanitization), 명예 훼손(Defamation) 등에 관한 가이드라인과 문제 진단과 이해관계 조정을 담당한다.

예를 들어, 인공지능이 유발할 수 있는 편견, 차별, 개인 정보 보호 등의 문제를 파악하고, 이를 해결하기 위한 방법을 모색하며, 인공지능 기술이 사회와 개인에 미치는 영향을 평가하고 예측하여, 부정적인 영향을 최소화하고 긍정적인 영향을 극대화하는 방안을 제시한다. 이를 통해 인공지능 기술의 사회적 책임을 강조하고, 지속 가능한 기술 개발 및 활용을 촉진한다. 또, 인공지능 기술의 개발 및 활용에 관련된 다양한 이해관계자들 간의 이해관계를 조정하며, 정부기관, 기업, 연구기관 등에서 인공지능 기술을 개발하고 활용하는 많은 사람들이 윤리적 원칙을 숙지하고 준수할 수 있도록 교육과 인식 제고에 노력함은 물론, 정책과 법률 개발을 제안한다.

로봇 공학 및 자동화 전문가

로봇 및 자동화 시스템의 설계, 개발, 운영 및 유지보수를 담당하는 전문가로서 다양한 역할을 수행한다. 이들은 로봇 및 자동화에 필요한 설비의 작동과 제어에 필요한 알고리즘 설계 및 개발과 관련된 전문적인 지식과 기술을 보유하며, 다양한 산업 분야에서 이를 운영하는 데 필요한 능력을 갖추어야 한다. 전문적인 지식과 기술은 전통적인 기계, 전기, 전자, 통신, 제어 프로그래밍, 제어계측, 보안 등 폭 넓은 분야를 아우르며, 분야에 따라서는 IoT와 연계된 센서, 구동장치는 물론 연결된 설비에 관

한 지식도 요구된다.

또 각기 다른 분야를 연결하여 전체적인 관점에서 생각하고 창의적인 해결방법을 만들어내는 문제해결 능력도 중요한 부분으로 거론된다. 이들 전문가는 고령화, 인건비 상승, 환경과 안전에 대한 관심 증가와 함께 다양한 산업 분야에서 수요가 높아질 것으로 예상된다. 특히 제조, 물류, 의료, 서비스, 농업 등의 분야에서 로봇 및 자동화 시스템이 적용될 것으로 예상된다.

사용자 경험(UX) 디자이너

사용자 중심의 서비스 디자인을 통해 제품이나 서비스의 사용성과 만족도를 향상시키는 역할을 가지고 있다. 기존 정보시스템 설계 시, 사용자의 요건을 바탕으로 프로세스를 설계할 때 사용자 인터페이스(User Interface)는 IT 서비스와 사용자의 상호 작용을 담당한다. 이는 사용자와 시스템 간의 접점을 디자인하고, 사용자가 제품이나 서비스를 쉽게 이해하고 조작할 수 있도록 Interface를 디자인하는 것을 의미한다.

반면, 사용자 경험(User Experience) 디자이너는 사용자의 경험을 전체적으로 디자인하는 것을 목표로 한다. 이는 사용자가 제품이나 서비스를 사용하는 동안 느끼는 감정, 인식, 행동 등을 고려하여 사용자의 만족도와 편의성을 향상시키는 것을 의미한다. 구체적으로는 제품과 서비스를 사용하고 있는 기존 고객 혹은 잠재적인 고객집단 조사, 사용자 시나리오 작성, 워크플로우 분석, 정보구조 설계, 프로토타이핑 등을 통해 제품이나 서비스의 전체적인 사용자 경험을 개선하고 최적화하는 것을 목표로 한다.

이를 위해서는 사용자의 요구와 행동을 이해하기 위한 기능적, 인지적 조사 방법 활용 능력이 필요하며, 이를 사용자 시나리오별로 워크플로우를 정의하고, 이를 구현하기 위한 프로세스와 데이터를 분석하여 프로토타이핑 과정을 통해 다시 보완 개발하는 애자일(Agile) 방법113에 대한 이해도 요구된다. 나아가, 다양한 내외부 이해관계자 집단에게 프로토타입(Protoype)을 설명하고 피드백을 취합하여 반영할 수 있는 의사소통 능력도 요구된다.

사용자들의 요구와 기대가 높아짐에 따라, 제품이나 서비스에 관한 기능 못지 않게 사용자 경험(UX)은 제품과 서비스의 경쟁력을 결정하는 중요한 요소로 인식되고 있다. 또한, 사용자와 인공지능 시스템 간 효과적

---

113 유연성과 협업을 중심 가치로, 작동하는 서비스를 가능한 한 빨리 구현하고 이를 바탕으로 반복적이고 점진적으로 개선하며 사용자 요구사항에 부합되는지를 검증하는 개발방법론. Scrum이나 Kanban과 같은 Framework들이 활용된다.

인 상호 작용 달성을 위해서는 서비스 수명 주기 전반에 걸쳐 사용자의 피드백과 요구를 수집하고 반영하는 기능을 제공해야 한다. 예를 들어, 최근 스마트폰에 설치되는 다수의 App들은 인공지능 모형을 기반으로 App메뉴 가운데 특정 메뉴에 대한 사용빈도를 관찰하여 메뉴 구조를 개선하거나 개인화 맞춤을 추천하는 기능을 선보이고 있다. 더불어, 현재 App과 컴퓨터 등에 한정된 채널이 아닌 다양한 단말(Endpoint) 장비114들이 등장하고 있기 때문에 UX의 중요성은 더욱 높아질 것으로 예상된다.

나. 인공지능 환경에서의 개인정보 보호와 고려사항

인공지능에 의한 개인정보 수집 및 활용

인공지능 기술에 의한 개인정보 수집 및 활용 방법과 범위에 대한 논의는 개인정보 보호와 인공지능 기술의 빠른 발전으로 인해 중요성이 높아지는 분야 가운데 하나이다. 개인정보는 개인의 인간적 가치와 사생활을 보호하기 위해 법적으로 보호되는 정보이지만, 다수의 기업들은 대량 데이터를 수집하여 의미 있는 시장 정보 분석을 위해 인공지능을 이용하여 개인정보를 추출하는 기술을 사용한다. 이에 따라 개인정보 보호와 인공

---

114 TV, 냉장고 등 가전기기, Apple의 Vision Pro와 같은 VR(Virtual Reality)장비, 음성 인식이 가능한 스마트 스피커, 차량용 Infotainment 장비, 산업현장의 기존 계측기와 함께 이용될 AR(Augmented Reality)장비

지능 기술의 활용 간 적정한 균형을 유지하기 위한 다양한 논의가 진행되고 있다. 개인정보는 사용자의 인터넷 탐색기 (예: Edge, Chrome, FireFox등)에 남아 있는 검색, 방문 기록, 위치 정보, 디바이스 설정 선택 정보 등을 의미하며, 각 서비스 특성에 따라 거래정보, 검색정보, 개인기호 정보 등으로 구성된다. 이들 개인정보 분석을 통해 사용자 집단의 특성 정의와 사용자 집단 분류, 선호도 및 행동 패턴 등이 파악 가능하며, 이와 같은 개인 정보는 마케팅, 광고, 개인 맞춤형 추천 시스템, 신규 제품 및 서비스 개발, 맞춤 가격제공 등에 활용된다.

개인정보의 수집과 활용 범위는 국가마다 정도의 차이는 있지만 법규에 따라 통제되고 있다. 국내의 경우, 개인정보 보호법에 의해 기본적인 개인정보 관련 사안이 감독, 관리되고 있고, 유럽연합의 경우에는 개별 국가의 법규에 상위하는 GDPR[115] 에 따라 개인정보 처리에 대한 제한이 정의되어 있다. 따라서, 인공지능 기술에 의한 개인정보 수집과 활용 과정에 앞서, 이들 법적 규제를 준수하는 것은 기본적인 전제조건으로, 개인정보 수집에 대한 동의와 승인받은 범위 내에서만 정보를 수집하고 활용하였음을 입증하는 프로세스, 피해가 인지되거나 예상되는 경우에는 이를 선제적으로 대응하고, 그리고 해당 개인이 요청하면 해당 개인정보를 삭제할 수 있는 절차를 수립하고 운영하는 것이 인공지능 활용에 있어 필수적인 범위가 되었다.

---

115 General Data Protection Regulation, 유럽연합(EU, European Union)에서 제정한 개인정보보호에 관한 일반규정으로 유럽연합 내 국가에서 서비스를 제공하고자 하는 사업자가 준수하여야 하는 개인정보 보호절차와 기준에 관한 규정

그럼에도 불구하고, 법적 규제가 개인정보의 부적절한 사용에 대한 모든 부분을 통제하지 못한다는 점에서 도덕적, 윤리적 가이드라인의 필요성이 부각되고 있다. 예를 들어, 피트니스에 도움을 주는 개인용 App에서 체중, 키, 직업 및 식단 등에 대해 개인정보를 최대한 익명화한 뒤 데이터를 활용한다 하더라도 데이터 모집단 자체가 충분하지 않다면, 익명화된 정보라 하더라도 개인의 특정 정보를 유추해낼 수 있다.

이와 같은 부분은, 선의로 활용되는 학력수준 진단평가와 같은 경우에도 발생할 수 있는 위험이다. 특정지역의 특정학교에서 소수의 학생이 선택한 특정 과목의 성적에 대해서라면 익명화에 한계가 있기 때문이다. 따라서, 도덕적 가이드라인은 인공지능 모형 설계자 또는 운영자가 개인정보 활용 이전에, 해당 사안의 민감성과 데이터 활용과정 전체에 걸친 투명성, 안정성 등에 대해 조직 내부적으로 정의된 역할 분담과 결정 프로세스에 따라 통제되고 관리되어야 함은 주지의 사실이다.

인공지능이 활용하는 데이터의 신뢰성

인공지능 모형이 학습을 위해 사용하는 원천 데이터 혹은 리포트 생성을 위해 사용하는 가공 데이터 어느 쪽이던 데이터의 출처, 품질, 편향성 등에 대한 객관적이고 검증 가능한 기준에 따라 관리되어야 한다. 인공지능 모형이 다루는 데이터에 대한 객관성과 신뢰성이 보증되지 않은 경우, 인공지능 모형이 생성한 지식에 대해서는 의문을 가질 수 밖에 없다. 현재도 여론조사, 실험실 환경에서의 가설 검증을 위해 통계처리를 위한 데이터 선별, 가공과정을 거치고 있다. 다만, 인공지능 모형이 다루는 데이터는 그 규모와 범위가 방대하다는 점에서 수집되는 데이터의 출처와 데이터 자체의 신뢰성이 매우 중요하다고 할 수 있다.

보다 구체적으로는 데이터 수집 및 처리 과정에서 투명하고 명확한 절차와 방법을 사용하여 데이터의 출처, 활용 목적, 활용 방법 등을 공개하는 것도 고려되어야 하며, 데이터를 수집하고 사용하는 주체에 대한 신뢰를 강화하고, 데이터의 오용과 부적절한 사용을 방지하기 위해, 데이터를 수집하거나 분석할 때 어떤 데이터를 수집하고 분석할지, 어떤 가설을 세우고 어떤 모델을 사용할지 등의 선택은 사전에 명확한 기준과 공정한 절차를 수립하고 이를 지속 검증하여야 한다.

다. 사회적, 경제적, 윤리적 영향과 이슈

인공지능 기술 사용이 사회에 미치는 영향과 야기할 수 있는 불평등

인공지능 기술은 그 설계와 운영과정에 의도하던 의도하지 않던 여러 위험요인으로 인해 사회 불평등과 불공정을 야기할 수 있다. 인공지능 모형은 대량 데이터를 기반으로 학습하기 때문에 데이터의 품질, 편향성 등에 따라 결과가 왜곡될 수 있고, 인공지능 모형의 학습방법이나 주요 고려 변수의 설계에 따라 전혀 다른 결과를 가져올 수 있다.

예를 들어, 인공지능 모형을 기반으로 입사 지원자의 서류를 검토하는 과정에서 과거에 유사한 자격조건을 가진 지원자가 입사 이후 성취한 업무실적을 학습시킬 때 수많은 가정들이 전제 조건의 이름으로 인공지능 모형에 설정되는데, 설계자나 운영자의 주관적이거나 투명하지 않은 데이터로만 학습이 반복되는 경우, 심각한 오류를 초래할 수 있는 위험요소가 된다. 최근 사회 전반적으로 주요 논쟁이 되는 공정한 기회 부여에 관한 사회적 공감대 형성이 필요한 부분이 될 것이다.

다른 면에서 인공지능 기술은 저학력, 저숙련, 저비용 일자리에 대한 위협이 될 수 있다. 이미 우리 주변에서는 키오스크(Kiosk)에서 음식을 주문하고, 슈퍼마켓에서 구매한 물건을 계산하는 등 초보적인 수준에서 일자리를 대체하고 있다. 그러나, 일상적인 무인계산대에서도 계산을 하지 않거나 일부만 계산하는 사례를 시각적으로 감지하는 인공지능 기술이 적용된 사례가 있고, 초보적인 수준의 자동화, 무인화 수준을 넘어 이미 재활용센터에서 폐기물로 수집된 음료수 캔의 표면에 기재된 금속 성

분 표시를 자동으로 읽고 인지하여 재활용 분류에 인공지능 모형이 적용된 사례가 있고, 운전면허 실기시험장에서 현장 평가를 진행하는 평가원이 멀지 않은 시기에 대체될 가능성이 있다. 궁극적으로는 자율주행과 택배사업 전반에 인공지능 기술 기반의 로봇이 이들 일자리를 대체하게 될 것으로 전망되고 있다. 이는 직업적 불평등, 소득 불균형과 계층간 갈등을 야기할 수 있는 사회적 문제가 될 수 있다.

경제적 영향과 기술 독점, 경쟁력 변화 등

인공지능 기술의 발전과 활용은 시장 내 지배적 사업자에 의한 기술 독점과 시장 독점을 유발할 것으로 우려되고 있다. 이는 비단 인공지능 기술에만 국한된 것은 아니다. 2000년대 국내 대리기사 시장에 존재하였던 수많은 대리기사 서비스 업체는 App의 등장과 시장 내 경쟁 심화에 따라 상위 몇 개 업체를 제외하고는 모두 사라졌고, 비슷한 시장 환경의 음식 배달 앱 또한 상위 특정업체만 시장에서 사업을 영위하게 되었고, 이로 인해 요식산업 가치사슬 자체를 재편하거나 영향을 주는 위치에 이르고 있다. 차량용 네비게이션 장비 시장 또한 비슷한 사례가 된다. 2000년대 초기에는 자동차 회사가 이를 직접 제작하였고, 이후 전문 제조기업이 생산하였으나, 현재는 Google 또는 Apple의 지도 서비스와 연동되는 차량용 App을 통해 네비게이션 서비스를 받는 것으로 시장이 정리되었다. 스마트폰을 기반으로 한 국내 개인용 메신저 시장의 경우, 특정업체의 서비스가 95%의 시장 점유율을 보이고 있다.

이와 같이 인공지능 기술은 기업 경쟁력을 높이고 새로운 경제적 가치

를 창출할 수 있는 도구로 이미 자리잡으며 기존 산업 구조의 변화를 이끌고 있는 반면, 소수의 상위 독점기업에 의한 소비자의 종속적 시장 지배 현상을 일반화시키고 있다. 물론, 이와 같은 인공지능 기술 기반 경쟁 우위 유지를 위해서는 지속적인 연구개발 투자가 불가피하고, 후발주자들이 집중적인 투자로 기술격차를 단시간에 좁히기 힘들기에 승자독식의 산업환경이 고착화되는 부분이 불가피한 면이 있다. 그러나, 소수 기업에 의한 특정기술의 독점 현상은 산업 생태계 자체의 건전한 성장과 발전을 저해하는 부정적인 요소로 작용할 것이다. 인공지능 기술의 직접적인 사례는 아니지만, Covid19 백신을 개발[116]하는 과정에 인공지능을 이용하여 mRNA(메신저 리보핵산)[117]백신 구조 가운데 취약한 부분을 보완한 여러 유형을 설계하고 비교하는데 활용된 경우가 보고되었다.

인공지능 기술을 집중적으로 투자하여 본업의 경쟁력을 높일 수 있는 기업과 그렇지 아니한 기업의 경우, 시장경쟁력은 명확히 차이가 날 것이고, 대규모 투자를 통해 신약을 개발한 제약회사의 경우에는 지속적인 투자와 기투자분의 회수를 위해 필수의약품이라 하더라도 고가 정책을 가져갈 수밖에 없다. 결론적으로 의료서비스에 취약한 비보험계층이나 저개발국가의 경우, 치료약이 없어 생명을 잃는 것이 아니라 돈이 없어 생명을 잃게 되는 윤리적인 문제에 부딪히게 될 것이다. 단적인 사례로 2020년 Covid19 예방을 위한 파이자(Pfizer)사의 mRNA 백신의 경우, 탁월한 효능과 낮은 부작용으로 인해 선호되는 백신이었지만 가격과 수

---

116 https://www.chosun.com/chosunbiz/science_biz/2023/05/03/3R6ZPWR
    QMJARRBKZIYS364WHMY/

117 mRNA(messenger RiboNucleic Acid) 메신저 리보핵산

급 문제로 특정 선진국 이외에는 손쉽게 수입하여 접종할 수 없었기 때문에 다수의 저개발국가는 러시아와 중국이 전통적인 방식으로 개발한 불활성백신의 효능이 저조함에도 불구하고 국민들에게 접종한 사례가 이를 설명한다.

선진기술은 혜택을 보는만큼 대가를 지불하고, 투자한만큼 이익을 회수하는 것이 정당하고 윤리적이라는 자본주의적인 철학과, 이와 대조적으로 인류 보편적으로 필수적인 특정기술은 그 가치를 사회공동원 전체가 공유해야 사회적 불평등을 예방할 수 있다는 공동체 주의 철학이 언제나 맞설 것으로 예상된다. 이는 마치, Web 2.0 논의가 등장한 2010년대 초반에 웹 접근성을 주제로 보편 타당한 접근과 차별 철폐를 위해 공공 웹사이트에 시각장애인과 청각장애인을 위한 지원도구 보완이 의무화된 것처럼 사회 공공재 성격으로 자리잡을 것인지, 아니면 mRNA백신처럼 경제적 가치 중심으로 시장과 사회의 질서가 정리될 지는 여전히 논란이 진행 중이다.

인공지능 기술의 윤리적 사용과 인공지능이 건의하는 결정에 관한 논의

인공지능을 이용하여 개발한 의사결정시스템, 자동화시스템 혹은 자율시스템이 인간의 의사결정에 영향을 미치는 경우, 이러한 결정이 공정하고 정당한지 여부가 중요하게 논의되어야 한다.

즉, 인공지능 기술의 사용 방법과 적용 범위, 활용 목적, 통제 방안 등이 사전에 정의하고 공개되어야 하며, 보편적인 공공의 이해에 걸린 부분이라면 객관적으로 통제 가능한 관리체계가 구성 및 운영되어야 한다. 예

를 들어, 인공지능 기술 기반으로 교통량을 감지하여 차선이 가변적으로 운영되는 교통체계의 경우라면, 오작동과 주관적인 작동과 변경이 개입할 소지가 있는지를 사전 검증하는 것이 핵심이며, 무엇보다도 교통량의 많고 적음을 어떤 기준으로 판단할지도 중요한 관건이 될 것이다. 즉, 인공지능 모형에 의한 의사결정이 합리적이고 공정한지를 검증하는 알고리즘 개발도 중요한 과제가 된다.

또한, 인공지능 모형이 의사결정을 내리기 위해 사용하는 데이터에 대해 객관적인 데이터 원천에서 합리적으로 수집된 데이터인지를 평가하고 개선할 수 있어야 한다. Covid19이 확산되던 시기에는 감염자 혹은 유사 증세가 발생한 유병자 인근에 있었다는 휴대폰 위치 추적 정보만으로, 선제적인 검사를 요청하거나 혹은 자가격리를 의무화하여 이동 반경을 추적하고 제한하는 일이 일반적으로 받아들여졌던 시기가 있다. 심지어, 일부 국가에서는 감염 의심자로 판정되면 버스, 철도, 항공 등 모든 대중교통 탑승 자체가 차단되는 통제가 이뤄지기도 했던 사례가 있다. 과연 어떤 데이터와 근거로 개인의 자유를 통제할 수 있는 근거와 사회적 합의가 있는지 생각해볼 대목이다.

그리고 인공지능 기술에 의한 결정이 도덕적인지 기준을 어긋나지 않는지는 무거운 논의 주제 가운데 하나이다. 가장 빈번히 많이 인용되는 주제가 자율주행 차량에 의한 교통사고 상황 판단 사례이다. 고속주행 중인 고속도로 상에 경비행기가 착륙하는 경우, 안전거리 유지와 급정거를 떠올리는 것은 어렵지 않은 시나리오이나, 좁은 시골길에서 정면에 출현한 유치원 버스와 길 우측의 동일한 거리에서 운동 중인 노인 가운데 어떤 선택을 해야 하는지는 인공지능이 내리는 결정 수용에 대한 윤리적인 갈등을 떠올리는 사례로 자주 인용된다.

모든 의사결정의 책임과 윤리적 의무를 인공지능 기술과 모형에만 떠안길 것인지 생각해봐야 한다. 다른 예이긴 하지만, 테슬라(Tesla)와 같이 일반적인 환경에서 자율주행이 가능하게 만들어 시장을 넓히지만 이에 따른 책임도 무거워지는 방식이 맞는지, 아니면 구글(Google)의 자율주행 자동차와 같이 정해진 구역 내에서만 자율운행하되, 제한된 범위와 조건 하에서의 그 신뢰도와 안정성이 검증된 인공지능 모형 활용이 적절한지 사회적인 논의가 이뤄질 것으로 예상된다.

라. 인공지능과 사회제도와의 상호 작용

인공지능 규제 및 촉진과 관련된 정책과 법적 영향

인공지능 기술의 발전과 이용 확대 추세에 따라 법과 제도적 구조, 정책

결정 등에 영향을 미치고 있으며, 이는 법적, 윤리적, 사회적 이슈에 대한 사회적 주의를 환기시키고 있다. 즉, 인공지능 기술 활용에 따른 개인정보 보호, 권리, 인권 등의 법적 쟁점들이 사회적 공감대와 합의 과정을 거쳐 개인정보 보호법 등의 법적 제도로 공식화되고, 인공지능 기술 개발과 활용 과정에서 남용을 막기 위해 법적 규제를 적용하고자 논의가 진행되고 있다. 나아가 인공지능을 기반으로 구축되는 시스템의 책임과 보상 문제에 대한 법적 쟁점도 제기되고 있다. 물론, 공공의 이익을 위해 인공지능 기술은 사용되어왔고, 도입이 확대될 것이기에 공공을 대상으로 한 인공지능 기술의 오작동이나 주관적인 사용에 따른 폐해가 공공에 영향을 미치는 경우를 상정하여 이를 규제하고 관리하는 법체계도 고려되어야 한다.

이와 같은 법, 제도, 정책적 규제는 도입과 적용에 대한 사회적 논의가 필요하며, 이들 정책과 법제도 도입에 따른 철학적 고찰이 필요하다. 가령, 인공지능 기술을 공공의 영역에 적용하는 것이 인간의 가치와 존엄성, 그리고 규범에 어느 정도 부합되는지, 인공지능 기술 활용 과정 중 사회에 미치는 부정적 영향을 어떻게 관리할 수 있는지, 인공지능 기술 통제를 위해 도입된 법, 제도에 따른 공공의 불이익은 없는지 등 여러 각도에서 여러 이해관계자의 입장과 이해를 고려한 법, 제도, 정책이 적용되는 것이 중요하다.

본격적으로 전면 적용되지는 않았지만, 유럽연합 내 다수의 국가에서는 저소득 가정을 대상으로 한 최저생계수준 유지를 위한 복리후생 제도 운영이 현안인 경우가 많다. 정상적인 소득이 발생하고 자립 활동이 가능한 수급인에게는 최저생계수준 보장을 위한 복리후생 제도 적용을 하지 않고, 적합한 수급 조건을 갖춘 수급인에게 복지혜택이 가도록 하는 것이 중요하다. 그러나, 어느 나라이던 비슷하지만, 소득과 다양한 원천의 소득원을 추적하고 기준에 따라 수급자의 적격 여부를 판정하는 것은 중요한 업무이지만 동시에 여러 유형의 예외 사항도 많고, 실질적인 판단에 주관적 이해가 개입될 소지가 있다.

2021년 4월, 유럽연합 집행위원회에서 발표한 인공지능 규제 정책안[118]은 인공지능에 대한 조화로운 규칙들을 표방하고 있다. 그러나, 인공지능 모형을 기반으로 운영하는 과정에 사회보장 지원이 필요한 수급자를 차별하고, 그들의 사생활을 침해하며, 복리후생 지원 수준이 적절한지를 규제하고 감독하는 것은 논란의 소지가 있다. 네덜란드 정부는 사람들이 혜택이나 세금 사기에 연루될 가능성을 예측하기 위해 주로 저소득 지역에서 SyRI[119]로 알려진 위험 점수 프로그램을 시행해왔는데, 2020년 4월 네덜란드 법원은 이와 같은 위험 점수 프로그램 운영이 국민의 사생활을 침해했다고 판결한 후 이 프로그램을 중단시켰고, 시민 사회 단체들은 공공 당국과 민간 부문 간의 데이터 공유를 허가하고, 잠재적으로 위험 점수를 되살리는 법안에 대해 경종을 울렸다. 오스트리아 정부에서 취업 지원을 목적으로 사용하는 취업률 예측 알고리즘이 오히려 일부 계층 사람들의 취업을 단절시켜 적절한 생활 수준에 대한 권리를 위태롭게 했다는 평가를 받고 있다. 즉, 취업지원제도를 이용할 수 있는 사람에게 우선순위를 부과하여 정책의 효과성과 비용 절감을 위해 활용하였던 취업률 예측 알고리즘이 역설적으로 특정 집단의 취업 희망자의 역량을 낮

---

118 https://eur-lex.europa.eu/resource.html?uri=cellar:e0649735-a372-11eb
   -9585-01aa75ed71a1.0001.02/DOC_1&format=PDF

119 https://digitalfreedomfund.org/the-syri-welfare-fraud-risk-scoring-algorithm/

게 평가하고, 취업 가능성을 낮게 다루어 취업지원제도 이용 대상에서 제외했다는 반발을 가져온 사례가 있다. 복리후생 부정 수급이나 사기 행위 적발이 아닌 가능성 예측을 위해 수급 후보자의 과거 이력과 행동을 분석하거나, 사람들의 과거 행동에 대한 기록을 분석하거나, 사회보장 삭감을 위한 구실로 사용되는 채점 도구는 금지돼야 하며, 이 규정에 부합되지 않는 인공지능 모형 개발을 금지하는 과정도 포함돼야 한다고 주장하는 목소리가 설득력을 얻어가고 있다.

인공지능과 법률, 규제의 상호작용

인공지능 기술의 발전은 기존의 법률과 규제에 많은 도전을 야기하고 있고, 이에 대응하기 위해 법률, 규제의 제개정 논의가 계속 진행되고 있다. 그러나, 법제도의 정비 속도보다는 기술의 발전과 새로운 사례의 등장 속도가 더 빠르다는 점에 사회적 우려가 될 수 있다. 예를 들어, 자율주행 자동차가 주행 중 사고를 낸 경우, 법적 책임이 누구에게 있어야 하는지는 잘 알려진 사례이다. 또, 금융정보거래를 안전하게 보장하기 위해 설치된 네트워크 침입탐지시스템이 탐지 알고리즘에 오작동이 발생하여 정상적인 사용자가 송금하지 못하여 발생하는 부도는 누구의 과실로 보아야 하는 것일까. 또, 날씨 정보 분석과 전망을 토대로 개발된 농산물 재해 보험상품에 해당 인공지능 모형이 예외적인 오류를 갖고 있다면 이로 인한 피해가 구제되거나 보상 후 구상해야 할 책임은 어디에 귀속되어 있는가? 기상 데이터의 오류 때문인가, 인공지능 모형 설계 오류인가 또는 인공지능 모형은 정상이나 농산물 재해 보험상품의 모집단 설계가 잘못

되었는지를 기존의 법제도 시각에서 판단하기에는 무리가 있는 부분이 등장하고 있다. 이와 같이 인공지능 기술이 관련된 사건인 경우, 그 원인을 명확히 규명하는 것이 어려운 경우가 증가하고 있다.

인공지능 기술 활용에 따른 법적 책임과 규제 준수를 위해서는 인공지능 기술의 작동 방식과 의사 결정 과정을 이해하는 것이 필요하며, 인공지능 시스템을 설계하는 시점부터 조직 내부적으로 법적 책임에 대한 책임자를 지정하여, 인공지능 모형이 생성하는 결과물이나 의사결정에서 발생하는 법적 문제를 적극적으로 보고하고 조치를 취하도록 하여야 한다. 따라서, 인공지능 기술의 발전과 함께 법률 및 규제를 제개정하는 과정에는 인공지능 기술 전문가, 인공지능 기술을 활용하는 사업운영자, 이를 소비하는 최종 사용자, 학계, 협회, 산업계, 소비자 단체까지 감안한 다양한 이해관계자의 의견을 수렴하고, 인공지능과 법률 간의 상호작용을 이해하고 인공지능 기술 활용으로 인한 잠재적 위험을 최소화하는 방향으로 나아가야 한다.

인공지능과 정치적 영향

다양한 원천으로부터 수집된 대량의 데이터를 분석하고 학습하여 모형을 보정하는 인공지능 기술의 발전은 긍정적이던 부정적이던 영향을 가져올 수 있다. 이미 선거 시간 마감 시점에 출구 조사 기반으로 당선자 예측에 인공지능 모형이 이용되고 있다. 그러나, "예측" 값을 실제 결과로 간주하여 다른 사안을 의사결정하거나, "예측"결과를 토대로 다른 사안을 해석하려 하는 시도가 이미 부작용으로 나타나고 있다. 또, 인공지능 모

형의 설계 방식과 학습 방법, 학습 데이터에 따라서는 특정 지역의 특정 유권자 계층의 정치성향에 대해 더욱 신속하고 다양한 시각에서 분석이 가능하기에, 인공지능 모형의 구성요소 변경에 따라 역설적으로 해당 지역의 특정 유권자 계층의 정치적 성향을 잘못 이해하거나 혹은 여론을 조성하고자 하는 시도가 발생할 수 있다. 물론, 이와 같은 오류는 비단 인공지능 기술 기반의 예측 모형이 등장하기 이전부터 통계적 오류나 데이터 모집단의 구조적 문제로 계속 지적되어왔던 부분이었지만, 인공지능 기술 활용이 심화되면서 오류 발생 시, 그 원인을 파악하고 수정하기 더욱 어렵다는 특징을 갖고 있다.

다른 예로, 패턴 학습에 강점을 가진 다수의 사회관계망 서비스(SNS, Social Networking Service)나 포탈, 동영상 서비스 사이트의 경우, 자주 방문하는 컨텐츠를 해당 사용자의 선호 성향으로 간주하고, 유사 컨텐츠를 계속 추천해주는 기능이 일반적인데 AI 기술의 정치적 영향력에 대한 논의는 이러한 문제들을 다루고, AI 기술이 어떻게 사용될 수 있는지에 대한 논의도 포함한다. AI 기술이 사용될 때는 항상 어떤 방식으로든 영향력이 발생하므로, 이러한 영향력에 대한 책임과 규제가 필요하다. 이를 위해 AI 기술의 사용이 제한되는 경우도 있으며, 규제를 통해 AI 기술의 사용을 조절하는 방법도 있다.

첫째로, AI 기술이 정치적 의사결정에 어떤 영향을 미치는지에 대한 고찰이 있다. AI를 통해 데이터를 분석하고 예측하는 기술은 정치적 의사결정에 많은 영향을 미칠 수 있다. 예를 들어, AI를 사용하여 선거 결과를 예측하거나 정책의 효과를 모니터링하면 정치적 결정에 대한 정보를 얻을 수 있다. 하지만 이러한 정보의 정확성과 편향성, AI가 가진 한계 등을 고려하여 결정에 활용해야 한다.

둘째로, AI 기술을 이용한 정치적 참여와 가용성 문제가 있다. AI 기술을 사용하면 더 많은 사람들이 정치적 참여를 할 수 있다. 하지만 AI 기술에 대한 이해가 부족한 사람들이나 디지털 격차가 있는 사람들은 이러한 참여에 제한을 받을 수 있다. 따라서 AI 기술을 활용하여 모든 사람들이 참여할 수 있도록 노력해야 한다.

셋째로, AI 기술을 이용한 정치적 의사결정에서의 책임성 문제가 있다. AI 기술은 어떻게 학습하고 의사결정을 내리는지에 따라 의사결정에 대한 책임이 다르게 부여될 수 있다. 예를 들어, AI가 인종, 성별 등을 기준으로 편향된 의사결정을 내릴 경우, 그 책임은 누구에게 있을까? AI 기술을 이용한 정치적 의사결정에서는 책임을 분명하게 지정해야 한다. 이러한 문제들은 AI 기술이 정치적 의사결정에 더 많이 활용되고 있음에 따라 중요성이 더욱 커지고 있다. 이를 해결하기 위해서는 AI 기술의 활용 방법과 그에 따른 책임성 등에 대한 논의가 필요하다.

마. 인공지능법의 등장

유럽연합(EU) 인공지능법 (2024년 3월)

유럽의회에서는 2024년 3월 인공지능법(Artificial Intelligence Act, 이하 AIA로 통칭)을 가결되었다. 유럽연합 각 회원국의 국내 승인 절차 및 단계별 도입을 통해, 2026년 이후에는 전면 시행될 것으로 예상된다. 금번에 가결된 AIA는 유럽연합 집행위원회에서 2021년 4월 AIA 초안을 발표한 이래, 산업계와 학계 및 시민 단체 등 여러 이해당사자들의 의견을 수렴하며 논의를 거쳐왔다. 최초 제안된 AIA 초안에는 생성형 인공지능에 관한 내용은 포함되지 않았으나, 2022년 이후 ChatGPT와 같은 생성형 AI가 급속히 확산되면서, 이에 관한 파운데이션 모델(Foundation model)에 대한 규정이 도입되었다. 그리고, 이는 범용 인공지능 모델 (General-Purpose AI Models)에 대한 규정으로 정리되었다.

유럽연합의 AIA는 인공지능기술의 개발과 배포에 관한 포괄적인 규제를 적용하는 것을 목표로 하고 있으나, 다음의 세 가지에 대해서는 예외적으로 규제를 적용하지 않는다. 첫째, 군사, 방위 또는 국가 안보를 위해 개발된 경우, 둘째, 과학 연구를 위해 독점적으로 개발된 경우, 셋째, 해당 소스 코드가 공공 도메인에 있고 누구나 사용할 수 있으며 수정하고 배포할 수 있는 무료 및 오픈 소스 기반 인공지능의 경우에는 규제 적용이 면제된다고 예외 규정을 두고 있다.

그리고, 법 시행 이후 위반에 따른 과징금은 해당 기업의 전 세계 연간 매출의 최대 7% 또는 최대 3천5백만 유로까지 부과하도록 명시하였다.

이에 따라 생성형 인공지능 기술이 적용된 스마트 폰을 유럽지역에 출시하고자 계획하였던 몇몇 기업에서는 법규 준수를 위해 기술 적용방안 및 출시에 관한 일부 조정 검토가 논의되고 있다.

인공지능법(AIA) 각 조의 주요 내용[120]은 다음과 같다.

부분	주요내용
금지되는 인공지능 유형 (Chapter II)	• 사람의 의식 조작이나 취약계층의 취약점을 이용하여 행동을 왜곡시키고 의사 결정에 악영향을 미치는 인공지능 • 사회적 행위에 기반한 사회적 평점 시스템(Social Scoring)으로 특정 자연인에 대해 불이익한 처분을 유발할 수 있는 인공지능 • 프로파일링에만 기반한 범죄 예측에 사용되는 인공지능 • 인터넷이나 CCTV로 수집된 얼굴 이미지를 무작위로 스크랩하여 얼굴 인식 데이터 베이스를 구축하는데 사용되는 인공지능 • 직장 및 교육 현장 내 자연인의 감정 추론에 사용되는 인공지능 • 공개된 장소에서 법 집행을 위해 사용되는 실시간 원격 생체 시스템
고위험 인공지능에 부여되는 의무사항 (Chapter III)	• 고위험 인공지능은 ①제3자 적합성 평가를 받아야 하는 제품과 관련성이 있거나, ②기반시설, 교육, 고용, 의료, 은행 등 핵심 공공/민산 서비스, 국경통제, 사법절차 등 특정 목적으로 사용되는 경우에 해당 • 고위험 인공지능은 ①리스크 관리 시스템, ②데이터와 데이터 거버넌스, ③기술문서화, ④기록 보존, ⑤설명 가능성, ⑥인간에 의한 감독, ⑦정확성, 견고성, 사이버 보안의 요건을 갖춰야 하고, 해당 요건에 기반하여 공급자에서 활용자에 이르는 공급망을 따라 각각에게 부여되는 의무사항이 있음 • 고위험 인공지능 시스템의 활용자가 공공서비스 이용과

---

120 법률신문, 2024년 3월 21일, 'EU의회, AI법 가결'

부분	주요내용
	관련된 기관에 해당하는 경우, 해당 인공지능 시스템에 노출된 자연인에 미칠 영향을 고려하여 기본권 영향 평가를 실시하여야 함
특정 투명성 의무가 부여되는 인공지능 (Chapter IV)	• 자연인을 직접 상대하는 인공지능 시스템의 공급자는 해당 자연인이 대하고 있는 상대가 인공지능임을 밝혀야 함 • 생성형 인공지능의 공급자는 그 산출물이 인공지능에 의해 생성된 것임을 표시하여야 함 • 감정 인식 시스템 또는 생체 분류 시스템의 활용자는 해당 시스템에 노출되는 자연인에게 시스템의 운용 및 개인 정보 처리 사실을 밝혀야 함 • 생성, 조작된 이미지나 딥 페이크 등의 콘텐츠를 생성하는 인공지능의 활용자는 해당 콘텐츠가 인공지능에 의해 생성된 것임을 공개해야 함
범용 인공지능 모델에 부여되는 의무사항 (Chapter V)	• 범용 인공지능 모델의 경우, 그 규모나 학습량을 고려하여 이용자에게 미칠 영향이 상당한 경우 '시스템 리스크가 있는 범용 인공지능 모델'로 별도 분류함 (예: OpenAI사의 GPT4, Google의 Gemini) • 범용 인공지능 모델에 대해선 기본적으로 기술문서화 등의 의무 이외에 학습데이터의 저작권 보호와 관련된 조치 의무를 부과함 • 시스템 리스크가 있는 범용 인공지능 모델의 경우, 적대적 공격 평가 등을 통하여 잠재적인 시스템 리스크를 완화하기 이┬한 조치를 다하는 등의 추가 의무를 부담
행동 강령의 자발적 시행 권장을 위한 규제 기관의 의무 (Chapter X)	• AI사무국 및 유럽연합 회원국은 학계, 업계 등의 의견을 수렴하여 각자가 행동강령을 수립하고 자발적으로 시행할 수 있도록 필요한 조치를 다하여야 함

인공지능에 관한 기존 규제와의 주요 차이점

2024년 3월에 가결된 유럽연합의 AIA 이전에도, 각국에 분야별 규제 법안은 이미 적용되고 있었다. 예를 들어, 2016년에 통과된 유럽연합의 일반 데이터 보호 규정(General Data Protection Regulation - GDPR)은 디지털 환경에서 개인정보 보호에 초점이 맞춰져 있다. 또, 최소한의 규제 개입을 강조하는 미국의 경우, 2023년 10월에 인공지능 개발자가 정부와 주요 데이터를 공유하도록 하는 대통령 행정명령을 발효한 바 있지만, 그러나, 인공지능 개발과 활용에 관한 전 과정을 포괄적으로 규제하는 것은 최초로 시도되는 것이다.

또한, 국가별 인공지능 규제에 관한 시각 차이가 존재하는데, 이는 각국의 시장 환경과 정부 역할의 특성에 기인하는 것으로 보여진다. 전세계적인 공통 규범으로 자리잡기까지는 다소 시일이 걸릴 것으로 보는 이유로 여기에 있다. 다음은 주요 관점에 따른 유럽연합, 미국, 그리고 중국의 인공지능 관련 규제의 특징을 보여준다.

- 유럽연합
  - 인공지능기술의 공급자가 전 세계 어디에 있던, 유럽연합 회원국에 출시하거나, 사용되는 모든 인공지능 기술을 대상으로 적용
  - 위험의 등급 분류에 따라 포괄적인 접근 및 기본권, 투명성, 책임성에 대한 강조
  - **예)** 수용불가한 위험, 고위험, 제한된 위험, 최소 위험

- 미국
  - 최소한의 규제 개입 원칙으로 포괄적인 규제 부재. 부문별로 규제
    개발 및 운영
  - **예)** 식품의약국(FDA)은 의료기기에 인공지능 및 머신러닝 기술을 사용할
    경우, 안전성과 효능을 평가. 교통부(DOT)와 연방 자동차 안전국
    (NHTSA)는 자율 주행차와 같은 인공지능 기반 교통 시스템의 안전 기
    준을 설정. 캘리포니아는 주법으로 소비자 정보보호법(CCPA) 적용

- 중국
  - 국가 안보, 윤리적 사용과 사회적 안정성 보장에 초점
  - **예)** 2015년 국가안전법에서 인공지능이 국가 안보에 미치는 영향을 고려
    한 규제 항목 포함. 2017년 사이버 보안법, 2021년 데이터 보안법,
    2022년 인공지능 안전관리 규정 발효

유럽연합 인공지능법 대응

유럽연합이 발효한 AIA은 기업과 사회 전반적으로 큰 반향을 불러오
고 있다. AIA가 분류한 위험의 등급에 따른 시스템과 프로세스 감독 수준
을 결정하고, 이를 관리하는 시스템을 개발하여 운영해야 한다. 예를 들
어, 고위험 인공지능으로 분류된 의료분야의 경우, 인공지능 모형이 적용
된 제품과 서비스에 대해 사용자의 건강, 안전 및 기본 권리에 중대한 위
협을 가하지 않음을 입증해야 한다.

그러나, 무엇보다도 종전의 규제와 비교하여 금번 유럽연합의 AIA는

인공지능 개발과 활용에 이르는 전 과정, 개발과 이용에 관한 내외부의 모든 이해관계자, 그리고 기업 내부적으로는 경영진, 관리자, 전문가에 이르는 모든 참여자의 전체적인 노력이 요구하고 있다는 큰 차이점이 있다. 이를 위해, 인공지능 프로그램을 구현할 때, 기술 자체로만 접근하는 것이 아닌 사람, 프로세스 및 기술의 조합으로 범위를 설정하고 접근해야 하며, 동시에 법규 미준수에 따라 사업 운영에 미칠 수 있는 위험을 완화할 수 있는 계획의 중요성도 함께 부각되고 있다.

다국적 법무법인인 HVG Law LLP에서 인공지능 및 디지털 법률 담당인 Saskia Vermeer-de Jongh는 유럽연합 AIA의 특징과 대응을 다음과 같이 제안하고 있다.121

- "인공지능에 대한 신뢰를 구축하는 것은 인간의 감독을 보장하는 것에서 시작된다. 인공지능 사용 시 위험 수준, 자율성의 수준과 맥락에 맞는 안전 장치가 필요하다는 점을 함께 고려해야 한다."
- "인공지능이 가져올 활용 기회를 보호하기 위해, 역설적으로 인공지능의 잠재적 위험을 더 잘 이해하고 이를 효과적으로 관리할 수 있는 능력을 개발해야 한다."
- "조직은 지금부터 개발 중이거나 배포 중인 인공지능 시스템의 최신 목록을 확보하고, 해당 인공지능 시스템이 법률의 정의한 범위와 등급에 해당되는지 평가하며, 위험 분류 및 관련 준수 의무를 우선적으로 식별해야 한다."

---

121 "Forum: Global impact of the EU AI Act", Thomson Reuters, https://www.thomsonreuters.com/en-us/posts/corporates/forum-eu-ai-act-impact/, 2024.6.24

- "기업은 인공지능 개발자와 사용자들을 교육하고, 인공지능 운영 과 정에 투명성 유지를 위해 노력해야 한다."
- "인공지능 시스템 개발에 고품질 데이터 세트를 사용하고, 강력한 개 인정보 보호 기준을 준수해야 한다."
- "규제 실행과 대응 과정에는 다양한 문화적 배경에 따라 조금씩 다른 접근 방식으로 실행되지만, 유럽연합의 AIA는 인권 존중, 지속 가능 성, 투명성 및 강력한 위험 관리가 기본 가치임을 유념해야 한다."

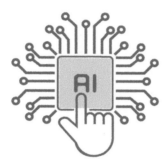

빨리 알수록 일이 쉬워지는,

AI POWER

인공지능 성공 사례, 실패 사례

빨리 알수록 일이 쉬워지는,

AI POWER

인공지능 성공 사례, 실패 사례

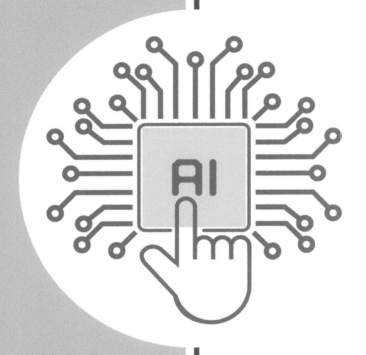

07

인공지능시대
인류의 도전과 기회

07 | 인공지능시대 인류의 도전과 기회

가. 인공지능 기술의 위험에 대한 경고와 이에 대한 통제 방안

빅테크 선두 그룹에 위치한 회사의 경영진 다수는 인공지능의 위험성에 대한 강한 우려와 함께 규제의 필요성을 강조하고 있다.

심층학습 이론의 선구자 또한 인공지능의 급속한 발전이 인간에게 미치는 영향에 대해 우려를 표명하고 있다.[122] 토론토 대학(University of Toronto)의 명예교수이자 최근까지도 구글(Google)의 최고 경영진을 맡고 있었던 제프리 힌튼(Jeffrey Hinton)은 생성형 인공지능이 잘못된 정보를 전파하거나 인류를 위협할 수 있다고 밝히며, 보다 강력해지는 인공지능으로 인해 인간이 인공지능 개발을 제한하지 못할 수 있다고 우려하였다. 사실, 제프리 힌튼은 기계학습 이론에 관한 기초 연구에 큰 기틀을 마련하여 "인공지능의 대부"로 불렸으며, 그 자신도 인공지능 모형이 인간의 두뇌만큼 강력하지 않다고 생각해왔다. 그러나, GPT-4의 경우에는 이미 상식적인 추론을 하기 시작했으며, 인간의 두뇌보다는 신경망이 훨씬 단순하지만 인간보다 지식 저장량이 천 배나 많기 때문에, 이제 그는 인공지능이 상대적으로 임박한 "실존적 위협"이라고 간주하게 되었다

---

122 https://mitsloan.mit.edu/ideas-made-to-matter/why-neural-net-pioneer-geoffrey-hinton-sounding-alarm-ai

고 설명한다. 마치 1억 명의 환자를 진료한 의사가 천 명을 진료한 의사보다 더 많은 추세를 파악하고 더 많은 통찰력을 갖게 되는 것과 같은 이치이다. 물론, 인공지능은 이미 의료분야에 큰 기여와 가능성을 보여왔으며, 앞으로도 큰 혜택이 예상되기 때문에 인공지능 개발을 전면 중단하는 것은 비현실적인 선택이 될 것이다.

구글(Google)의 전 경영진이었던 에릭 슈미트(Eric Schmidt)는 조만간 인공지능 기술이 많은 사람을 다치게 하거나 죽일 수도 있다고 경고했다.123 다소 비약이나 추론이기는 하지만, 예를 들어 인공지능 기술이 'Zero Day 공격124'이나 생명과학에 오용되거나 악용될 수 있기 때문이다. 일례로 핵기술은 여러 단계를 거쳐 기술력의 오용과 악용을 막을 수 있는 통제 장치가 지난 50년간 작동되어 왔지만, 인공지능 기술의 경우 지속적으로 발전하는 해킹 기술이 현재의 통제 절차를 무력화할 수 있기 때문이다.

테슬라(Tesla)의 일론 머스크(ElonMusk)는 2023년 CNN과의 인터뷰에서 인공 지능이 "문명 파괴"로 이어질만큼 위험할 수 있으며, 더 늦기 전에 규제되어야 한다고 경고했다.125 "인공지능 기술로 인한 사고는 잘못 관리된 항공기 설계나 생산관리시스템 보다 더 위험하다. 인공지능 활용에 있어서 발생하는 위험은 그 가능성이 아무리 낮더라도 결코 사소하

123 https://www.cnbc.com/2023/05/24/ai-poses-existential-risk-former-google-ceo-eric-schmidt-says.html

124 시스템 운영체제 등의 핵심 기능에 보안 취약점이 발견되면 이를 즉시 공격하는 해킹 패턴

125 https://www.cnn.com/2023/04/17/tech/elon-musk-ai-warning-tucker-carlson/index.html

지 않기 때문이다." 그는 일반 소비자를 대상으로 한 인공지능 서비스가 확산되는 가운데 인공지능 기술 개발을 6개월간 중단을 요구하자고 제안하기도 했다. 덧붙여, 그는 "규제에 의한 통제는 즐겁지 않지만, 인공지능에 대한 정부 규제를 지지한다고 밝혔다. 만일 인공지능이 스스로 통제권을 갖게 되면 규제를 적용하기 너무 늦기 때문이다"고 설명했다.

2014년, 영국의 저명한 물리학자인 스티븐 호킹(Steven Hawking)교수는 "의사소통에 인공지능 기술이 활용되는 것"에 관한 질문에 "인간이 생각하는 기계를 만들려는 노력이 우리의 존재 자체에 위협이 되고 있으며, 완전한 인공 지능의 개발은 인류의 종말을 의미할 수 있다"고 의견을 말한 바 있다. 근위축성 측삭 경화증(ALS, Amyotrophic Lateral Sclerosis)로 알려진 운동신경 질환을 앓고 있는 스티븐 호킹은 영국 Swiftkey의 기계학습 기술이 활용된 Intel의 의사소통 App을 이용하는데, 이는 스티븐 호킹이 어떻게 생각하는지 학습하고 다음에 사용할 단어를 제안하는 구조로 운영된다. 그는 "이론적으로 본다면 컴퓨터가 인간의 지능을 모방하고, 나아가 뛰어넘을 수 있다"고 우려하며, "인간이 이에 대처하지 못한다면, 인공지능은 인류 문명사에 최악의 사건이 될 것"이라고 지적했다.126

무엇보다도 우려가 높아지는 부분은 인공지능 모형의 고장과 오류로 인한 영향이다. 인공지능 모형도 전기와 자기로 운영되는 컴퓨터와 자동화 기기를 이용한다. 따라서, 운영 과정에는 여타의 전자제품이나 컴퓨터, 스마트폰과 같이 고장과 오류 발생의 가능성이 있다. 그러나, 문제는

---

126 https://www.bbc.com/news/technology-30290540

인공지능 모형에 고장 또는 오류가 발생하면 일반 전자제품과는 달리 예상할 수 없는 큰 피해를 인간에게 끼칠 수 있다는 점에서 더 큰 우려를 불러 일으키고 있다. 더구나, 대량의 데이터와 복합적인 학습모형, 추론 모형과 나아가 이와 연결된 자동화 기기 등이 복합적으로 운영되는 경우, 어느 부분에서 잘못된 부분이 오류를 만들었는지 명확하게 파악하기 힘들기 때문이다.

최근, 인공지능 기술로 인한 오류와 안전성 문제 해결을 위해 본질적인 시각에서 연구가 진행되고 있다. 2016년 미국 국방성 고등연구계획국(DARPA, Defense Advanced Research Projects Agency)에서는 인간이 인공지능 모형과 직접 상호작용하며 질의와 답변을 받는 구조가 아닌, 중간에 이를 돕는 속칭 "설명 가능한 인공지능(XAI, eXplainable AI)"으로 불리는 매개모형이 인공지능 모형과 인간 간의 상호작용을 돕는 구조를 제안한 바 있다.[127]

DARPA가 지향했던 XAI는 인공지능 모형이 고도의 학습 활동과 데이터 분류, 모형 개선 등 본원적인 활동에 집중할 수 있도록 운영하고, 인간이 부여하거나 질의하는 내용은 XAI가 인공지능 모형이 이해하는 방식으로 바꿔서 질의하고, 그 답변을 해석하여 인간에게 제공하는 것이 주요 골격이다. 이를 통해 인간은 인공지능 모형과 보다 명확한 상호작용이 가능할 것이며, 잘못된 요청이나 답변에 대한 부적합한 해석을 예방할 수 있다는 취지로 시작되었다.

---

127 https://www.darpa.mil/program/explainable-artificial-intelligence, DARPA-BAA-16-53

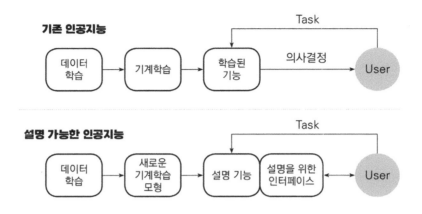

이와 비슷하지만 IBM에서 제안하는 "설명 가능한 인공 지능 XAI"은 인간 사용자가 기계학습 모형으로 생성된 결과를 이해하고, 그 결과의 신뢰성을 높이는 측면에서 접근되고 있다.[128] IBM이 연구하는 XAI는 인공지능 모형 구조와 이로 인한 예상 영향, 그리고 잠재적 편향을 설명하거나, 인공지능 모형의 정확도, 공정성, 투명성 및 결과의 특징을 분석하는 과정에 도움될 수 있는 것을 목표로 한다.

이와 같은 과정은 인공지능 기반 모형이 실제 산업현장에 적용될 때 사용자에게 신뢰와 확신을 줄 수 있는 주요 안전장치 대안으로 거론되고 있다. 또, 이들 모형이 설계와 의도에 따라 작동하는지 확인하는 데 도움을 주며, 규제 표준 충족 여부를 검증 가능하게 만들고, 결정의 영향을 받는 사람들이 그 결과에 이의를 제기하는 경우에 그 결과를 분석하는데 도움될 것으로 예상된다.

---

128 https://www.ibm.com/watson/explainable-ai#:~:text=Explainable%20artifi cial%20intelligence%20(XAI)%20is,expected%20impact%20and%20potenti al%20biases

물론, 현재의 XAI수준으로는 급속히 발전하는 인공지능 기술과 모형을 완벽히 설명하기 어렵다. 따라서, 이에 대한 대안으로 인공지능 제품과 서비스 출시 전 충분히 반복된 품질검사 수행 과정을 강화하고, 동시에 실제 사용환경에서 긴급상황이 발생하면 인공지능 시스템을 운영을 정지시킬 수 있는 비상용 긴급중단(Kill Switch) 기능을 내장하는 것이 도입되어야 한다는 요구사항도 증가하고 있다.[129]

2018년 마크 반 리지미넘(Mark van Rijmenam)은 책임과 윤리의 시각에서 인공지능 시스템을 바라보는 통찰력을 주문했다.[130] 그는 인공지능 시스템이 설명 가능하여야 하며 인공지능 시스템이 설명 가능하여야 하며, 결과와 행동에 대해 책임질 수 있어야 한다는 것을 강조한다. 이를 위해서는, 인공지능 기술을 이용한 시스템 혹은 모형은 모든 과정과 결정에 대한 근거와 이유를 기록으로 관리해야 하는 것이 전제조건이 된다. 예를 들어, 자율주행 자동차가 일으킨 교통사고는 자율주행자동차에 관리되는 기록이 설명 가능해야 하는 것이지, 조사관이 현장에서 증거를 수집하고 자율주행자동차의 알고리즘을 이해하여 규명하는 것에만 의존할 일은 아닌 것이다.

---

129 https://www.forbes.com/sites/cognitiveworld/2020/03/05/will-there-be-a-kill-switch-for-ai/?sh=41628b6c2ef5

130 https://www.aidatatoday.com/ai-today-podcast-015-ai-explainability-interview-mark-van-rijmenam/

나. 인공지능 기술과 인간의 관계

인공지능 기술 발전과 활용에 관한 철학적 시각

인류 역사에서 기술과 인간의 상호작용은 철학적 시각에서는 언제나 중요한 주제이다. 고려의 앞선 인쇄기술이 특정 세력에 의한 지식의 독점에 이용된 부분이 있는 반면, 독일에서는 인쇄술을 활용한 성서의 급속한 보급으로 중세의 종료와 근대의 개막을 촉진하였다는 평가를 받는다. 다른 사례로 나침반을 만든 것은 중국 한(漢)나라였지만 풍수지리 목적에 국한되었고, 오히려 스페인, 포르투갈에 의해 활용되어 대항해시대를 열었다는 평가를 받는다. 새로운 기술을 접하는 인류는 문화권과 여건, 사회 구성원의 합의에 따라 각기 다른 철학적 시각으로 새로 등장한 기술을 수용하며 진화해왔다. 이와 같이 비교적 대표적인 시각이나, 어느 특정한 하나의 시각이 지배하는 것은 아니며, 사회집단에는 여건에 따라 복수의 시각이 시점별로 다르게 수용되어왔다.

예를 들어, 인간 중심주의(Anthropocentrism, Humanism) 관점은 인간을 중심으로 세계를 이해하고 평가하는 것을 강조하는데, 인간은 고유의 합리성, 자기 의지, 윤리적 판단 능력이 있기 때문에, 새로 등장한 기술은 인간의 능력을 보조하기 위한 수단으로 사용되어야 한다고 주장한다. 이를 위해 기술은 인간의 이익과 가치를 존중하며 동시에 자유와 사회적 조화를 증진시키는 방향으로 개발되어야 하며, 인간의 자유, 독립, 창의성을 존중해야 한다는 시각이다. 따라서, 약학과 화학의 발전은 의학 발전을 위한 사용에 우선순위를 두어야 한다고 믿는 입장이다.

이와 반대 지점에서 접근하는 것은 기능주의(Functionalism, Pragmatism) 관점으로, 기술은 인간의 행위와 목표를 달성하기 위한 도구일 뿐이므로, 그 기능과 역할에 초점이 맞춰져야 한다고 규정한다. 따라서, 인간과 기술의 상호작용은 유용성과 효과성에 따라 평가되어야 하며, 윤리적인 판단 또한 결과에 기반하여 이루어져야 하므로, 인간에게 편익을 주는 기술이라면 수용 가능하다는 입장이다. 말하자면 독성이 강한 화학물질이라도 제초제, 살충제로 활용될 수 있다면 지속적으로 개발해야 한다고 주장하는 시각이다.

여기에, 최근에는 현실주의(Technorealism, Harmony) 관점이 설득력을 얻어 가고 있는데, 이는 기술이란 인간과 사회에 지속적이고 복잡한 영향을 미치며, 나아가 사회적, 경제적, 정치적 변화를 초래하기 때문에 기술의 발전과 사용은 신중하게 고려되어야 하며, 윤리적, 사회적 영향을 고려한 균형 있는 방향으로 이루어져야 한다는 시각이다. 말하자면, 기술은 인간의 삶과 사회를 발전시키는 동시에 인간의 본질과 가치를 해치지 않아야 한다는 주장이다. 배아 복제가 여기에 해당되는

논제라 할 수 있다.

이러한 철학적 관점은 기술과 인간의 상호작용에 관한 여러 시각을 제시하며 다양한 사회 구성원들의 이해관계, 입장을 보여주는 것이며, 동시에 기술의 활용은 인간의 가치와 사회적 조화 그리고 윤리적 고려를 통해 이루어져야 한다는 점에서 공통 분모를 가지고 있다. 이러한 철학적 관점은 인간과 기술의 상호작용을 이해하고 사회적 조화와 합의를 이끌어내는 지점을 지향하는데 도움이 된다.

인공지능에 관한 윤리적, 도덕적 고찰

윤리적, 도덕적 관점에서 기술의 발전과 활용은 인간의 가치, 의미, 자유 등에 대한 여러 가지 영향을 가져올 수 있다. 예를 들어, 인공지능 기술을 이용하여 신약 개발기간을 획기적으로 단축하였으나, 고가인 약품이 구매력이 충분한 선진국의 특정 부유층만을 대상으로 판매 가능하다면, 인공지능은 인류 보편의 가치를 도덕적, 윤리적으로 활용되었다고 볼 수 있을까? 아래는 몇 가지 생각할 시각을 제시한다.

인공지능 기술의 발전은 기존의 가치 체계와 의미에 대한 재조명을 가져온다. 전통적인 학교의 교육체계에서는 정해진 교과과정을 충실히 마치고 소정의 검정 결과를 거쳐 학업 성취를 인정해주는 것이지만, 창의력과 응용력이 요구되는 인공지능 기술 환경에서 전통적인 교육체계 가치와 의미는 새로 자리 매김될 수밖에 없다. 농경시대에는 계절의 변화와 일기의 변화를 오랫동안 경험한 원로들의 지식이 집단 내에 내재화되며 전래 교육되고 집단의 질서와 단결을 우선 가치로 여겨왔으나, 산업사회가 되면서 원로들의 경험지식보다는 생산에 필요한 기술지식과, 수많은 노동력을 운영하기 위한 관리지식을 함양하는 것을 목적으로 교육체계가 운영되어 왔다. 인공지능 기술의 발달과 활용이 확대되는 현재 시점에서 교육체계가 중시해야 할 가치관과 우선순위를 부여해야 할 부분은 기존 산업사회가 요구하는 인력을 양성해 온 절차와는 다를 수밖에 없다.

인공지능 기술의 발전은 우리의 행동과 선택에 대한 자유와 권력에 의한 권리의 제약 사이에서 새로운 합의점을 요구하게 될 것이다. Covid19 기간 동안 급격히 확대 발전된 비대면 본인 확인을 위한 안면인식 기능과 위치 추적 기술은 사회 내 대규모 전염병 확산을 예방했다는 긍정적인 평가도 있지만, 사생활 침해와 개인 자유 억제라는 무거운 주제를 사회 구성원에게 제시하였다. 개인의 자유와 집단의 안전을 위한 제약 사이에서 균형잡힌 조화를 추구하지만 사회 구성원의 공감대와 합의 과정을 통해 지속적으로 변화될 수밖에 없을 것으로 보인다.

인공지능 기술의 발전은 인간과 기술의 역할과 경계를 모호하게 만들고 있다. 지금까지 등장한 신기술은 위험하고 대량으로 반복되는 작업에 대해 적용되고, 인간은 창의적이며 복합적인 판단을 요구하는 업무에 집중하는 것이 다수의 시각이었다. 이미 무인자율운행이 어느 정도 가능한 철도차량의 경우, 종전에 요구되었던 기관사의 자격요건 및 임무가 최근에는 변화되고 있는 것과 같다. 이에 따라 인간의 가치와 자아, 그리고 기계에 부여되는 권리와 책임 등에 대한 고찰이 필요하다.

아직 초기단계이기는 하지만, 위의 사례는 도덕적, 윤리적 관점에서 인류의 미래와 존재의 의의에 관한 본질적인 질문들을 던지며, 선택을 요구한다. 도덕적 선택은 주어진 조건과 환경에서 인간이 어떤 행동과 가치를

추구할 것인지 결정하는 과정을 의미한다. 인간은 도덕적 책임 아래 자유로운 의지로 도덕적 판단을 내릴 수 있는 존재로 여겨져 왔기에, 이와 같은 도덕적 선택은 우리의 가치관, 신념, 규범 등에 근거하지만, 개인적인 성향과 이성적인 판단을 통해 이루어진다. 그리고, 도덕적 책임은 자신의 행동에 대한 결과와 영향을 인식하고, 그에 따른 책임과 노력을 다하는 것을 의미한다.

인간의 도덕적 선택과 책임에 대한 철학적 고찰은 우리가 기술과 사회의 변화에 적절히 대응하고, 더 나은 사회를 구축하기 위해 필요하다. 이러한 고찰은 인간이 도덕적 존재와 그 이면을 이해하고, 주어진 환경과 조건 하에서 삶의 의미를 찾고, 어떤 가치를 추구해야 하는지에 대한 고민을 정리할 수 있도록 돕는다. 따라서, 도덕적 선택과 책임은 우리의 행동과 선택의 결과에 대한 책임을 지는 것을 의미한다. 즉, 우리가 어떤 가치를 중요하게 여기고, 그 가치를 실현하기 위해 어떤 행동을 취할지는 우리의 도덕적 판단에 따라 결정되며, 이와 같은 판단은 개인의 가치관, 신념, 윤리적 원칙, 사회적 규범 등에 영향을 받는다고 볼 수 있다. 그리고, 도덕적 선택과 책임은 자유로운 의지와 윤리적 판단력을 필요로 한다. 자유로운 의지는 우리가 행동을 선택하고 결정할 수 있는 능력을 의미하며, 윤리적 판단력은 우리가 올바른 행동과 옳고 그름을 판단할 수 있는 능력을 의미한다. 따라서, 인간의 도덕적 선택과 책임에 대한 철학적 고찰은 우리가 기술과 사회의 변화에 대응하고, 도덕적인 가치를 존중하며, 삶의 목적과 의미를 탐색하는 데 도움을 준다.

앞서 잠시 사례를 들었지만, 제약된 조건에서 한정된 수량의 예방주사를 배포하여야 한다면, 도덕적으로 윤리적으로 어떤 기준에 따라 접종 대상자를 선정할 수 있을까? 건강이 가장 취약한 환자를 우선하여 접종하여야 하는가, 아니면 급증하는 환자를 돌봐야 할 건강한 의료진에게 먼저 우선순위가 부여되어야 할 것인가? 인공지능 기술을 기반으로 뉴스와 정보, 동영상을 추천해주는 다수의 플랫폼들은 사용자의 취향과 추이를 분석하여 추천하고 있는가, 아니면 영향도가 높은 매체나 광고에 대한 유입을 높이기 위해 대중의 관심과 시각을 조정하고 있는 것은 아닌가?

윤리적 판단이 필요한 과정에는 인공지능 기술 자체의 공정성, 활용 과정의 투명성, 이용 성과에 대한 인간중심성, 사회적 공익성 등이 고려되어야 한다고 본다.

- 공정성(Fairness): 인공지능 기술은 개인 또는 그룹에 대해 공정한 결과를 제공해야 한다. 특정 인종, 성별, 출신지역 등에 대한 편견을 반영하지 않아야 하며, 특정 영향자의 편견만을 강조하거나 참조하는 편향성을 경계해야 한다. 공정성을 위해 데이터의 다양성과 균형을 고려하고, 알고리즘의 훈련과 평가에 공정성 지표를 도입해야 한다.

- 투명성(Transparency): 설계 원리, 작동 방식과 의사결정 과정을 명확하게 설명할 수 있어야 한다. 그리고 사용자가 그 결과에 대해 이해하고 검증 가능한 구조이어야 한다. 투명성은 신뢰성을 제고하고 잠재적인 편향성과 오류를 발견하고 수정하는 데 도움을 준다.

- 인간중심성(Humanism): 인간의 가치와 목표를 존중하고 인간의 요구를 충족시켜야 한다. 또한, 인간을 보조하고 협력하며 인간의 능력을 향상시키는 데 집중해야 한다. 또한, 모형의 설계와 개발 과정에는 인간의 의견과 다양한 이해관계자들의 참여를 필요로 한다.

- 공익성(Public interest): 인공지능 기술의 이용은 사회적 가치와 공

익을 증진시켜야 한다. 또, 사회적 문제를 해결하고 개선하는 데 기여해야 하며, 인간의 안전과 복지를 증진시키는 목표를 가져야 한다. 공익성을 위해서는 이해관계자들의 다양한 관점을 고려하고 사회적 영향을 평가하는 과정이 필요하다.

상기와 같은 윤리적 고려사항은 인공지능 기술 개발자, 의사결정자, 기업, 정부, 학계 등 모든 이해관계자들에게 적용되어야 하며, 이를 실행적으로 검증할 수 있는 윤리적 가이드 라인과 규제 정책의 개발이 필요하다. 동시에, 이러한 가이드 라인과 규제는 인공지능 모형의 기획, 설계, 데이터 수집 및 학습, 사용, 의사결정 과정, 개인정보 보호 등 전반을 포괄적으로 다루어야 한다. 가이드 라인 개발을 위해 다음의 접근방법을 생각해볼 수 있다.

- 윤리적 검토 및 평가: 인공지능 기술 활용 과정 전반에 대한 윤리적 검토 및 평가 프로세스를 도입하여 기획, 개발 단계에서부터 구현과정까지 전반에 걸쳐 윤리적 질문을 고려할 수 있다.
- 다양성과 인식의 증진: 기술적 전문성을 가진 인력에만 국한하지 말고, 문화, 역사, 사회, 법률, 심리학 등 다양한 배경을 가진 전문가가 인공지능 기술 개발과 모형 적용 과정에 참여함으로써 편향성을 감소시키고 다양한 이해관계자들의 의견을 수렴할 수 있다.
- 투명성과 설명 가능성: 인공지능 기술을 이용하여 개발된 시스템의 작동 방식과 의사결정 근거를 설명할 수 있도록 설명 가능한 인공지능 기술의 개발과 투명성을 강화한다.
- 책임과 감독체계: 인공지능 기술 개발자와 운영자는 기술의 사용과

결과에 대한 책임을 질 수 있어야 하며, 필요한 경우 감독체계를 마련하여 이를 감시하고 규제할 수 있어야 한다.

인공지능시대의 가치 재정립

인간의 가치와 기술의 가치에 대한 재정립은 인간의 본질과 기술의 역할, 상호작용을 이해하고, 인간의 가치를 어떻게 존중하며 보호할지를 탐구하는 것이다.

첫째로, 기술은 도구이며, 인간의 능력을 향상시키고 문제를 해결하는 도구로 사용되어야 한다. 인간의 존엄성과 가치를 지키기 위해 기술은 인간 중심적이어야 하며, 인간의 본질을 존중하고 인간의 자유와 복지를 증진시키는 방향으로 발전해야 한다.

둘째로, 기술의 가치를 재정립하기 위해서는 윤리적인 기준과 원칙을 도입해야 한다. 기술은 사회적으로 옳은 목표를 실현하기 위한 도구로 사용되어야 하며, 인간의 복지와 공공의 이익을 증진시키는 방향으로 가야 한다. 따라서, 기술의 개발과 사용에서는 공정성, 정의, 공익, 사회적 가치 등의 원칙을 적용하여 윤리적인 선택을 해야 한다.

셋째로, 기술의 발전과 인간의 가치는 상호 보완 관계이어야 한다. 기술은 인간의 능력을 향상시키고 새로운 기회와 혁신을 가능하게 하지만, 이는 인간의 창의성, 인간적인 상호작용, 감성 등과 결합되어야 한다. 인간과 기술이 상호작용 하에 공생하는 방식으로 가치가 창출되어야 한다.

마지막으로, 인간의 가치와 기술의 가치 재정립은 사회적인 논의와 협력이 필요하다. 이는 철학자, 공공 의사 결정자, 기술 전문가, 사회 구성

원 등 다양한 이해관계자들이 함께 참여해야 하는 과정이다. 이러한 논의와 협력을 통해 인간의 가치와 기술의 가치를 재정립하고, 사회적으로 지속가능하고 윤리적인 기술 발전을 추구할 수 있다.

무엇보다도 위의 모든 과정은 인간의 존엄성, 자유, 공정성, 평등, 다양성 등을 중심으로 논의되어야 하며, 이를 통해 인류는 기술 발전이 인간의 복지와 사회의 번영을 위해 사용되도록 만들어 갈 수 있다. 더불어 새로운 기술 등장에 따라 인간과 기술의 상호작용에 대한 이해를 높이고, 인간의 자기결정권을 촉진하며 기술의 도덕적 책임과 사회적 영향을 고려하는 방향으로 진보할 수 있도록 도움을 준다. 동시에, 기술 발전이 사회적 불평등을 확대시키거나 인간의 가치를 감소시키는 부정적인 영향을 최소화하고, 사회적 정의와 공정성을 실현하기 위한 방안을 모색하는 데 도움을 줄 수 있다. 급속도로 진행되는 기술 발전환경에서 인간의 가치를 되새기기 위해서는 다음 측면이 언제나 주요 논제가 될 것이다.

- 존엄성과 자율성: 인간은 독립적이고 자유로운 의사결정을 내릴 수 있는 존재로서 존엄성과 자율성을 갖추고 있으므로, 인공지능과의 상호작용에서는 인간의 존엄성과 자율성은 존중되어야 한다. 또, 인간은 인공지능을 사용하는 주체로서 자유로운 선택과 제어를 할 수 있어야 한다.
- 공정성과 균형: 인공지능 시스템은 공정하고 균형 있는 방식으로 작동해야 한다. 편향성이나 차별성을 피하기 위해 데이터의 품질과 다양성을 고려하고, 의사결정 프로세스가 투명하고 공정하게 이루어져야 한다.

- 인간중심성과 공익성: 인공지능 기술의 발전은 인간의 복지와 공익을 증진시키는 방향으로 이루어져야 한다. 인간의 필요와 가치를 중심으로 시스템이 개발되고 활용되어야 하며, 사회 전반의 이익과 질적인 개선을 위해 사용되어야 한다.
- 사회적 책임과 지속가능성: 기술의 개발과 사용 과정에는 사회적 책임과 지속가능성을 고려해야 한다. 기술의 부정적인 영향을 최소화하고, 사회적으로 공평하고 지속 가능한 발전을 위한 조치를 취해야 한다.
- 다양성과 포용성: 인공지능 기술의 개발과 활용에서는 다양성과 포용성을 강조해야 한다. 다양한 인종, 성별, 인종, 문화 등의 차별 없는 접근과 포용적인 환경을 조성하여 모든 사람들이 기술의 혜택을 공평하게 누릴 수 있도록 해야 한다.

사회구성원 간에 합의된 윤리적 가치와 사회적 가치 아래, 인공지능 기술과 인간의 상호작용을 협력적으로 발전시키는 것은 우리 사회의 발전과 번영에 긍정적인 영향을 미칠 것이다. 이를 위해 윤리적 원칙과 가치를 존중하고 이를 기반으로 한 법률과 규제를 마련하며, 연구와 교육을 통해 사회적 이해와 인식을 높이는 노력이 필요하다.

다. 인공지능 기술 시대의 인류의 기회와 가능성

인공지능 기술이 인류에게 제공하는 창조성과 혁신의 기회에 대한 분석

인공지능은 인류에게 창조성과 혁신의 기회를 제공할 수 있다. 몇 가지 주요한 측면을 살펴보면 다음과 같다.

- 새로운 제품과 서비스의 개발: AI 기술은 새로운 제품과 서비스의 개발을 가능하게 한다. 예를 들어, 자율주행 자동차, 음성 비서, 의료 진단 도구, 스마트 시티 솔루션 등은 AI의 발전을 통해 가능해진 혁신적인 제품과 서비스이다. 이러한 창조적인 아이디어와 기술적인 발전은 다양한 산업 분야에서 혁신을 이루어낼 수 있다.

- 예술과 창작의 확장: AI는 예술과 창작 분야에서도 창조적인 기회를 제공한다. 예를 들어, AI를 활용한 음악 작곡, 예술 작품 생성, 문학 창작 등은 전통적인 예술과 창작의 경계를 넘어 새로운 형태의 창작을 가능하게 한다. 또한, AI를 활용한 창작은 예술가와 창작자들에게 새로운 도구와 시각을 제공하여 창의성과 표현력을 확장시킬 수 있다.

- 문제 해결과 혁신적인 아이디어 발굴: AI는 데이터 분석과 패턴 인식 능력을 통해 문제 해결과 혁신적인 아이디어 발굴을 지원할 수 있다. 예를 들어, AI는 대용량 데이터를 분석하여 트렌드를 파악하고 예측 모델을 구축할 수 있다. 이를 통해 기업은 시장 동향을 파악하고 제품 개발이나 비즈니스 전략에 활용할 수 있다.

- 사회 문제의 해결과 사회적 가치 창출: AI는 사회 문제의 해결과 사회적 가치 창출을 위한 도구로 사용될 수 있다. 예를 들어, AI를 활용

한 자원 관리, 환경 보호, 의료 개선 등은 지속 가능한 사회적 변화를 이루어낼 수 있는 가능성을 제시한다. 또한, AI는 사회적으로 취약한 그룹의 권리 보호와 사회적 포용성을 강화하는 데 도움을 줄 수 있다.

인공지능 기술은 급속도로 발전되고 있기 때문에, 지금까지 시도되고 밝혀진 것보다는 훨씬 더 많고 복잡한 영역에 대한 적용 가능할 것으로 전망된다. 이와 같이 인공지능 기술이 인류에게 제공하는 창조성과 혁신의 기회는 매우 많고 다양하지만, 인공지능 기술 기반의 혁신 기회와 가능성을 최대로 활용하기 위해서는 몇 가지 논의를 필요로 한다.

- 윤리적 고려와 사회적 책임: AI의 발전과 활용은 윤리적 고려와 사회적 책임을 필요로 한다. AI의 개발과 사용은 인간의 가치, 공정성, 개인정보 보호 등에 대한 고려가 필요하다. 또한, AI의 결정 메커니즘의 투명성과 사회적 영향의 책임을 고려해야 한다.

- 기술과 인간의 상호작용: AI는 기술적인 도구일 뿐이며 인간과의 상호작용을 통해 최대한의 가치를 창출할 수 있다. 인간과 AI의 협력과 상호보완이 필요하며, 기술의 개발과 사용은 인간의 가치와 필요에 따라 조절되어야 한다.

- 사회적 가치의 중요성: AI의 발전은 단순히 경제적인 이익에만 의존해서는 안 된다. 사회적 가치를 창출하고 사회적으로 포용적인 결과를 도출하는 방향으로 AI를 발전시켜야 한다. 이를 위해 다양한 이해관계자들과의 협력과 논의를 필요로 한다.

- 교육과 인적 자원 관리의 필요성: AI의 발전은 교육과 인적 자원 관리에도 영향을 준다. 인간의 역량과 기술 역시 발전해야 하며, 교육

체계와 인적 자원 관리가 AI의 도입과 발전에 적합한 방향으로 조정
되어야 한다.

AI의 발전은 빠르게 진행되고 있으며 그에 따라 새로운 기회와 가능성
이 계속해서 열릴 것이다. 이러한 기회와 가능성을 최대한 활용하고 이를
인류의 발전과 사회적 발전에 기여하기 위해서는 지속적인 철학적 고찰
과 윤리적 논의가 필요하다. 또한, 정책, 규제, 교육, 협력 등 다양한 차원
에서의 노력과 협력이 필요하다.

AI의 예술, 문학, 과학, 경제 등에서의 역할과 가능성 논의

AI의 발전은 예술, 문학, 과학, 경제 등 다양한 분야에서 역할과 가능
성을 제공한다. 다음은 몇 가지 예시이다.

- 예술: AI는 창작적인 예술 활동에서도 중요한 역할을 할 수 있다. 예
  를 들어, AI는 음악 작곡, 그림 그리기, 영화 제작 등에서 창작 프로세
  스를 보조하거나 독자적인 작품을 생성할 수 있다. 이는 예술적 창의
  성을 확장하고 새로운 표현 방식을 탐구할 수 있는 기회를 제공한다.
- 문학: AI는 문학 작품의 생성, 번역, 편집 등에서 활용될 수 있다. AI
  는 문학적 언어를 이해하고 분석할 수 있으며, 문체와 스타일을 모방
  하여 새로운 작품을 작성할 수도 있다. 또한, AI 기술은 저작권 관리,
  출판 등의 문학 생태계에서 효율성과 혁신을 도모할 수 있다.
- 과학: AI는 과학 연구에 적용되어 실험 설계, 데이터 분석, 가설 검증
  등에서 도움을 줄 수 있다. AI는 복잡한 데이터 처리와 패턴 인식을

통해 새로운 연구 가능성을 발견하고, 기존의 연구 방법을 보완하며, 과학적 발견을 가속화할 수 있다.

- 경제: AI는 경제 분야에서도 혁신과 효율성을 가져올 수 있다. 예를 들어, AI는 데이터 분석을 통해 시장 동향을 예측하고 최적의 투자 전략을 제시할 수 있다. 또한, AI 기술은 생산성 향상, 자동화, 고객 서비스 개선 등을 통해 경제 성장을 촉진할 수 있다.

이러한 예술, 문학, 과학, 경제 분야에서의 AI의 역할과 가능성은 많은 논의와 함께 계속해서 진전될 것이다. 중요한 것은 AI의 활용이 인간의 창의성과 가치를 존중하며, 인간과 AI의 협력을 통해 새로운 창조와 혁신을 이루어낼 수 있는 방향으로 전진하는 것이다.

인공지능 기술과 인간이 함께 하기 위한 고려사항

인공지능 기술은 우리의 삶에 이미 큰 변화를 가져왔으며, 향후 보다 많은 영역에서 우리의 일하는 방법, 살아가는 일상에 더 큰 변화를 가져올 것이다. 인공지능 기술 뿐만 아니라, 인류 역사 이래 지금까지의 모든 신기술과 인간은 협력을 통해 더 큰 가치를 창출하는 방식으로 공생해왔다. 증기기관의 등장은 대량생산이 가능한 산업혁명을 가져왔고, 컴퓨터의 등장은 사무환경과 산업환경의 자동화를 통해 원가 절감을 가능하게 하였다. 일부의 시각에서는 인공지능이 인간의 역할을 대체하며, 일정 영역에서는 인간을 감독할 수 있을 것이라는 우려가 있는 것도 사실이다. 그러나, 보다 큰 관점에서 인간은 창의적이고 새로운 가치를 창출할 수

있는 부분에 집중하고, 인공지능 기술은 통제 하에 기존 기술과 프로세스의 효율성을 높이는 일에 집중할 수 있다면 사회적 가치 창출에 이바지할 수 있는 상호 보완적인 공생관계가 형성 가능하게 될 것이다.

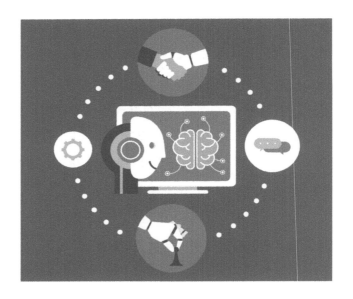

인공지능 기술과 인간 간의 공생 관계 형성을 위해서는 사회 일반적으로 다음 사항에 대한 인식과 공감대가 높아져야 한다.

• 적절한 규제: 공공의 영역에 적용되는 인공지능 기술은 사회구성원과 사회 전반에 영향을 미치기 때문에 사회구성원이 합의한 수준에 부합되는 규제가 필요하다. 규제와 감시는 인공지능의 안전성과 신뢰성, 투명성을 보장하고 결과적으로 인간의 권리와 자유를 보호할 수 있다. 예를 들어, 정의로운 취지로 시작한 수배자 검색을 위한 안면인식 시스템이 일반 다수의 선량한 시민들의 이동을 추적하는데

사용되어서는 안 되는 것과 같은 이치이다.

- 교육 및 인식: 인공지능 적용, 활용, 사용에 따라 수반되는 위험과 잠재적 문제에 대한 인식과 교육이 필요하다. 이와 함께 인공지능 기술을 이용하는 방법과 인공지능 기술의 한계를 이해하고, 적절한 사용 방법을 습득해야 한다. 일정 연령이 되면 교육과 시험을 거쳐 운전면허를 취득하게 되는데, 이는 운전이 가능한 자격과 함께 책임도 함께 부여됨을 의미하는 것이다. 동시에 교통법규에 의해 보호받는 개인의 권익과 법규 위반 시 이에 수반되는 개인적, 사회적 피해를 인지하는 것과 동일하다.

- 인간 존중: 인공지능 기술을 활용한 모델의 설계와 개발 과정에서 인간의 관점과 가치를 적극적으로 수용하고, 인간의 가치와 목적을 존중하고, 인간의 편의와 복지를 증진하는 방향으로 개발되어야 한다. 복지대상자를 선별하는 과정은 정량화된 기준에 따라 진행되는 기계적인 과정이 아닌 평가에 필요한 충분하고 적절한 데이터를 대상으로 분석하는지가 복지대상 후보자에게는 더 중요한 부분이다. 다수의 편익을 위해 신청양식과 서류를 없애고 인공지능 기반의 음성인식 서비스로 신청업무를 대체한다면, 언어나 신체 장애에 따라 음성인식 서비스를 이용하지 못하는 취약계층에게는 오히려 차별로 작용하게 될 것이다.

- 윤리적 고려와 책임성: 인공지능을 사용하는 개인 및 기업은 윤리의식과 책임성을 갖춰야 한다. 특정 질환에 있어서는 인공지능 기술을 이용하여 질병인자를 유발하는 유전자를 사전에 파악하고 이를 치료하거나 예방 가능한 수준에 도달하고 있다. 이와 같은 기술이 아직

태어나지 않은 태아 혹은 인공적 수단으로 생명유지 장치에 의존하는 환자에 대해 일반 환자와 동일한 윤리적 기준이 적용되어야 하는 것인지, 아니면 다른 기준이 타당한 것인지 사회적 인식과 공감대가 필요하다.

• 다양성 및 인종, 성별, 인종, 국적, 지역 등 다양한 문화와 역사요소의 고려: 인공지능 기술 활용과정에 인종, 성별, 국적, 문화, 역사 등으로 인한 차별이 발생하지 않도록 학습 데이터와 모형, 알고리즘 전반에 걸쳐 이를 검증하고 통제하여 차별 요소를 배제하는 것이 필요하다. 최근 적용이 확대되는 인공지능 기반 Chatbot이 학습데이터나 알고리즘의 문제로 인해 역사적, 인종적, 성적 편향이 되는 상담을 하는 사례가 있었음을 상기하자.

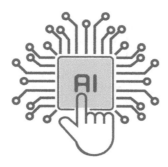

빨리 알수록 일이 쉬워지는,

AI POWER

인공지능 성공 사례, 실패 사례

참 조 인공지능 기술 기반 유니콘 기업 (회색은 사례에 기포함)[131]

Company	Valuation, $B	Date Joined	국가	도시
ByteDance	$140.00	4/7/2017	중국	북경
Faire	$12.59	10/30/2019	미국	샌프란시스코
Pony.ai	$8.50	7/11/2018	미국	프리몬트
Anduril	$8.48	9/11/2019	미국	어바인
Scale AI	$7.30	8/5/2019	미국	샌프란시스코
Gong	$7.25	8/12/2020	미국	팔로 알토
Automation Anywhere	$6.80	7/2/2018	미국	산호세
DataRobot	$6.30	7/29/2019	미국	보스턴
6Sense	$5.20	3/30/2021	미국	샌프란시스코
Icertis	$5.00	7/17/2019	미국	벨리브
Horizon Robotics	$5.00	2/27/2019	중국	북경
Dataminr	$4.10	6/4/2018	미국	뉴욕
MEGVII	$4.00	10/31/2017	중국	북경
Harness	$3.70	1/14/2021	미국	샌프란시스코
Dataiku	$3.70	12/4/2019	미국	뉴욕
Indigo Ag	$3.50	9/26/2017	미국	보스턴
OpenAI	$2.92	7/22/2019	미국	샌프란시스코
Graphcore	$2.77	12/18/2018	영국	브리스톨
o9 Solutions	$2.70	4/28/2020	미국	댈러스
Unico	$2.60	8/3/2021	브라질	상파울로
Uniphore	$2.50	2/16/2022	미국	팔로 알토
Shield AI	$2.30	8/24/2021	미국	샌디에고
Uptake	$2.30	10/27/2015	미국	시카고

---

131 https://www.cbinsights.com/research-unicorn-companies

Company	Valuation, $B	Date Joined	국가	도시
BloomReach	$2.20	2/23/2022	미국	마운틴 뷰
Hesai Tech	$2.18	8/1/2020	중국	상해
YITU Technology	$2.17	3/8/2018	중국	상해
Moveworks	$2.10	6/30/2021	미국	마운틴 뷰
Hugging Face	$2.00	5/9/2022	미국	뉴욕
Advance Intelligence Group	$2.00	9/23/2021	싱가포르	싱가포르
Black Sesame Technologies	$2.00	9/22/2021	중국	상해
XtalPi	$2.00	8/11/2021	중국	심천
VerbIT	$2.00	6/8/2021	미국	뉴욕
Hive	$2.00	4/21/2021	미국	샌프란시스코
Trax	$2.00	7/22/2019	싱가포르	싱가포르
4Paradigm	$2.00	12/19/2018	중국	북경
Preferred Networks	$2.00	5/17/2018	일본	동경
Avant	$2.00	12/17/2012	미국	시카고
ConcertAI	$1.90	3/29/2022	미국	보스턴
Lightricks	$1.80	7/31/2019	이스라엘	예루살렘
AlphaSense	$1.70	6/15/2022	미국	뉴욕
H2O.ai	$1.70	11/7/2021	미국	마운틴 뷰
Monte Carlo	$1.60	5/24/2022	미국	샌프란시스코
Cresta	$1.60	3/17/2022	미국	샌프란시스코
ASAPP	$1.60	5/19/2021	미국	뉴욕
Afiniti	$1.60	4/14/2017	버뮤다	해밀턴
Jasper	$1.50	10/17/2022	미국	오스틴
Mashgin	$1.50	5/9/2022	미국	팔로 알토
Veriff	$1.50	1/26/2022	애스토니아	탤린

Company	Valuation, $B	Date Joined	국가	도시
MOLOCO	$1.50	4/29/2021	미국	레드우드시티
Shukun Technology	$1.46	8/16/2021	중국	북경
SparkCognition	$1.40	1/25/2022	미국	오스틴
DeepBlue Technology	$1.35	4/16/2018	중국	상해
Unisound	$1.31	7/19/2018	중국	북경
TUNGEE	$1.30	12/15/2021	중국	광주
Viz.ai	$1.20	4/7/2022	미국	샌프란시스코
BigPanda	$1.20	1/12/2022	미국	마운틴 뷰
SmartMore	$1.20	6/24/2021	중국	심천
Ada Support	$1.20	5/7/2021	캐나다	토론토
Vectra Networks	$1.20	4/29/2021	미국	산호세
Aibee	$1.20	4/13/2021	중국	북경
Mininglamp Technology	$1.19	3/27/2019	중국	북경
Rebellion Defense	$1.15	9/16/2021	미국	워싱턴 DC
Invoca	$1.10	6/14/2022	미국	산타바바라
OrCam Technologies	$1.03	2/20/2018	이스라엘	예루살렘
Beamery	$1.00	12/13/2022	영국	런던
Stability AI	$1.00	10/5/2022	영국	런던
CommerceIQ	$1.00	3/21/2022	미국	팔로 알토
Betterfly	$1.00	2/1/2022	칠레	산티아고
Placer.ai	$1.00	1/12/2022	미국	로스알토스
Haomao.AI	$1.00	12/22/2021	중국	북경
Anyscale	$1.00	12/7/2021	미국	버클리
Owkin	$1.00	11/18/2021	미국	뉴욕
Augury	$1.00	10/26/2021	미국	뉴욕
Weights & Biases	$1.00	10/13/2021	미국	샌프란시스코

Company	Valuation, $B	Date Joined	국가	도시
Hailo	$1.00	10/12/2021	이스라엘	텔 아비브
Snorkel AI	$1.00	8/9/2021	미국	팔로 알토
Bluecore	$1.00	8/5/2021	미국	뉴욕
Amperity	$1.00	7/13/2021	미국	시애틀
Tractable	$1.00	6/16/2021	영국	런던
Shift Technology	$1.00	5/6/2021	프랑스	파리
TensTorrent	$1.00	5/5/2021	캐나다	토론토
Sift	$1.00	4/22/2021	미국	샌프란시스코
Groq	$1.00	4/14/2021	미국	마운틴 뷰
Feedzai	$1.00	3/24/2021	미국	샌마테오
Standard	$1.00	2/17/2021	미국	샌프란시스코
Meero	$1.00	6/18/2019	프랑스	파리
Intellifusion	$1.00	3/22/2019	중국	심천
Globality	$1.00	1/22/2019	미국	멘로파크
Momenta	$1.00	10/17/2018	중국	북경
iCarbonX	$1.00	4/12/2016	중국	심천

빨리 알수록 일이 쉬워지는, **AI POWER**

인공지능 성공 사례, 실패 사례

펴낸날_ 초판인쇄 2024년 08월 25일

글쓴이_ 조민호 설증웅 펴낸곳_ 도서출판 창조와 지식 인쇄처_ (주)북모아
출판등록번호_ 제2018-000027호 주소_ 서울특별시 강북구 덕릉로 144
전화_ 1644-1814 팩스_ 02-2275-8577

ISBN 979-11-6003-769-2 (03000)
정가 23,000원

이 책은 저작권법에 따라 보호받는 저작물이므로 무단 전재와 무단 복제를 금지하며, 이 책 내용을 이용하려면 반드시 저작권자와
도서출판 창조와 지식의 서면동의를 받아야 합니다. 잘못된 책은 구입처나 본사에서 바꾸어 드립니다.

KOIIA 한국산업지능화협회
KOREA INDUSTRY INTELLIGENTIZATION ASSOCIATION